47都《と》道《どう》府《ふ》県《けん》本当にあった怖《こわ》い話

文 久田樹生／THAK

不《ふ》思《し》議《ぎ》で怖《こわ》い話は好《す》きですか？

47都《と》道《どう》府《ふ》県《けん》 本当にあった怖《こわ》い話の読みかた

みなさんは、怖《こわ》い話や不思議《ふしぎ》な話が好《す》きですか？

わたしは小さなころから大好《だいす》きです。

あまりに好《す》きすぎて、今では日本全国《にほんぜんこく》を飛《と》び回り、
不思議《ふしぎ》を調査《ちょうさ》しては本にする仕事《しごと》まで始《はじ》めてしまったくらいです。

ついには怖《こわ》い話や不思議《ふしぎ》な話が好《す》きな人を集《あつ》めて、

「チーム・本当にあった怖《こわ》い話（Team Hontouni Atta Kowaihanashi）」

略《りゃく》して「THAK《サーク》」を結成《けっせい》しました。

THAK《サーク》全員《ぜんいん》で取材《しゅざい》や調査《ちょうさ》をしたものを一冊《さつ》にまとめたのが、
この本『47都道府県《とどうふけん》 本当にあった怖《こわ》い話』です。

日本全国《にほんぜんこく》で「本当にあった」怖《こわ》い話や不思議《ふしぎ》な話を集《あつ》めています。

あ、ちょっとだけ日本《にほん》を飛《と》び出していますけれども。

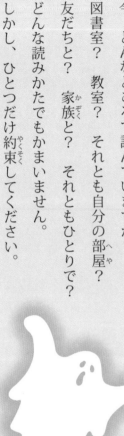

今、どんなところで読んでいますか？

図書室？　教室？　それとも自分の部屋《へや》？

友だちと？　家族《かぞく》と？　それともひとりで？

どんな読みかたでもかまいません。

しかし、ひとつだけ約束《やくそく》してください。

「真夜中《まよなか》に、たったひとりで読まないこと」を。

本当にあった怖《こわ》い話や不思議《ふしぎ》な話は、読むだけでおかしなことが起《お》こることもあります。

そう。わたしたちＴＨＡＫ《サーク》も取材《しゅざい》や調査中《ちょうさちゅう》、執筆中《しっぴつちゅう》にいろいろなことがありました。

たとえば、わたしの場合《ばあい》……

だれもいないはずの部屋《へや》から笑《わら》い声が聞こえたり、真夜中《まよなか》に窓《まど》をたたかれたり、とか。

もちろん窓《まど》の外に人はいませんでした。

あと、後ろからのぞきこむ何かがいて、ふり返《かえ》ったら何もいなかったこともあります。

そればかりか……いや、ここまでにしましょう。

だから、真夜中《まよなか》に絶対《ぜったい》にひとりでこの本を読んではいけません。

何かが起《お》こっても、わたしたちにはどうすることもできないからです。

え？「明るい時間に、たくさんの人と読んでもおかしなことがあった」？

そういうことが起《お》こる可能性《かのうせい》は――あります。

でも、それはどんなことだったのでしょうか？

もしよかったら、わたしたちに教えてください。

それでは、ゆっくりと、約束《やくそく》を守《まも》って読んでください。


――**チーム・本当にあった怖《こわ》い話　久田樹生《ひさだたつき》**

もくじ

47都道府県《とどうふけん》本当にあった怖《こわ》い話

※題名《だいめい》の下は著者名《ちょしゃめい》。

北海道《ほっかいどう》・東北《とうほく》

関東《かんとう》

中部《ちゅうぶ》

東海《とうかい》

関西《かんさい》

【怖《こわ》い話・不《ふ》思《し》議《ぎ》な話の楽しみかた】

この本を読んでいるみんなは、怖《こわ》い話や不《ふ》思《し》議《ぎ》な話が好《す》きだと思う。
いや、好《す》きだからこの本を読んでいるのだろう。
世界中《せかいじゅう》、はるかな昔《むかし》から怖《こわ》い話・不《ふ》思《し》議《ぎ》な話は人びとの間で楽しまれてきた。
その証拠《しょうこ》に、どこの国でも幽霊《ゆうれい》や妖怪《ようかい》などの話がたくさんあるのだ。
さて、怖《こわ》い話の楽しみかたについて話そう。

1 本を読む

この本のような内容《ないよう》のものをひとりや、みんなで読む。そのあと感想《かんそう》を言い合うこと。怖《こわ》いところは人によってちがうし、またそれを教え合うのは楽しい。

2 怖《こわ》い話・不《ふ》思《し》議《ぎ》な話を人から聞く

きみたちがまわりの人たちに「本当にあった、何か怖《こわ》くて不《ふ》思《し》議《ぎ》な話はない？」と聞くこと。本には書いていない怖《こわ》い話が聞けるかもしれない。

3 みんなで語り合う

たとえば雨のふっている昼休みの教室で、友だちと怖《こわ》い話をする。できれば、2で聞いた話を出せればベストだろう。

4 怖《こわ》い話・不思議《ふしぎ》な話で百物語《ひゃくものがたり》をする

昔《むかし》から日本《にほん》では百物語《ひゃくものがたり》を楽しんできた。夜、何人かで集《あつ》まって、部屋《へや》の中に百本のローソクをともす。怖《こわ》い話や不思議《ふしぎ》な話がひとつ終《お》わるたびに、ローソクを一本消《け》していく。

すべてのローソクが消《き》えたとき、百の怪談《かいだん》が終《お》わったことになる。そうしたら何か「怪異《かいい》」が起《お》こる……のが百物語《ひゃくものがたり》だ。

しかしこの現代《げんだい》でローソクを百本立てるのはむずかしいし、時間もかかりすぎる。だから少し新しいルールを考えてみた。つぎのページを参考《さんこう》にしてほしい。

【新《しん》・百物語《ひゃくものがたり》ルール】

1 三人以上《いじょう》で静《しず》かな部屋《へや》に集《あつ》まる

おまたせ〜

2 紙かノートを用意《ようい》して参加者《さんかしゃ》の苗字《みょうじ》と名前を書く

3 何かが入ってきてもこまるので、窓《まど》やとびらは閉《し》め切っておく

ピシャッ

4 何話話すか、最初《さいしょ》に決《き》めておく

5 話数は十以上《いじょう》、百八話以下《いか》とする

とりあえず一人五話ずつでどう？
ダメ！
一話だけにしない？
賛成
OK！
ハイ

6 一話話すたびに、話した人は書いておいた自分の名前の横《よこ》に○を書いておく

山田太郎
木下友子
鈴木健
佐藤花

7 全員《ぜんいん》の〇の合計が
目標《もくひょう》の数になったら、
部屋《へや》に自分たち以外《いがい》の
だれもいないか
確認《かくにん》する

8 終《お》わったら、
部屋《へや》の窓《まど》や
とびらを開《あ》けて、
新しい空気を
入れる

9 話している間、
終《お》わったあと、
何かなかったか
みんなで話し合う

基本的《きほんてき》に話すのは「本当にあった話」がのぞましい。
その方が、何かが起《お》こりやすくなるからだ。
もし、百物語《ひゃくものがたり》が終《お》わって、何か怖《こわ》いことや不思議《ふしぎ》なことを体験《たいけん》したら、ぜひＴＨＡＫ《サーク》に教えてほしい。

そうそう。

本当にあった怖《こわ》い話・不思議《ふしぎ》な話を読んだり聞いたりするのは楽しい。しかし、それは体験《たいけん》した人がいるということを忘《わす》れないでいてほしい。

体験者《たいけんしゃ》たちにとっては、辛《つら》かったり悲《かな》しかったりするのだから。

そこを考えながら、怖《こわ》い話を読んだり、聞いたり、話したりしてみよう。

きっと新しい何かに気づくはずだ。

【霊《れい》の種類《しゅるい》 その1】……「霊《れい》の分類《ぶんるい》」

怖《こわ》い話には霊《れい》という言葉《ことば》が出てくる。
霊《れい》は魂《たましい》。あるいは死者《ししゃ》の魂《たましい》のことを言う。
しかし、霊《れい》にはその二つしかないのだろうか？
ここでは「霊《れい》の種類《しゅるい》」について、まとめてみた。

【死霊《しりょう》】
死《し》んだ者《もの》の霊《れい》。
人にとりつき苦《くる》しめ、
殺《ころ》すこともある危険《きけん》な霊《れい》。

【亡霊《ぼうれい》】
ほろびたが
よみがえってきた霊《れい》。
遠い過去《かこ》に死《し》んだ者《もの》の霊《れい》。

【幽霊《ゆうれい》】
死霊《しりょう》に似《に》ている霊《れい》。
化《ば》けて出るのは
幽霊《ゆうれい》と言われている。

【地縛霊《じばくれい》】
死《し》んだあと、
強い心残《こころのこ》りがある
場所《ばしょ》から動《うご》けない霊《れい》。

【生霊《いきりょう》】
まだ生きている
人間の霊魂《れいこん》が
外へ出てさまよう霊《れい》。

【動物霊《どうぶつれい》】
死《し》んだ動物《どうぶつ》の霊《れい》。
種類《しゅるい》もさまざま
である。

【精霊《せいれい》】
世《よ》の中のものすべてに
やどる霊《れい》たちのこと。
どんなものにも
精霊《せいれい》はいるのだ。

【神霊《しんれい》】
神《かみ》の霊《れい》。神《かみ》の御霊《みたま》とも。神《かみ》の御霊《みたま》には
四つの側面《そくめん》がある。荒《あら》あらしい
荒魂《あらみたま》。優《やさ》しく平和《へいわ》な和魂《にぎみたま》。
運《うん》によって幸《さち》をあたえる幸魂《さちみたま》。
奇跡《きせき》を起《お》こし、人に直接《ちょくせつ》、
幸《さち》をあたえる奇魂《くしみたま》、である。

このように霊《れい》にもいろいろな種類《しゅるい》が存在《そんざい》するのである。では魂《たましい》とはなんだろう。少しむずかしいが説明《せつめい》してみよう。

魂《たましい》は魂魄《こんぱく》とも言う。そして魂《こん》と魄《はく》に分類《ぶんるい》できるのだ。魂《こん》は精神《せいしん》をささえ、人間の中身《なかみ》を成長《せいちょう》させる。

魄《はく》は肉体をささえるが、もともとは生まれながらに持《も》っている身体《しんたい》の設計図《せっけいず》でもある。

人が死《し》ぬと魂魄《こんぱく》は魂《こん》と魄《はく》にわかれる。魂《たましい》は天に登《のぼ》って神《かみ》になり、魄《はく》は地上に残り、地下（墓《はか》の中の世界《せかい》）で生活する。また恨《うら》みなどを残《のこ》した状態《じょうたい》で死ぬと魄《はく》は鬼《き》（幽霊《ゆうれい》に近い）となるのだ。

ということは、みんなが言うところの幽霊《ゆうれい》は「魂魄《こんぱく》がわかれて残《のこ》った、魄《はく》」だろう。霊《れい》の種類《しゅるい》について、まずはここまで。

【霊《れい》の種類《しゅるい》 その2】……「あぶない霊《れい》」

霊《れい》の種類《しゅるい》について、【その1】で説明《せつめい》した。
その中の死霊《しりょう》や生霊《いきりょう》にもいくつか種類《しゅるい》がある。
ここではそれを説明《せつめい》しよう。
危険度《きけんど》も★の数で表《あらわ》してみた。
一から五個《こ》までの★で、多いほど危険《きけん》である。

【1】顔がハッキリ見える霊《れい》

危険度《きけんど》——★★★★★

目の前に現《あらわ》れた幽霊《ゆうれい》の顔がハッキリ目にできたなら、その霊《れい》はきみより弱い。逆《ぎゃく》に怖《こわ》がると相手《あいて》の霊《れい》が調子《ちょうし》に乗《の》って悪《わる》いことをしてくるので、怖《こわ》がらないように。

中には話せばわかってくれる霊《れい》もいるが、できるだけ無視《むし》をしよう。

なぜならば、「ああ、この人は自分と話してくれるんだ！」とついてくることがあるからだ。幽霊《ゆうれい》がそばにいると疲《つか》れてしまうというので、やはりいないにこしたことはない。

【2】顔がぼやけている&一部分《いちぶぶん》だけ見えない

危険度《きけんど》——★★★★★

顔のみがボンヤリしていたり、一部分《いちぶぶん》だけ見えないのは、きみより強い霊《れい》だ。
こんな霊《れい》が出てきたら注意《ちゅうい》しないといけない。
きみに対《たい》して、たたったり呪《のろ》ったり「しやすい」のだから。

とにかく逃《に》げること。
そして神社《じんじゃ》やお寺へ立ちよって三十分《さんじっぷん》ほどそこにいること。

それでもダメならおはらいを受《う》けた方がよいかもしれない。それほど怖《こわ》い相手《あいて》だ。

【3】顔が完全《かんぜん》に見えない&かくされている

危険度《きけんど》――★★★★★

最強《さいきょう》である。死霊《しりょう》だけではなく生霊《いきりょう》にも多い。特《とく》に「お面《めん》や布《ぬの》、手などで顔がかくされている」ものはとても危険《きけん》だ。なぜならば、その霊《れい》は完全《かんぜん》に「呪《のろ》い・たたり」系《けい》の相手《あいて》である。彼《かれ》らはきみに正体を気づかれないように、呪《のろ》いたい、たたりたいという存在《そんざい》でしかない。ようするに、きみを攻撃《こうげき》したくてしかたがない霊《れい》なのである。

見た場合《ばあい》は、とにかく神社《じんじゃ》やお寺で相談《そうだん》しよう。ただし、相手《あいて》の正体がわかれば、その時点で相手《あいて》は自滅《じめつ》する。「人を呪《のろ》わば、穴《あな》二つ」呪《のろ》った方にも不幸《ふこう》がおとずれるのだから。

【4】きれい&かわいい霊《れい》

危険度《きけんど》――★★★★★

たとえば、光り輝《かがや》くきれいな人の霊《れい》や、自分が飼《か》っていた犬や猫《ねこ》などの霊《れい》。これらは怖《こわ》い相手《あいて》ではない。逆《ぎゃく》に守《まも》ってくれるかもしれない霊《れい》だ。

ポイントは、見たときに「気持《きも》ち悪《わる》くないかどうか」だろう。もちろんすがたかたちが妖怪《ようかい》みたいでも、いやな気分にならなければ、その霊《れい》は悪《わる》いものではない。すべての霊《れい》が怖《こわ》いだけではないのである。

このように一部《いちぶ》をのぞいてあぶない霊《れい》はたくさんいる。どうすれば出会わずにすむのか？　実《じつ》は、ものすごくかんたんなことでさけられる。

「弱気にならず、背《せ》すじを真《ま》っ直《す》ぐにし、気を強く持《も》って生きる」こと。

「明るく元気でマジメ、かつ正直に生きる」こと。

「よくご飯《はん》を食べて、よく寝《ね》て、よく笑《わら》って、よく勉強《べんきょう》と運動《うんどう》をする」こと。

元気でマジメに、気を強く持《も》てば、悪《わる》い霊《れい》なんて近づいてこられない。ある人が教えてくれた言葉《ことば》を教えよう。

「死《し》んで悪《わる》さをする霊《れい》より、生きている人間の方が強いんだ」

カムイと生きる世界《せかい》

1 北海道《ほっかいどう》

データ▼

面積《めんせき》：83,424km²
道庁所在地《どうちょうしょざいち》：札幌市《さっぽろし》
道の木：エゾマツ、アカエゾマツ
道の花：ハマナス
道の鳥：タンチョウ

HOKKAIDO

▼土地　日本列島《にっぽんれっとう》を形作る、四つの島《しま》の中で、本州《ほんしゅう》のつぎに広い島《しま》が北海道《ほっかいどう》だ。

▼歴史《れきし》　北海道《ほっかいどう》はアイヌという人びとが豊《ゆた》かな文化《ぶんか》とともに暮《く》らしていた。そして室町時代《むろまちじだい》（一三〇〇年代末）ごろ、本州《ほんしゅう》の人びとがうつり住《す》み始《はじ》める。今の北海道《ほっかいどう》となったのは明治《めいじ》二年のことだった。

▼伝承《でんしょう》　アイヌの人びとは、世《よ》の中にあるすべてのものに「カムイ」がやどっていると信《しん》じ、ともに暮《く》らしていた。カムイとは、神《かみ》、の意味《いみ》がある。この世《よ》の中は、カムイと人間がおたがいを尊《たっと》び敬《うやま》うことで成《な》り立っている、と考えられているのだ。

本当にあった怖《こわ》い話

××から来《き》ました。

北海道《ほっかいどう》に住《す》む友人の家に泊《と》まりに行ったときのことである。

その日は冬で、着《つ》いたときはすでに夜だった。

北海道《ほっかいどう》の家は、寒《さむ》さ対策《たいさく》で窓《まど》が二重《にじゅう》になっている。内側《うちがわ》の窓《まど》は開《あ》くけれど、外側《そとがわ》の窓《まど》は凍結《とうけつ》してしまって、雪解《ゆきど》けの季節《きせつ》を待《ま》たないと開《ひら》かない。北海道《ほっかいどう》の冬はとても長く、十月下旬《げじゅん》に初雪《はつゆき》が降《ふ》ったら、三月下旬《げじゅん》まで雪《ゆき》がなくならない。

窓《まど》だけではない。玄関《げんかん》も二重《にじゅう》になっている。玄《げん》関《かん》は、内側《うちがわ》も外側《そとがわ》も開《あ》く。そうじゃないと家の外に出られないからだ。

だから室内は思ったより暖《あたた》かい。

外はマイナス十度《ど》という、横浜《よこはま》生まれのわたしにとっては感《かん》じたこともない気温《きおん》なのだが、家の中はぽっかぽか。半そで一枚《まい》でもだいじょうぶなほど。夏の暑《あつ》さだ。

「それにしても暑《あつ》いですねぇ。こんなに部屋《へや》を暖《あたた》かくしているんじゃ、暖房費《だんぼうひ》、すごいでしょ」

「いや、そのぶん冷房費《れいぼうひ》はかからんからな」

わたしの意地悪《いじわる》な質問《しつもん》に、友人は笑《わら》ってそう答えた。

「なるほど。さすが北海道《ほっかいどう》」

「とにかく中途半端《ちゅうとはんぱ》はいかん。じゅうぶんに体が温《あたた》まってないと、外に出たとき、あっちゅう間に冷《ひ》えきってしまうからな。寒《さむ》いとなんだか悲《かな》しい気持《きも》ちになる。部屋《へや》を中途半端《ちゅうとはんぱ》に暖《あたた》かくしてもいいことは何ひとつない」

「登山《とざん》でも体を冷《ひ》やさないように工夫《くふう》しますね」

わたしは登山《とざん》をするのが趣味《しゅみ》なのだ。

山に登《のぼ》るときは、温《あたた》かくするだけが冷《ひ》え対策《たいさく》なのではない。汗《あせ》で冷《ひ》えてしまうのを防《ふせ》ぐことも、大事《だいじ》な冷《ひ》え対策《たいさく》になる。だから、肌着《はだぎ》は、乾《かわ》きや

不思議《ふしぎ》を訪《たず》ねて

コロポックル

北海道《ほっかいどう》には「コロポックル」という小さく不思議《ふしぎ》な人の伝承《でんしょう》がある。最近《さいきん》も「庭《にわ》で大人のてのひらくらいの大きさをした、小さなおじさんふたりが走って行くのを見た」という話を聞いたこともある。

だが、伝《つた》わっているコロポックルは、大人の腰《こし》くらいの背《せ》の高さなのだ。ということはそのふたり組は何だったのだろう？

ただしコロポックルとは「ふきの葉《は》の下の人」「石の下の人」という意味《いみ》がある。だとしたら、てのひら大の人こそ、石の下の人かもしれない。

すいように作られた専用《せんよう》のものを着《き》る。

「体が冷《ひ》えると体力をうばわれますから」

わたしの言葉《ことば》に友人は低《ひく》い言葉《ことば》で答えた。

「このへんは夏山でも低体温症《ていたいおんしょう》で死亡《しぼう》……つまり、凍死することがあるんだ」

「えっ、夏山で凍死《とうし》？」

「悪天候《あくてんこう》の夏山は危険《きけん》だ。何年か前にも、登山《とざん》ツアーの参加者《さんかしゃ》が大量《たいりょう》に死亡《しぼう》した痛《いた》ましい遭難事故《そうなんじこ》があってな」

そういえば登山講習会《とざんこうしゅうかい》でも、どんなに天気が良《よ》くても、雨具《あまぐ》は絶対《ぜったい》にリュックの中に入れて持《も》っていくようにと習《なら》った。

「歩き続《つづ》けて登山口《とざんぐち》までたどり着《つ》いた者《もの》もいたし、そうでない者《もの》もいた」

友人が重《おも》おもしくそう言うと、夏のように暑《あつ》いと思っていた室内の温度《おんど》が、急《きゅう》に下がったような気がした。

と、そのとき。

ピンポーン。

玄関《げんかん》のチャイムが鳴った。こんな夜にだれだろう。

「はーい」

インターホンごしに友人が対応《たいおう》すると、声が聞こえた。

「××××から来《き》ました」

ドキリとして、友人とわたしは顔を見合わせた。

そして、いっしょに玄関《げんかん》へ行き、二重《にじゅう》とびらを開《あ》けて外を見た。

だが、そこにはだれもいなかった。

友人はポツリと言った。

「あの事故《じこ》があってから、たまにこういうことがあるんですよ。まだ、魂《たましい》は助《たす》けを求《もと》めて歩き続《つづ》けているんでしょうかね……」

あの、インターホンから聞《き》こえた言葉《ことば》。

「××××から来ました」

それは、あの遭難事故《そうなんじこ》があった山の名前だった。

2 青森《あおもり》

霊山《れいざん》がある本州《ほんしゅう》最北《さいほく》の地《ち》

AOMORI

データ▼

面積《めんせき》：$9,645km^2$
県庁所在地《けんちょうしょざいち》：青森市《あおもりし》
県《けん》の木：ヒバ
県《けん》の花：リンゴの花
県《けん》の鳥：ハクチョウ

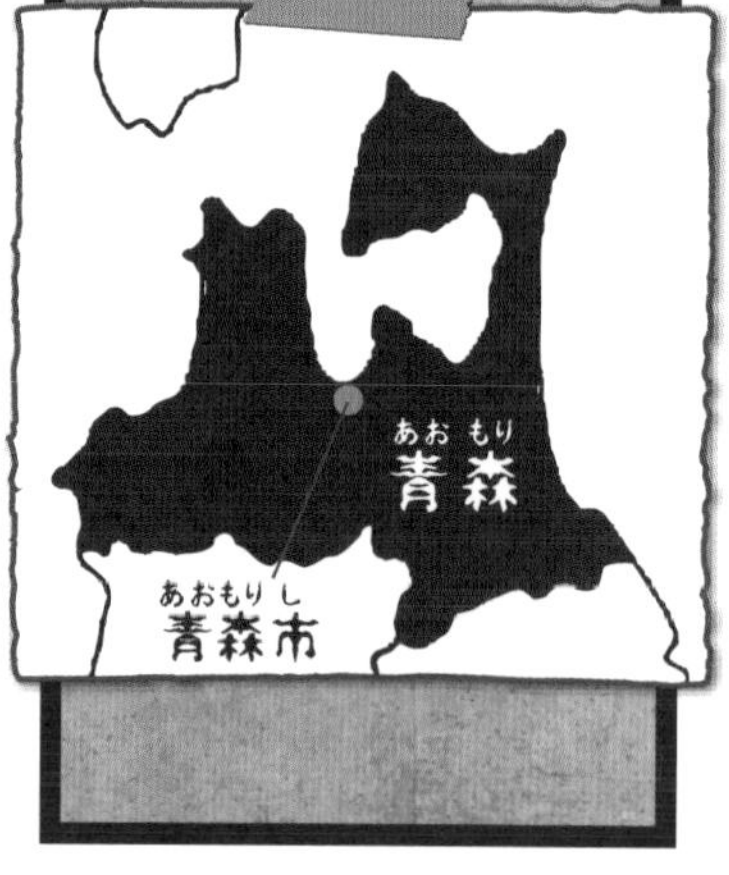

▼土地 青森県《あおもりけん》は東北六県《けん》のひとつ。本州《ほんしゅう》でもっとも北にある県《けん》だ。山や川も豊《ゆた》かで、海産物《かいさんぶつ》のほか、リンゴやニンニクも有名《ゆうめい》である。

▼歴史《れきし》 青森県《あおもりけん》が成立《せいりつ》したのは明治《めいじ》四年のこと。ここにある「三内丸山遺跡《さんないまるやまいせき》」を調《しら》べたことで、縄文時代《じょうもんじだい》から大きな村があって、たくさんの人が暮《く》らしていたことがわかった。

▼伝承《でんしょう》 青森県《あおもりけん》にある霊《れい》が集《あつ》まる山「恐山《おそれざん》」は「日本《にほん》三大霊山《れいざん》」のひとつだ。入り口の三途《さんず》の川にかかる「太鼓橋《たいこばし》」だが、悪人《あくにん》には針《はり》の山に見えて渡《わた》れないという。

本当にあった怖《こわ》い話

恐山《おそれざん》の帰り

青森県《あおもりけん》には恐山《おそれざん》という場所《ばしょ》がある。

ここは「死《し》んだ人の魂《たましい》が集《あつ》まる」と言われている。ある男性《だんせい》が二十五歳《さい》のころの話だ。

彼《かれ》は友だちとふたりでこの恐山《おそれざん》をおとずれた。

夏が始《はじ》まった、よく晴れた日だった。さみしげな風景《ふうけい》と青い空がとても心に残《のこ》ったという。

その帰り、男性《だんせい》が車の助手席《じょしゅせき》に座《すわ》っていると、友だちが何かを話し始《はじ》めた。

「お前は、最近《さいきん》、いつまでも夜ふかしをして、よくない……」

彼《かれ》は本当に夜おそくまで起《お》きているが、それよりもビックリしたのは呼《よ》びかただ。

友だちはいつも苗字《みょうじ》で彼《かれ》を呼《よ》ぶ。

それなのに、急《きゅう》に「お前」になった。それだけではなく、いつもの声とちがって、とても高くてガラガラしている。まるでおばあさんのようなしゃべりかただった。

「お前は部屋《へや》も片付《かたづ》けないで」

「ご飯《はん》も外で食べるか、買ってくるかしかしていないから、栄養《えいよう》がかたよって、よくない」

「給料《きゅうりょう》もロクな使《つか》いかたをしない」

まるでお説教《せっきょう》だ。

こちらが何を言っても無視《むし》して、友だちはずっとしゃべっている。

「お前は体を大事《だいじ》にしていない。このままだと体をこわして、入院《にゅういん》してしまうぞ」

そのうち、男性《だんせい》がだれにも話したことがない、秘密《ひみつ》にしていたことも語りだした。

あわてて「止《や》めろよ！」と肩《かた》をたたくと、やっと口を閉《と》じる。

と同時に、友だちがこちらを向《む》いた。

「……ぼく、何をしていた？」

オドオドした顔だ。聞けば、駐車場《ちゅうしゃじょう》を出てからここまでの記憶《きおく》がないという。もちろん、話していた内容《ないよう》もまったくおぼえていなかった。

それから一か月もたたないうち、男性《だんせい》は病気《びょうき》で入院《にゅういん》した。夜ふかしなど、体を大事《だいじ》にしなかったことが原因《げんいん》だ。あのとき、友だちが無意識《むいしき》に話していたこと、そのままだった。

その日から、男性《だんせい》は知らない老婆《ろうば》の夢《ゆめ》をよく見るようになった。

しわくちゃで、とても怖《こわ》い顔をしている。

相手《あいて》は怒《おこ》りながらしゃべっているのだが、何を言っているのかわからない夢《ゆめ》だった。

この話を実家《じっか》の両親《りょうしん》にすると、何か考えているような顔になる。そして、彼《かれ》にもう一度《いちど》恐山《おそれざん》へ行けと言い出した。

「そこでとにかく夢《ゆめ》のばあさんにあやまってこい。わたしが悪《わる》かったからゆるしてくれ、と言え」

そうしなくてはならない理由《りゆう》をたずねても、親はともかく行けとしか言わなかった。

それから二年たつが、男性《だんせい》は今も恐山《おそれざん》には足を運《はこ》んでいない。どうせただの夢《ゆめ》だからと思っているからだ。

恐山《おそれざん》へ行かない彼《かれ》はどうなるのだろう？

もし何か変化《へんか》があったら、教えてもらうことになっている。だから今は、そっと見守《みまも》るしかない。

しかし、最近《さいきん》は老婆《ろうば》の夢《ゆめ》から覚《さ》めると、部屋《へや》の電《でん》灯《とう》が大きくゆれていることがあると彼《かれ》が教えてくれた。

もちろん、電灯《でんとう》はだれもゆらしていない。

では、いったいだれが……？

不思議《ふしぎ》を訪《たず》ねて

キリストの墓《はか》

青森県《あおもりけん》には「イエス・キリストの墓《はか》」があるという。

でもこのキリストの墓《はか》、本物《ほんもの》ではない、らしい。

ただし、このお墓《はか》の近くには「太陽石《たいようせき》・方位石《ほういいし》・星座石《せいざいし》・鏡石《かがみいし》」という不思議《ふしぎ》な名前の石がずらりならんだ場所《ばしょ》があるようだ。星や方位《ほうい》、鏡《かがみ》に関係《かんけい》するのだろう。

それぞれ、どんな石なのか調《しら》べてみよう。きみだけの発見《はっけん》があるかもしれない。

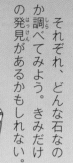

幽霊《ゆうれい》からUFO《ユーフォー》まで!? 不思議《ふしぎ》な山の話

世界《せかい》にはさまざまな山がそそり立っている。

今回は日本《にほん》にある、不思議《ふしぎ》な山について書いてみたい。

さて、北海道《ほっかいどう》にはキムンカムイという言葉《ことば》がある。「山にいる神《かみ》」という意味《いみ》で、ヒグマのことをさす。神《かみ》が人のいるところへ来るのに、黒い衣《ころも》を着《き》て、ヒグマのすがたになるのだ。アイヌの人びとはこのキムンカムイに対《たい》し、特別《とくべつ》な敬意《けいい》を持《も》つ。

ところで、わたしはある人物《じんぶつ》からこんな話を聞いたことがある。

「知り合いが突然《とつぜん》、北海道《ほっかいどう》の山へ行くと言って、そのまま行方不明《ゆくえふめい》になった」

いなくなる前、その男性《だんせい》の元へ亡《な》くなった祖母《そぼ》が化《ば》けて出ては「北海道《ほっかいどう》の山へ行け」と命《めい》じていたようだ。

今も彼《かれ》は行方不明《ゆくえふめい》のままである。

北陸《ほくりく》にある「とある山」に登《のぼ》ると悪《わる》いものに取《と》りつかれるという話もある。

登山《とざん》するような山ではないからか、心霊《しんれい》スポットになっているのだが、若者《わかもの》たちが面白半分《おもしろはんぶん》で行ってひどい目にあった。

「絶対《ぜったい》に行かない方がいい。あまり（山のことを）話したくない」

と体験《たいけん》した人が言っていたから、どんなことがあって、どこの山かはここでは書かない。

心霊《しんれい》スポットと言えば、青森県《あおもりけん》の八甲田山《はっこうださん》も有名《ゆうめい》だ。明治《めいじ》三十五年、日本陸軍第八師団《にほんりくぐんだいはちしだん》が雪中行軍《せっちゅうこうぐん》を行ったとき、遭難《そうなん》した事件《じけん》があった。二百十名のうち、百九十九名が死亡《しぼう》するという痛《いた》ましい事件《じけん》である。

今もこの八甲田山《はっこうださん》では亡《な》くなった方がたが出る、とささやかれている。

いや、それだけではない。

平成《へいせい》二十七年五月の深夜《しんや》、八甲田山《はっこうださん》にある別荘《べっそう》から一一九番通報《つうほう》があったという。

そのとき、別荘《べっそう》は無人《むじん》だった。

しかし、もしかすると中で人が倒《たお》れている可能性《かのうせい》もある。

かけつけた警官《けいかん》や救急隊員《きゅうきゅうたいいん》が窓《まど》をこわし調《しら》べてみたが、だれもいない。

では、いったいだれが電話をかけたのか？　まさか、明《めい》治《じ》時代《じだい》に亡《な》くなった兵士《へいし》なのだろうか？

調査《ちょうさ》すると「風が電話線をゆらして、つながったり切れたりをくり返《かえ》し、ぐうぜん一一九番にかかったのではないか？」と結果《けっか》が出た。

しかし、偶然《ぐうぜん》にしてはあまりにできすぎている。もしかしたら、見えない何かの力が働《はたら》いたのだろうか？

また、熊本県《くまもとけん》の人吉市《ひとよしし》に高塚山《たかつかやま》という山がある。その名前の通り頂上《ちょうじょう》は岩だらけで、中央《ちゅうおう》には石積《づ》みされた「高塚神社《たかつかじんじゃ》」が鎮座《ちんざ》（注）している。

ここは受験《じゅけん》などにご利益《りやく》があると言われところがこの高塚山《たかつかやま》、少し不思議《ふしぎ》なウワサがある。

「幽霊《ゆうれい》」「UFO《ユーフォー》」があらわれるというのだ。実際《じっさい》、目撃《もくげき》した人の話もいくつかあった。

しかもこの山の不思議《ふしぎ》はそれだけではない。

山頂《さんちょう》の岩を加工《かこう》しようとしたのか、工具《こうぐ》の跡《あと》が残《のこ》されている。これが古代文字《こだいもじ》のように見えるのはなぜだろう？

さらにこの岩に方位磁石《ほういじしゃく》を乗《の》せると正しい方角を指《さ》さない。岩自身《じしん》が磁気《じき》を帯《お》びているようだ。

幽霊《ゆうれい》やUFO《ユーフォー》があらわれる原因《げんいん》は、この山頂《さんちょう》にあるのかもしれない。

山は命《いのち》をはぐくみ、人びとの生活とつながっている。そして、神《かみ》がみが降《お》りてきたり、UFO《ユーフォー》が飛《と》んできたり、幽霊《ゆうれい》が出たり、謎《なぞ》の生き物《もの》がひそんでいたりと不思議《ふしぎ》が息《いき》づく場所《ばしょ》でもある。

よく晴れたとき、きみたちが住《す》んでいるところから遠くの山やまをながめてみよう。

そこに何かが見えるかもしれない。

注《ちゅう》▶「鎮座《ちんざ》」…神霊《しんれい》がその場所《ばしょ》にしずまり、いること。

3

岩手《いわて》

摩訶不思議《まかふしぎ》な物語《ものがたり》が今も

データ▼

面積《めんせき》：15,275km²
県庁所在地《けんちょうしょざいち》：盛岡市《もりおかし》
県《けん》の木：ナンブアカマツ
県《けん》の花：キリ
県《けん》の鳥：キジ

IWATE

▼土地　東北六県《けん》のひとつ。四十七都道府県《とどうふけん》で北海道《ほっかいどう》のつぎに広い面積《めんせき》を持っている。

▼歴史《れきし》　昔《むかし》ここには、阿弖流為《アテルイ》という指導者《しどうしゃ》がいた。大和朝廷《やまとちょうてい》の将軍《しょうぐん》、坂上田村麻呂《さかのうえのたむらまろ》と戦《たたか》った人物《じんぶつ》である。岩手県《いわてけん》になったのは明治《めいじ》五年のことだった。

▼伝承《でんしょう》　岩手県《いわてけん》の遠野市《とおのし》にはたくさんの不思議《ふしぎ》な物語《ものがたり》が残《のこ》っている。おしらさま。座敷《ざしき》わらし。河童《かっぱ》。デンデラ野。幽霊屋敷《ゆうれいやしき》……。『遠野奇談《とおのきだん》』（佐々木喜善《ささききぜん》）『遠野物語《とおのものがたり》・遠野物語拾遺《とおのものがたりしゅうい》』（柳田国男《やなぎたくにお》）という本を読んでみよう。

本当にあった怖《こわ》い話

幽霊屋敷《ゆうれいやしき》と神社《じんじゃ》

岩手県《いわてけん》と言えば『遠野物語《とおのものがたり》』だ。

これは柳田国男《やなぎたくにお》という民俗学者《みんぞくがくしゃ》が、遠野《とおの》地方に伝《つた》わる不思議《ふしぎ》な話をまとめたものである。

その遠野《とおの》から近い山の中に、一部《いちぶ》が焼《や》け落《お》ちた大きな空き家があった。

山で仕事《しごと》する人たちがその空き家にとまると、不思議《ふしぎ》なことばかりが起《お》きる。こわくなって通りかかった旅《たび》の修行僧《しゅぎょうそう》におはらいをたのんだ。すると「ここにはわたしのような修行僧《しゅぎょうそう》がたくさんうまっている」と言う。

おはらいをしても効果《こうか》がなく、空き家は幽霊屋敷《ゆうれいやしき》として有名《ゆうめい》になった。

うわさによると、大昔《おおむかし》、その家に住《す》む者《もの》たちは旅《たび》の修行者《しゅぎょうしゃ》を殺《ころ》し、死体《したい》を家の下にうめていたそうだ。目的《もくてき》はお金だ。だからお金がたまると殺《ころ》すことをやめた。

ところが昭和《しょうわ》になってから、この家に生まれた男が「この家には人の骨《ほね》がうまっている」と言い出した。その息子《むすこ》も「この家には魔物《まもの》や死《し》んだ者《もの》が出てくる。おきよめしなければ！」とさわぎだす。

そして息子《むすこ》はおきよめのためと、家に火をつけた。火は家の一部《いちぶ》を焼《や》いただけだったが、そこからはたくさんの人骨《じんこつ》が出てきたという。

この話を知ったわたしは平成《へいせい》二十三年に取材《しゅざい》に出かけた。

当日は天気が悪《わる》く、霧《きり》も出て、午後三時をすぎたばかりだというのにうす暗《ぐら》い。そして残念《ざんねん》なことに、やっとの思いでたどりついた幽霊屋敷《ゆうれいやしき》はすでに取りこわされていた。

がっかりして帰ろうとすると、道路《どうろ》をはさんだ向《む》こうに神社《じんじゃ》が見えた。なぜか不思議《ふしぎ》と気になる。

北海道《ほっかいどう》・東北《とうほく》

不思議《ふしぎ》を訪《たず》ねて

岩手という名前

岩手県《いわてけん》の「岩手」という名前はどこから来《き》たのか？　それにはこんな言い伝《つた》えがある。

昔《むかし》、ここに住《す》んでいた人が「悪《わる》い鬼《おに》を退治《たいじ》してほしい」と神様《かみさま》に願《ねが》った。そこで神様《かみさま》である岩「三《み》ツ《つ》石《いし》様《さま》」が鬼《おに》たちをこらしめ、二度《にど》とこの地を荒《あ》らさない約束《やくそく》を岩の上に手形として押《お》させた。

岩の手形。これが岩手の名前の元になったという。

鳥居《とりい》をくぐると、四本の柱《はしら》が立った舞台《ぶたい》があった。これは神様《かみさま》に舞《まい》を奉納《ほうのう》するための神楽舞台《かぐらぶたい》だろう。かなり古いが、その上にはさほど古くないムシロがきちんとしいてある。今でも祭《まつ》りになると舞《まい》が奉納《ほうのう》されているのかもしれない。

それにしても鳥居《とりい》から社《やしろ》までの参道上《さんどうじょう》に神楽舞《かぐらぶ》台《たい》があるのはめずらしい。

神楽舞台《かぐらぶたい》のわきを通って社《やしろ》にいく。すると観音《かんのん》開《びら》きのとびらのカギが外れていて、すきまから中が見えた。

「今、取材《しゅざい》をしております。このあと、撮影《さつえい》させてください」

きちんと挨拶《あいさつ》をしておく。神社《じんじゃ》やお寺の取材《しゅざい》をする場合《ばあい》は、いつもどこでも同じようにしている。

社《やしろ》の中が気になったので、とびらを開《あ》けてみる。中には二柱《ふたばしら》の神様《かみさま》が鎮座《ちんざ》していた。

ふたたびとびらをきちんと閉《と》じ、頭を下げる。そして撮影《さつえい》を始《はじ》めようとしたが、なぜかシャッターが下りない。

何をどうやっても、写真《しゃしん》が撮《と》れないのだ。何度《なんど》も何度《なんど》もボタンを押《お》しているうちに、やっと一枚《まい》だけ写真《しゃしん》が撮《と》れた。すぐ確認《かくにん》してみると、右上の方に青いモヤのようなものが浮《う》かんでいる。

何かおかしいと思いながら画面《がめん》をかたむけたとき、思わず息《いき》をのんだ。男の顔が写《うつ》っている。

横《よこ》伸《の》ばしになった青い顔。生きている人間の顔ではない。

帰《き》宅《たく》してから神社《じんじゃ》のことをいろいろと調《しら》べてみたが、あの写真《しゃしん》に写《うつ》った顔の正体はわからなかった。

ただ、あの日に開《あ》いていたとびらは、祭《まつ》りの日にしか開《あ》けないことがわかった。

それではなぜ、あの日はカギが外れていて、とびらが開《あ》いていたのだろうか。

4

宮城《みやぎ》

豊《ゆた》かな緑《みどり》の中にある不思議《ふしぎ》

データ▼

面積《めんせき》：7,282km^2
（境界未定部分《きょうかいみていぶぶん》あり）
県庁所在地《けんちょうしょざいち》：仙台市《せんだいし》
県《けん》の木：ケヤキ
県《けん》の花：ミヤギノハギ
県《けん》の鳥：ガン

MIYAGI

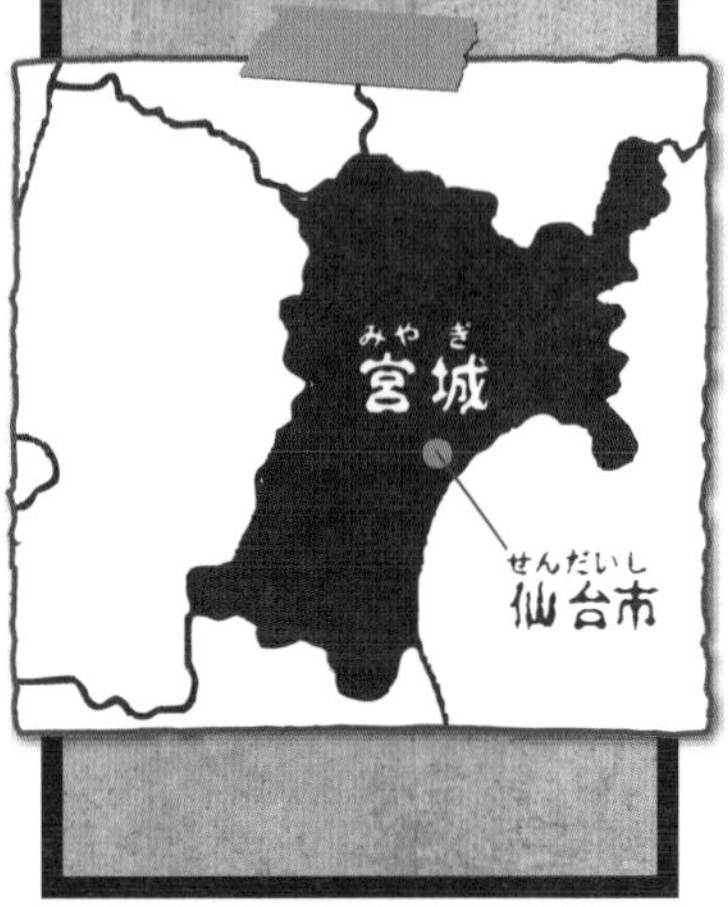

▼土地 東北六県《けん》のひとつ。有《ゆう》名《めい》なお米、ササニシキの生まれ故郷《こきょう》だ。

▼歴史《れきし》 明治《めいじ》五年に仙台県《せんだいけん》から宮城県《みやぎけん》に名前が変《か》わった。この地で活躍《かつやく》した戦国武将《せんごくぶしょう》、〝独眼竜《どくがんりゅう》〟伊達政宗《だてまさむね》は今も宮城県の人びとに愛《あい》されている。

▼伝承《でんしょう》 塩竈市《しおがまし》にある鹽竈神社《しおがまじんじゃ》のそばに「御釜神社《おかまじんじゃ》」がある。ここにまつられた四つの神釜《かみがま》、中に入っている水はあふれることも枯《か》れることもない。そして変《か》わった出来事《できごと》がある前、この釜《かま》の中の水が変化《へんか》するという。また、この神社《じんじゃ》にはたくさんの謎《なぞ》が残《のこ》されている。

本当にあった怖《こわ》い話

乙女《おとめ》のいのり

宮城県《みやぎけん》の仙台市《せんだいし》は東北最大《さいだい》の都市《とし》だ。

しかし自然《しぜん》は豊《ゆた》かで、車で三十分ほどの距離《きょり》に山も海もある。

宮城県《みやぎけん》の心霊《しんれい》スポットで一番有名《ゆうめい》なのは自殺《じさつ》の名所《めいしょ》、八木山橋《やぎやまばし》だろう。ただし仙台駅《せんだいえき》から車で十五分。かんたんに行けるせいか、心霊《しんれい》スポット好《ず》きにはあまり人気がない。

それでは心霊《しんれい》スポット好《ず》きに人気があるのはどこだろうか。よく名前があがるのは「乙女《おとめ》のいのり」だ。

名前だけ聞くととてもロマンチックだが、宮城《みやぎ》県《けん》内では最強《さいきょう》の心霊《しんれい》スポットだと言われている。

乙女《おとめ》のいのりは日本三景《にほんさんけい》のひとつ、松島《まつしま》を見わたせる高台にある。しかし目印《めじるし》らしいものがあまりないので、かんたんには見つからない。心霊《しんれい》スポット好《ず》きには、そこが魅力《みりょく》のようだ。

「かんたんに見つかった」と言えば、「それは本当の乙女《おとめ》のいのりではない」と言う人もいて、本物《ほんもの》とにせもの、ふたつがあるといううわさもあった。

もちろん乙女《おとめ》のいのりはひとつしかない。

乙女《おとめ》のいのりは女子高生が自殺《じさつ》をした場所《ばしょ》と言われている。命《いのち》をたつ前、彼女《かのじょ》は謎《なぞ》めいた遺書《いしょ》を木の幹《みき》にほり、その木で首つり自殺《じさつ》をした。

その遺書《いしょ》を読み、内容《ないよう》を理解《りかい》するとおそろしいことが起《お》きるらしい。最悪《さいあく》の場合《ばあい》、呪《のろ》われて死んでしまうそうだ。

平成《へいせい》二十二年。わたしは取材《しゅざい》に向《む》かった。

仙台駅《せんだいえき》から車で約《やく》四十分、観光地《かんこうち》から外れた場所《ばしょ》に乙女《おとめ》のいのりはあった。

しかし木がどうしても見つからない。あきらめかけてふと足もとを見ると、木の幹《みき》が横たわっていた。それは一メートルくらいの長さに切られている。休けい用のイスの代《か》わりに置《お》いてあるのだろうか。よく見ると文字《もじ》がほってある。

（これが乙女《おとめ》のいのりの木だ！）

なぜ切られてしまったのか、そしてなぜ遺書《いしょ》の部分《ぶぶん》だけを残《のこ》して置《お》いておくのか。理由《りゆう》はわからない。ところどころコケが生えているものの、遺《い》書《しょ》はかんたんに読むことができた。

そしてつぎの年の平成《へいせい》二十三年に東日本大震災《ひがしにほんだいしんさい》が起きた。

乙女《おとめ》のいのりは高台にあるといっても、海が目の前だ。津波《つなみ》で流《なが》されてしまった可能性《かのうせい》もある。

半年後、わたしは震災《しんさい》の取材《しゅざい》もかねて、乙女《おとめ》のいのりにまた行ってみた。

乙女《おとめ》のいのりは、何ごともなかったようにそこにあった。何もかもが変《か》わってしまった風景《ふうけい》を見たあとだったので、少しホッとする。

ただ遺書《いしょ》は一年前とちがい、だいぶ読めなくなっている。そのため、記録《きろく》としてここに書くことにした。

内容《ないよう》を理解《りかい》すると呪《のろ》われてしまうそうなので、怖《こわ》い人は読まなくてもいい。

「コノ時ヲモッテ乙《オレ》ノ限界《ゲンカイ》ヲ知ッタ大自然《ダイシゼン》ニ生キルイギヲ失《ウシナ》ウ　乙《オレ》ハ死《シ》ヲモッテ　コレヲ征服《セイフク》セネバナラナイ　昭和《ショウワ》四六　二
一男」

最後《さいご》に一男とある。これは男の名前だ。それなのになぜ女子高生の遺書《いしょ》になっているのか。まったくわからないが、もし理《り》解《かい》できたら呪《のろ》われるかもしれない。

さてあなたは理解《りかい》できただろうか？

仙台四郎《せんだいしろう》

宮城県仙台市《みやぎけんせんだいし》には、江戸《えど》から明治時代《めいじじだい》にかけて「仙《せん》台四郎《だいしろう》」という人がいた。

立ちよるお店は大はんじょうするので「福の神様《ふくのかみさま》」だと喜《よろこ》ばれていたという。

亡《な》くなったその後も「四《し》郎《ろう》の写真をかざると商売《しょうばい》がうまくいく」ということで、彼《かれ》の写真《しゃしん》が大ブームになった。しかし、死んだはずの「仙台四郎《せんだいしろう》を見た！　彼《かれ》は生きている」という不思議《ふしぎ》な話もあったようだ。

仙台四郎《せんだいしろう》の本名は「芳賀《はが》豊孝《とよたか》」。仙台市《せんだいし》では今も愛《あい》され続《つづ》けている。

5 秋田《あきた》

遠くから来た神《かみ》がみの里

データ▼

面積《めんせき》：11,637km²
県庁所在地《けんちょうしょざいち》：秋田市《あきたし》
県《けん》の木：アキタスギ
県《けん》の花：フキノトウ
県《けん》の鳥：ヤマドリ

AKITA

▼**土地** 東北六県《けん》のひとつ。日《に》本《ほん》の天然《てんねん》記念物《きねんぶつ》となった犬の中で、唯一《ゆいいつ》の大型犬《おおがたけん》〝秋田犬《あきたいぬ》〟も有名《ゆうめい》だ。

▼**歴史《れきし》** 明治《めいじ》四年、秋田県《あきたけん》・本荘県《ほんじょうけん》・岩崎県《いわさきけん》・亀田県《かめだけん》・矢島《やじま》県《けん》がひとつになって、秋田県《あきたけん》になった。ここではたくさんの遺跡《いせき》が発掘《はっくつ》されている。中でも大きな石をきれいにならべた「ストーンサークル（注《ちゅう》）」が有名《ゆうめい》で、縄文時代《じょうもんじだい》のお墓《はか》の遺跡《いせき》と言われている。

▼**伝承《でんしょう》** 秋田県《あきたけん》には「なまはげ」がいる。「災《わざわ》いを退《しりぞ》け、お祝《いわ》いを授《さず》ける」と同時に「なまけ者《しゃ》をこらしめる」神様《かみさま》でもある。

本当にあった怖《こわ》い話

家に来た神様《かみさま》

秋田県《あきたけん》と言えばなまはげが有名《ゆうめい》だ。

包丁《ほうちょう》を持《も》ち、わらの衣《い》しょうを着《き》たなまはげが「泣《な》ぐ子はいねがー。悪《わる》い子はいねがー」と言いながら、子どものいる家にやって来るところをテレビで見た人は多いだろう。しかしなまはげは男鹿《おが》半島《はんとう》にしかあらわれない神様《かみさま》だ。有名《ゆうめい》なわりには身近《みぢか》な神様《かみさま》ではない。

秋田に住《す》む人にとって身近《みぢか》な神様《かみさま》は人形道祖神《どうそじん》だろう。

道祖神《どうそじん》は悪《わる》いものから人の住《す》むところを守《まも》ってくれる神様《かみさま》のことだ。いなかに行くと道のわきに石像《せきぞう》や石碑《せきひ》が建《た》っている。これが道祖神《どうそじん》で、多くは石で作られている。

ただし、秋田の道祖神《どうそじん》はわらや木でも作られ、人の形をしているのが特徴《とくちょう》だ。それで人形道祖神《どうそじん》と呼《よ》ばれている。

体験者《たいけんしゃ》は当時、小学校三年生の男の子。

彼《かれ》は町に住《す》んでいたが、おじいちゃんが住《す》む村で人形道祖神《どうそじん》を見たことがある。

「変《へん》なかかし」と言ったら、おじいちゃんが「あれは人形道祖神《どうそじん》と言って、村を守《まも》ってくれる神様《かみさま》だ」と教えてくれた。

その人形道祖神《どうそじん》を友だちの家で見たときはびっくりした。

知っているものとまったくちがっていたし、うすいスミで顔が書かれている古い木の板《いた》で、とても不気味《ぶきみ》だったからだ。

そんなものをうす暗《ぐら》い仏間《ぶつま》で見たら、だれだってびっくりするに決《き》まっている。思わず、

「おばけ！」

とさけんだ彼《かれ》に、友だちは、

注《ちゅう》▶「ストーンサークル」…「環状列石《かんじょうれっせき》」とも言う。

不思議《ふしぎ》を訪《たず》ねて

辰子《たつこ》

仙北市《せんぼくし》にある「田沢湖《たざわこ》」。日本《にほん》でもっとも深《ふか》いと言われている湖《みずうみ》だ。

このあたりには辰子伝説《たつこでんせつ》という話が伝《つた》わっている。

「いつまでも美《うつく》しくいたい」と願《ねが》った辰子《たつこ》という女性《じょせい》が、神様《かみさま》のお告《つ》げで出て来《き》た泉《いずみ》で水を飲《の》んだところ、龍《りゅう》になった、という伝承《でんしょう》だ。

これは不幸《ふこう》なのか。それとも美《うつく》しい龍《りゅう》になれて願《ねが》いが叶《かな》ったと言うべきか。

この辰子《たつこ》の飲《の》んだ泉《いずみ》は、今も残《のこ》っているという。

「あれは人形道祖神《どうそじん》で家を守《まも》ってくれる神様《かみさま》だよ」

と答える。

しかし神様《かみさま》にしてはどこかいやな感《かん》じがする。だいたい前に遊《あそ》びに来《き》たときはこんな神様《かみさま》はいなかった。

そう言うと、

「お母さんの友だちだっていうおじさんが持《も》って来《き》た」

と悲《かな》しそうな顔になる。

心配《しんぱい》になった彼《かれ》が、

「何かあったの？」

と聞くと、友だちはこんなことを話し始《はじ》めた。

「おじさんはお父さんがいない昼間に家に来る。そしてこの神様《かみさま》をおがんで『この家は守《まも》られた』と言う。だけど、逆《ぎゃく》に変《へん》なことが起《お》きるようになったんだ。

仏間《ぶつま》から変《へん》な声がするのでおそるおそるのぞいても、だれもいない。真《ま》っ黒い人影《ひとかげ》が歩き回るのを何度《なんど》も見た。お母さんは怒《おこ》りっぽくなるし、お父さんは病気《びょうき》になって入院《にゅういん》しちゃった」

そして、

「これって絶対《ぜったい》に、この神様《かみさま》のせいだと思う！」

と怒《おこ》ったように言うと、神様《かみさま》をゴミ箱《ばこ》にすててしまった。

それから一か月後。

友だちが学校を休んだ。屋根《やね》から落《お》ちて大けがをしたと、先生が言う。

しばらくして、やっとけがが治《なお》って登校《とうこう》してきた友だちは、

「転校《てんこう》することになった。お母さんとおじさんとぼくで引っこすんだ」

と悲《かな》しそうに言ってきた。

「お父さんはいっしょじゃないの？」

聞いてもだまったままで答えない。引っこし先がわからないというので、わかったら手紙をくれるようにたのんだが、手紙は今もとどいていない。

友だちはどこに行ったんだろうと、彼《かれ》は今も気になっている。

6 山形《やまがた》

山岳信仰《さんがくしんこう》がさかんな地

データ▼

面積《めんせき》：9,323km^2
県庁所在地《けんちょうしょざいち》：山形市《やまがたし》
県《けん》の木：サクランボ
県《けん》の花：ベニバナ
県《けん》の鳥：オシドリ

YAMAGATA

▼土地　東北六県《けん》のひとつであり、宮城県《みやぎけん》、秋田県《あきたけん》、福島県《ふくしまけん》、新潟県《にいがたけん》に囲《かこ》まれている。出羽《でわ》三山（月山《がっさん》・羽黒山《はぐろさん》・湯殿山《ゆどのさん》）という信仰《しんこう》を集《あつ》める三つの山が有《ゆう》名《めい》だ。

▼歴史《れきし》　今の山形県《やまがたけん》になったのは明治《めいじ》九年のこと。人型《ひとがた》の哺《ほ》乳《にゅう》類《るい》（ナウマンゾウ・オオツノジカ・ヘラジカ）を追《お》った人間が三万年前にやってきており、その遺跡《いせき》が多数出ている。

▼伝承《でんしょう》　山形県《やまがたけん》には「丸池様《まるいけさま》」という神様《かみさま》の池がある。とてつもなく澄《す》んでいて、とても冷《つめ》たい水だ。この池では決《けっ》して魚などをとってはいけないと言われている。

本当にあった怖《こわ》い話

マネキンの涙《なみだ》

東北地方でも夏は暑《あつ》い。

とくに山形市《やまがたし》は最高気温《さいこうきおん》が四十度《ど》をこえることもあるほどだ。ところが体験者《たいけんしゃ》が入っている劇団《げきだん》の稽古場《けいこば》にはクーラーがない。夏は窓《まど》どころかドアも全開《ぜんかい》で稽古《けいこ》をしている。

汗《あせ》だくになりながら稽古《けいこ》をする役者《やくしゃ》も大変《たいへん》だが、舞台装置《ぶたいそうち》や小道具《こどうぐ》を担当《たんとう》している彼《かれ》も大変《たいへん》だった。なぜならあっという間にペンキがかわいてムラになってしまうからだ。

もちろん劇団《げきだん》の主宰《しゅさい》（注《ちゅう》1）にはクーラーをつけてくれと何度《なんど》もたのんだ。しかしお金がないと断《ことわ》られる。劇団員《げきだんいん》たちが自分たちでお金を出すと言えば、今度《こんど》は電気代《でんきだい》がかかるだろうと反対《はんたい》するようするにケチなのだ。

ある夏、季節《きせつ》にふさわしい怖《こわ》い芝居《しばい》をすることになった。

その芝居《しばい》ではクライマックスでマネキンが血《ち》の涙《なみだ》を流《なが》す。その方法《ほうほう》を考えるのは彼《かれ》の仕事《しごと》だった。一番かんたんなのはマネキンの目もとに穴《あな》を開《あ》けて細工をする方法《ほうほう》である。

しかしケチな主宰《しゅさい》は友人から借《か》りてきた古いマネキンを使《つか》えと言う。借《か》りてきたマネキンに穴《あな》は開《あ》けられない。彼《かれ》はいろいろと試《ため》してみた結果《けっか》、マネキンの目元に肌色《はだいろ》をしたふくろをはることにした。それを軽《かる》く押《お》すとふくろの中に入っている血《ち》のり（注《ちゅう》2）が出てくる。

その細工は思っていた以上《いじょう》にうまくいったが、どうしても納得《なっとく》できないことがひとつだけあった。それはペンキがすぐにかわくほどの稽古場《けいこば》なのに、マネキンの涙《なみだ》だけはなかなかかわかないのだ。

不思議《ふしぎ》に思った彼《かれ》は作った血《ち》のりをほかの場所《ばしょ》

注《ちゅう》1▶「主宰《しゅさい》」…人びとの中心になって指導《しどう》したり、運営《うんえい》したりする人のこと。　注《ちゅう》2▶「血《ち》のり」…のりのようにねばり気のある血《ち》。血《ち》に見える小道具《こどうぐ》。

にぬってみた。するとやはりあっという間にかわいてしまう。

ほかの劇団員《げきだんいん》もそのことに気がつき、稽古場《けいこば》には変《へん》な空気が流《なが》れる。しかし主宰《しゅさい》だけは、「涙《なみだ》が流《なが》れるんだから問題《もんだい》はない」と平気《へいき》な様子《ようす》だった。

確《たし》かに公演《こうえん》は無事《ぶじ》に終了《しゅうりょう》した。マネキンが血《ち》の涙《なみだ》を流《なが》すところでは悲鳴《ひめい》を上げる客《きゃく》もいて、公演《こうえん》は成功《せいこう》と言えた。

ところがマネキンを返《かえ》してから問題《もんだい》がおきた。マネキンの目もとから赤いものが流《なが》れ、ふいてもまた流《なが》れてくると、貸《か》してくれた主宰《しゅさい》の友人が苦情《くじょう》を言ってきたのである。

あわてて主宰《しゅさい》と確認《かくにん》に行くと、マネキンは公演《こうえん》のときのように血《ち》の涙《なみだ》を流《なが》していた。

おそるおそる涙《なみだ》を指《ゆび》ですくってみると、それはすぐにかわく。しかしマネキンについた涙《なみだ》はなかなかかわかない。あのときのように……。

主宰《しゅさい》はさんざん言いわけをしたが、結局《けっきょく》、マネキンは買い取《と》ることになった。

もどって来《き》たマネキンを見て、当然《とうぜん》、劇団員《げきだんいん》はおどろいた。怖《こわ》いからすててほしいと何度《なんど》もお願《ねが》いするが、主宰《しゅさい》は買い取《と》ったものをすてるなんてもったいないと言う。

なのでマネキンは血《ち》の涙《なみだ》を流《なが》したまま、劇団《げきだん》の倉庫《そうこ》に置《お》いてある。

不思議《ふしぎ》を訪《たず》ねて

美女塚《びじょづか》

山形県米沢市《やまがたけんよねざわし》には「美女《びじょ》塚《づか》」という丘《おか》がある。ここは「小野小町《おののこまち》」のお墓《はか》だという。

この小野小町《おののこまち》は平安時代《へいあんじだい》の人物《じんぶつ》だが、美女《びじょ》であり、また歌人として有名《ゆうめい》だ。だが、生まれてから亡《な》くなるまで、すべてが謎《なぞ》につつまれている女性《じょせい》でもある。

美女塚《びじょづか》は本当に小野小町《おののこまち》のお墓《はか》なのだろうか。

近くには「美男塚《びなんづか》」もあり、こちらは小野小町《おののこまち》を愛《あい》した「深草少将《ふかくさのしょうしょう》」が眠《ねむ》っていると言い伝《つた》えられている。

7 福島《ふくしま》

美女《びじょ》伝説《でんせつ》が数多く残《のこ》る

データ▼

面積《めんせき》：13,783km²
県庁所在地《けんちょうしょざいち》：福島市《ふくしまし》
県《けん》の木：ケヤキ
県《けん》の花：ネモトシャクナゲ
県《けん》の鳥：キビタキ

FUKUSHIMA

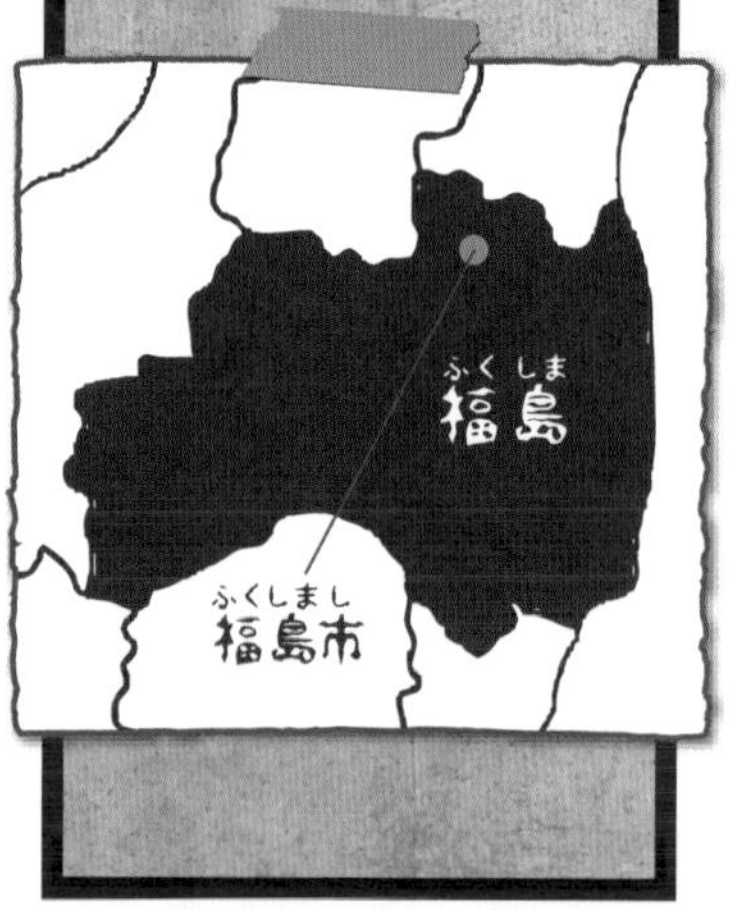

▼**土地**　東北八県《けん》のひとつ。四十七都道府県《とどうふけん》で第三位《だいい》の広さを持《も》つ。

▼**歴史《れきし》**　慶応《けいおう》四年に会津藩《あいづはん》と新政府《しんせいふ》との間で会津戦争《あいづせんそう》が起《お》こった。会津《あいづ》の少年たちが戦《たたか》った「白虎隊《びゃっこたい》」の悲《かな》しい物語《ものがたり》は、この会津戦争《あいづせんそう》の出来事《できごと》である。今の福島県《ふくしまけん》になったのは会津戦《あいづせん》争《そう》のあと、明治《めいじ》九年のことだった。

▼**伝承《でんしょう》**　福島県《ふくしまけん》には美しい女性《じょせい》にまつわる伝説がいくつかある。恋人《こいびと》との仲を引き裂《さ》かれた、郡山市《こおりやまし》の采女伝説《でんせつ》。小野《おの》小町《こまち》出生の秘密《ひみつ》が残《のこ》る、小野町《おのまち》の小野小町伝説《おののこまちでんせつ》、ほか、数かずの伝説《でんせつ》の舞台《ぶたい》が残《のこ》っている。

本当にあった怖《こわ》い話

軽《かる》い気《き》持《も》ちで

福島県《ふくしまけん》の広さは全国《ぜんこく》で三番目。

南北に延《の》びる山脈《さんみゃく》と山地によって会津《あいづ》、中通り、浜通《はまどお》りの三つにわかれている。

体験者《たいけんしゃ》は中通りに住《す》む大学生だ。

昔《むかし》、近所《きんじょ》に心霊《しんれい》スポットとして有名《ゆうめい》な閉園《へいえん》した遊園地《ゆうえんち》があったが、彼《かれ》は何も見たことがない。そのため彼《かれ》は幽霊《ゆうれい》をまったく信《しん》じていなかった。

ある夏の日。彼《かれ》の恋人《こいびと》がどこかに行きたいと言うので、心霊《しんれい》スポットめぐりを提案《ていあん》した。幽霊《ゆうれい》を信《しん》じない彼《かれ》にとって、勇気《ゆうき》があることをアピールできる最高《さいこう》のチャンス。そんな軽《かる》い気持《きも》ちからの提案《ていあん》だった。

彼女《かのじょ》が「ふたりだけでは怖《こわ》い」と言うので、友人とその恋人《こいびと》をさそうことにした。友人も「おもしろそう！」と乗《の》り気である。

そして友人と交代《こうたい》で運転《うんてん》しながらの、心霊《しんれい》スポットめぐりはスタートした。

「ささやき橋《ばし》」、「廃《はい》ホテル」、「お化《ば》けペンション」など、ネットで調《しら》べた心霊《しんれい》スポットを順番《じゅんばん》に回る。

「怖《こわ》い!!」とさわぐ女の子たちに「だいじょうぶ！」と勇気《ゆうき》をアピールしながら、友人と携帯《けいたい》電話で写真《しゃしん》をとりまくった。

何も起《お》きないまま、最後《さいご》のお化《ば》けペンションに来《き》たとき、建物《たてもの》の奥《おく》から異様《いよう》なうなり声が聞こえてきた。

女の子たちは「出た!!」と大さわぎをする。彼《かれ》はクマだと思ったが、どちらにしても逃《に》げた方がいいに決《き》まっている。

四人は車に飛《と》び乗《の》り、ペンションをあとにした。

つぎの日、写真《しゃしん》をチェックするために、また四人で集《あつ》まった。

すると何枚《なんまい》かに一枚《いちまい》の割合《わりあい》で同じ猫《ねこ》が写《うつ》っていることに気がつく。額《ひたい》の黒くて丸い模様《もよう》以外《いがい》は真《ま》っ白の猫《ねこ》。

どの場所《ばしょ》にも写《うつ》っているが、猫《ねこ》が移動《いどう》できる距《きょ》離《り》ではない。

不思議《ふしぎ》に思いながら写真《しゃしん》をスライドしていくと、彼女《かのじょ》が「人影《ひとかげ》が写《うつ》っている！」とさわぎだした。

それは、白い人影《ひとかげ》で、両手《りょうて》をあげたすがたで立っているように見える。

最初《さいしょ》から見直すと猫《ねこ》と同じようにそれはいろいろな場所《ばしょ》で写《うつ》っていた。しかも自分だけではない。友人がとった写真《しゃしん》にも写《うつ》っている。

さすがに怖《こわ》くなった彼《かれ》と友人はすべての写真《しゃしん》を削除《さくじょ》した。削除《さくじょ》してしまえばおしまいだと、彼《かれ》はかんたんに考えていた。

しかしその日から全員《ぜんいん》の自宅《じたく》で怪異《かいい》が起《お》こる。

「内側《うちがわ》からだれかが窓《まど》をたたく」

「ベッドに入ると変《へん》なにおいがする」

「テレビや電灯《でんとう》が勝手《かって》に点《つ》いたり消《き》えたりする」

などなど。どれもひとりのときにだけ起《お》きる。

そしてついに両手《りょうて》を上げた白い人影《ひとかげ》があらわれた。それは足音を立てて、家中《うちじゅう》を走り回ることもあった。

彼《かれ》は軽《かる》い気持《きも》ちで心霊《しんれい》スポットに行ったことを、心の底《そこ》から後悔《こうかい》した。

三か月後、怪異《かいい》に疲《つか》れはてた四人が集《あつ》まっていると、どこからか猫《ねこ》の声が聞こえてきた。今度《こんど》はどこにもすがたがない。

不思議《ふしぎ》なことに、猫《ねこ》の声を聞いた日から、怪異《かいい》が起《お》きなくなった。

ただ何もわからないままなので、ふたたび怪異《かいい》が起《お》こる可能性《かのうせい》も残《のこ》っていると今も彼《かれ》は怖《おそ》れている。

不思議《ふしぎ》を訪《たず》ねて

埋蔵金《まいぞうきん》

福島県《ふくしまけん》にある猪苗代湖《いなわしろこ》は日本《にほん》で四番目に大きな湖《みずうみ》だ。

ここには「翁島《おきなしま》」や「謎《なぞ》の巨大生物《きょだいせいぶつ》」「湖《みずうみ》の主《ぬし》」などの伝承《でんしょう》や伝説《でんせつ》が残《のこ》る。

中でも気になるのは「猪《い》苗代湖《なわしろこ》の湖底《こてい》には、天正年《てんしょうねん》間《かん》の埋蔵金《まいぞうきん》が眠《ねむ》っている」という伝説《でんせつ》だろう。そのお宝《たから》は大量《たいりょう》の金のかたまりや延《の》べ棒《ぼう》であるらしい。

発見《はっけん》されたという話は今も聞かれない。だとすれば、今も湖《みずうみ》の底《そこ》には宝《たから》が眠《ねむ》っているのだろうか……？

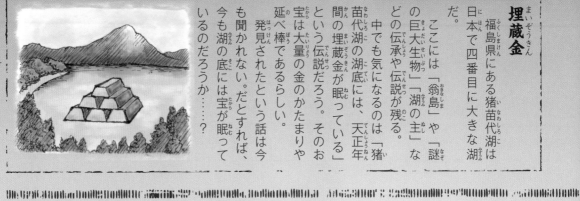

信《しん》じたらあぶない？　あやしい霊感話《れいかんばなし》に気をつけろ

不思議《ふしぎ》な話が好《す》き、神《かみ》だのみでものごとをなんとかしたい、という人は、あやしい話に注意《ちゅうい》しなければならない。

たとえば、霊感商法《れいかんしょうほう》だ。

あたかも霊感《れいかん》があるかのようにふるまって「これを買えば運《うん》が開《ひら》き、願《ねが》いは叶《かな》うでしょう」などと言って法外《ほうがい》な値段《ねだん》のものを買わせようとする。そんなものを買うことと、願《ねが》いが叶《かな》うことは全然関係《ぜんぜんかんけい》ない。

願《ねが》いを叶《かな》えたいなら、その願《ねが》いに向《む》かって努力《どりょく》を惜《お》しまないこと、ただそれだけだ。「人事《じんじ》を尽《つ》くして天命《てんめい》を待《ま》つ」という言葉《ことば》がある。やれるだけのことをやったら、あとは願《ねが》いが叶《かな》うかどうかは天命《てんめい》に任《まか》せる。やるだけのことはやったのだから後悔《こうかい》はないだろう、という意味《いみ》の言葉《ことば》だ。人事《じんじ》を尽《つ》くした上で、心静《しず》かに天命《てんめい》を待《ま》つ間、神社《じんじゃ》やお寺におまいりして祈《いの》るというならばいいけれど、開運《かいうん》グッズを買っただけで願《ねが》いが叶《かな》うと思ってはいけない。

ある女性《じょせい》の話である。仕事《しごと》でうまくいかなくなったので、開運《かいうん》グッズを買いあさり、パワースポットに行きまくったが、なかなかうまくいかない。とうとう、違法《いほう》と合法《ごうほう》すれすれのあぶない内容《ないよう》の仕事《しごと》に手を出してしまった。

わたしはそれを、

「あぶないからやめた方がいい」

と止めたのだけれども、彼女《かのじょ》は、

「だいじょうぶ！　この仕事《しごと》を紹介《しょうかい》してくれた人を信《しん》じているから」

と自信《じしん》たっぷりだった。

ところが、そのうち仕事《しごと》はうまくいかなくなり、そのうえなぜか、彼女《かのじょ》の利《き》き手だけ、立て続《つづ》けにけがをするというようなことが起《お》こった。すると、あぶない仕事《しごと》の紹介者《しょうかいしゃ》が、

「それは悪霊《あくりょう》のしわざかもしれない。知り合いの霊能者《れいのうしゃ》がいるから見てもらうといい」

と、霊能者《れいのうしゃ》を紹介《しょうかい》した。

ふつうは悪霊《あくりょう》のせいと言われるといやな気持《きも》ちになるものだが、もともと開運《かいうん》グッズやパワースポットなどが大好《だいす》きだった彼女《かのじょ》は、よろこんで霊能者《れいのうしゃ》に会いに行った。

たずねたのは、あまりにぎやかではない商店街《しょうてんがい》の美容室《びようしつ》。普段《ふだん》は美容師《びようし》をしているそうだ。悪霊《あくりょう》のせいで体が悪《わる》くなっている、と言われている人を癒《いや》すことができるので、希望者《きぼうしゃ》にはお金をもらってヒーリングをするのだ

という。

彼女《かのじょ》は、立て続《つづ》けにけがをした右手を美容師《びようし》に見せた。

すると、

「あらら、だまされちゃったね」

美容師《びようし》は、彼女《かのじょ》に「だまされちゃったね」としか言わない。だれに、どうやってだまされたのかは教えてくれない。ただ「だまされちゃったね」とだけくり返《かえ》す。

話を聞いたとき、彼女《かのじょ》は、

「だまされたなんて言ってるけど、どういう意味《いみ》なのかさっぱりわからない。もうちょっと具体的《ぐたいてき》に言ってくれればいいのに」

とイライラしながらわたしに言った。

実《じつ》は、具体的《ぐたいてき》に言わないことが、霊感商法《れいかんしょうほう》のやり口なのだ。

何か心当たりがあれば「そうなんですよ」となって、信頼《しんらい》される。信頼《しんらい》されれば、法外《ほうがい》な値段《ねだん》で思いこみの不《ふ》安《あん》を消《け》す代金《だいきん》を請求《せいきゅう》できるのだから。

でもわたしはこのとき、彼女《かのじょ》がだまされていたものは、例《れい》のあぶない仕事《しごと》の紹介者《しょうかいしゃ》なのだと直感《ちょっかん》した。でも、それを言ったらヒーリングをする美容師《びようし》の言っていることを認《みと》めることになるので言わなかった。あやしい人の言うことを肯定《こうてい》したら、自分まであやしい人になってしまう。それはいやだった。

結局《けっきょく》、一番怖《こわ》いのは霊《れい》でもなんでもなく人間だ。あやしい開運《かいうん》グッズを売りつけたり、もうかるからとあやしい仕事《しごと》を紹介《しょうかい》したり、弱い心につけこんでもうけようとするあやしい人には用心しよう。

8 茨城《いばらき》

巨人《きょじん》がいた、宇宙《うちゅう》開発《かいはつ》の国

データ▼

面積《めんせき》：6,097km²
県庁所在地《けんちょうしょざいち》：水戸市《みとし》
県《けん》の木：ウメ
県《けん》の花：バラ
県《けん》の鳥：ヒバリ

IBARAKI

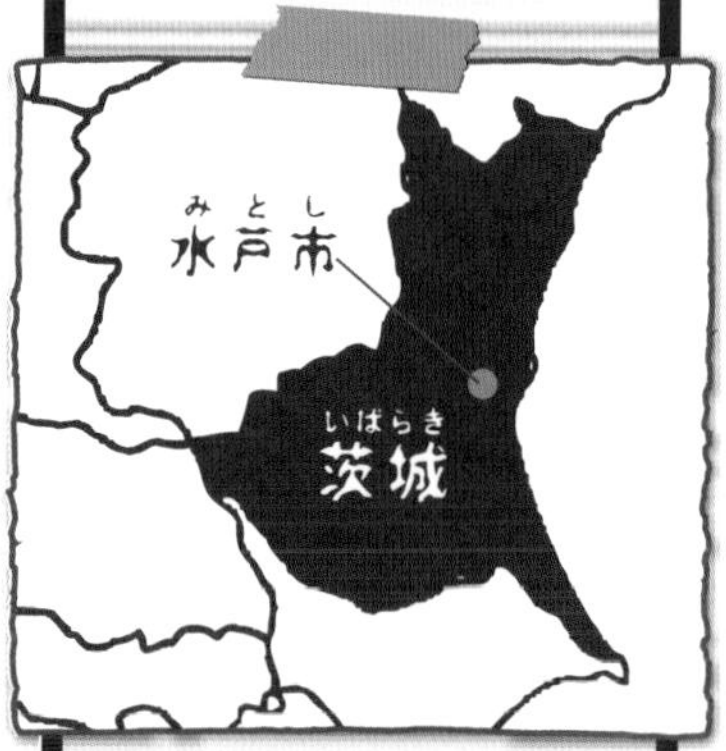

▼土地 広さは四十七都道府県《とどうふけん》で二十四位《い》だが、人が住《す》める土地の面積《めんせき》は全国《ぜんこく》で四位《い》。それだけ平地《へいち》が多い土地なのだ。

▼歴史《れきし》 現在《げんざい》の茨城県《いばらきけん》になったのは、明治《めいじ》八年のこと。二百二十六冊《さつ》の歴史書《れきししょ》「大日本史《だいにほんし》」作りを命《めい》じた水戸黄門《みとこうもん》「徳川光圀《とくがわみつくに》」が治《おさ》めていた水戸藩《みとはん》があった場所《ばしょ》だ。

▼伝承《でんしょう》 水戸市《みとし》には「ダイダラボウ（巨人《きょじん》）」の話が伝《つた》わっている。大きな山が西の方角にあるせいで、日が暮《く》れるのが早いからダイダラボウに山を動《うご》かしてもらって、日の入り時間を遅《おそ》くしたという伝説《でんせつ》だ。動《うご》かされた晡時臥山《くれふしやま》は、水戸市《みとし》、笠間《かさま》

本当にあった怖《こわ》い話

どっち

茨城県《いばらきけん》はJAXA《ジャクサ》、そして筑波宇宙《つくばうちゅう》センターが有名《ゆうめい》だが、工場も多い。機械部品《きかいぶひん》メーカーなどの研修施設《けんしゅうしせつ》もたくさんある。

ある男性《だんせい》も宿泊研修《しゅくはくけんしゅう》に参加《さんか》することになった。午後、研修施設《けんしゅうしせつ》に入ると、すでにほとんどの人が集《あつ》まっている。

「指定《してい》した班《はん》ごとにわかれて下さい。宿泊《しゅくはく》する部屋《へや》は、班《はん》ごとです」

係員《かかりいん》の言う通り四人の班《はん》になり、指示《しじ》された部屋《へや》へ入った。

自己紹介《じこしょうかい》すると、それぞれ日本《にほん》のいろいろなところからやって来《き》ていることがわかる。

その中のひとり、一番年下の男性《だんせい》は二十五歳《さい》。茨城出身《いばらきしゅっしん》だと話した。

初日《しょにち》の研修《けんしゅう》は夜までかかった。

疲《つか》れきってベッドに入ると、あっという間に眠《ねむ》りに落《お》ちる。

しかし、ふと目が覚《さ》めた。時計は午前二時過《す》ぎ。まだ暗《くら》い時間だ。

ふと、となりのベッドに目をむけて、思わず息《いき》をのんだ。

あの、一番年下の男性《だんせい》のそばに、子どもがふたり立っている。ちょうどマクラがあるあたりの向《む》こうで、顔の正面《しょうめん》がこちらを向《む》いていた。

小学生……三年生くらいだ。ふたりとも髪《かみ》が短《みじか》く、プリントが入ったTシャツと半パンをはいている。向《む》かって左側《ひだりがわ》の子はおとなしそうな顔をした男の子だった。

だが、右側《みぎがわ》の子は顔が見えない。よく見れば、両《りょう》うでがとちゅうからなくなっている。

自分が見ているものが信《しん》じられない。

市《し》、城里町《しろさとまち》にかかっている朝房《あさぼう》山《やま》のことらしい。

不思議《ふしぎ》を訪《たず》ねて

巨人伝説《きょじんでんせつ》

茨城県《いばらきけん》には巨人伝説《きょじんでんせつ》が数多く残《のこ》る。「巨人《きょじん》が座《すわ》ったつくば山」や「巨人《きょじん》が頭に被《かぶ》っている笠《かさ》をぬいでできた笠脱沼《かさぬぎぬま》」などなど……。

この茨城《いばらき》の巨人《きょじん》、貝が大好物《こうぶつ》だったとか。その証拠《しょうこ》は、水戸市《みとし》塩崎町《しおさきまち》の大串貝《おおぐしかい》塚《づか》という遺跡《いせき》にある。

(待《ま》てよ)

気がついた。うす暗《ぐら》い部屋《へや》の中で、子どもたちのすがたがこんなにはっきりと確認《かくにん》できるのは、おかしい。

(飛《と》び起《お》きて追《お》っぱらってしまおうか)

手足に力を入れたとき、年下の男性《だんせい》が目を閉《と》じたままうめき声を上げ始《はじ》める。

「ううううう、ううううう、ううううう、ううううう」

とちゅうで「ごめん、ごめん」のような謝《あやま》る言《こと》葉《ば》がはさまれた。

顔がわかる子の表情《ひょうじょう》が変《か》わった。ものすごく怒《おこ》っていた。もうひとりは何もしない。じっとしてそこにいるだけだ。

言葉《ことば》もなく子どもたちを見つめていると、いつの間にか彼《かれ》らは消《き》えてしまった。いつ、どのような消《き》えかただったのかおぼえていない。

大きく息《いき》をはき、もう一度《いちど》となりのベッドへ目を向《む》けた。

おどろいた。年下の男性《だんせい》の目が、じっとこちらをとらえている。言葉《ことば》が出てこない。するとあちらから口を開《ひら》いた。

「……見ました?」

なんのことかすぐにわかる。それでも見ていないと答えたが、すぐにウソとばれたようだった。

そのあと、朝が来るまで男性《だんせい》はずっとこちらに顔を向けていた。その視線《しせん》を無視《むし》して、寝《ね》たふりをするほかなかった。

研修《けんしゅう》が終《お》わるまで、年下の男性《だんせい》とは一度《いちど》も話さなかった。

すべての予定《よてい》が終《お》わり、逃《に》げるように施設《しせつ》を出たが、なぜか出口に年下の男性《だんせい》が立っている。

通りすぎようとしたが、うでをつかまれた。

「——ねぇ、どっちの顔が見えた? うでのある方? ない方?」

さけびそうになるのをがまんして、うでをふりはらう。そのまま後ろを見ることもなく、駅《えき》まで逃《に》げた。男性《だんせい》は追《お》ってこなかった。

研修《けんしゅう》のあとから、会社と自分の部屋《へや》で子どもの気配《けはい》がするようになった。

感覚的《かんかくてき》に、ひとりだと思う。

ただし、その気配《けはい》は彼《かれ》にしかわからないのだが。

どう考えても、あのときのことが原因《げんいん》だろう。

いつか、子どものすがたがはっきり見えるようになるのかもしれない。

——どちらの子どもが見えるのか、わからないけれど。

9 栃木《とちぎ》 幕府《ばくふ》が護《まも》った聖地《せいち》

データ▼

面積《めんせき》：6,408km²
県庁所在地《けんちょうしょざいち》：宇都宮市《うつのみやし》
県《けん》の木：トチノキ
県《けん》の花：ヤシオツツジ
県《けん》の鳥：オオルリ

TOCHIGI

▼土地　栃木県《とちぎけん》はまわりに海がない。「内陸県《ないりくけん》」は八県《けん》あるが、栃木《とちぎ》はそのうちのひとつだ。

▼歴史《れきし》　明治《めいじ》六年に、今の栃木《とちぎ》県《けん》になった。江戸《えど》時代《じだい》、日光市《にっこうし》周辺《しゅうへん》は聖《せい》なる土地とされ、江《え》戸幕府《ばくふ》により護《まも》られていた。

▼伝承《でんしょう》　栃木県《とちぎけん》那須町《なすまち》には「殺《せっ》生石《しょうせき》」という石がある。中国から来《き》た九つの尻尾《しっぽ》を持《も》つ悪《わる》い狐《きつね》・九尾《きゅうび》の狐《きつね》が変《へん》化したと言われている。九尾《きゅうび》の狐《つね》は美《うつく》しい女性《じょせい》「玉藻《たまも》の前」に化け、鳥羽《とば》上皇《じょうこう》に取《と》り入って悪《わる》さをしていたが、ついに正体がばれ、逃《に》げた。逃《に》げた先で倒《たお》されたと同時に岩になり、今度《こんど》は毒を吹《ふ》き出すようになったという。

本当にあった怖《こわ》い話 華《け》厳滝《ごんのたき》じゃない

華厳滝《けごんのたき》は美《うつく》しい滝《たき》だ。

だがここは心霊《しんれい》スポットだという。写真《しゃしん》を撮《と》れば心霊写真《しんれいしゃしん》が写《うつ》るという場所《ばしょ》らしい。

理由《りゆう》は「自殺者《じさつしゃ》がたくさん出るため」。

十年ほど前、当時小学生の男の子が、家族《かぞく》と華《け》厳滝《ごんのたき》へ行った。

両親《りょうしん》、自分、妹の四人だ。もちろん観光《かんこう》である。

しかしウワサは知っていた。

(ここで写真《しゃしん》を撮《と》ると幽霊《ゆうれい》が写《うつ》るのか！)

彼《かれ》は親から借《か》りたデジカメでたくさんの写真《しゃしん》を写《うつ》した。枚数《まいすう》は百を超《こ》えた。

「もう撮《と》るな」

親に怒《おこ》られたので、そこで撮影《さつえい》を終《お》えた。

家にもどってから、親にせがみパソコンで写真《しゃしん》を調《しら》べる。小さなカメラの液晶画面《えきしょうがめん》だとあやしかったものも、大きな画面《がめん》で見るとただの勘《かん》ちがいということばかりだった。

しかし、一枚《まい》だけスゴイものがあった。

滝《たき》の流《なが》れ落《お》ちる水の中に、黒っぽい色をした人の形があったのだ。

まわりの景色《けしき》とくらべてみると、ふつうの人間のサイズではない。大きい。

(これは百パーセント心霊写真《しんれいしゃしん》だ！)

興奮《こうふん》していると、のぞきこんできた父親がぽつりとつぶやく。

「確《たし》かにおかしな写真《しゃしん》だな……え？　おい。ここ、今日行った華《け》厳滝《ごんのたき》じゃないぞ！」

ほかの写真《しゃしん》と見くらべながら説明《せつめい》されてわかった。

華厳滝《けごんのたき》の景色《けしき》がまったくちがうのだ。そもそも滝《たき》の形もちがう。

「データだと今日撮影《さつえい》したものだけど、なんでこ

不思議《ふしぎ》を訪《たず》ねて

眠《ねむ》り猫《ねこ》

日光東照宮《にっこうとうしょうぐう》にはたくさんの動物《どうぶつ》の彫刻《ちょうこく》が残《のこ》されている。これらの動物《どうぶつ》たちは平《へい》和《わ》を表《あらわ》している。

そんな動物《どうぶつ》の彫《ほ》り物《もの》の中に「眠《ねむ》り猫《ねこ》」があるのをごぞんじだろうか？

最初《さいしょ》は目を開《あ》け、眠《ねむ》っていなかったらしい。ところがこの猫《ねこ》、夜になると勝手《かって》に動《うご》きだしては悪《わる》さをするようになった。猫《ねこ》の悪《わる》さに困《こま》ったので、その目が閉《と》じた「眠《ねむ》り猫《ねこ》」にして、出歩けなくしたという。

んなものがまぎれこむんだ？」

気味《きみ》が悪《わる》いと、父親はその写真《しゃしん》のデータを勝手《かって》に消《け》して、こう言った。

「こんなもん、持《も》っていたらたたられるだろ！」

写真《しゃしん》を消《け》されたその夜、妹が泣《な》く声で目が覚《さ》めた。

彼《かれ》は両親《りょうしん》と妹と同じ部屋《へや》でいつも寝《ね》ている。妹が暗《くら》い部屋《へや》の天井《てんじょう》を指《ゆび》さして泣《な》きじゃくっていた。

「女の人がいて、怖《こわ》い顔でにらんでる」

若《わか》くてふつうの服《ふく》を着《き》た人らしい。

両親《りょうしん》と彼《かれ》は指《ゆび》さす先、天井《てんじょう》のすみを見た。暗《くら》いそこには何もない。が、見た瞬間《しゅんかん》、コップが割《わ》れるような音が聞こえた。父親が電灯《でんとう》を点《つ》ける。

「消《き》えた」

と泣《な》きじゃくりながら妹は母親にしがみつく。

家の中を調《しら》べてきた父親が首をひねった。

「あやしいやつはだれもいないし、何も割《わ》れていなかったぞ」

その夜から妹だけではなく、彼《かれ》もあやしい女を家の中で見るようになった。

しかしそれは妹が見た女とはちがうようだ。暗《くら》い部屋《へや》や、トイレを開《あ》けたとき「黒い女」がいる。

本当に全身《ぜんしん》が黒い女だ。まるでペンキで黒く塗《ぬ》ったとしか思えない。

髪《かみ》も肌《はだ》も、服《ふく》も何もかもが黒かった。ただ目と鼻《はな》だけが見えない。そして大きめの口だけが赤い。とても目立っている。

しばらくすると両親《りょうしん》も「黒い女」を見るようになった。

家族全員《かぞくぜんいん》でおはらいを受《う》けると、すべての女は出なくなったのだが、今度《こんど》は家の中でおかしな影《かげ》が歩くようになった。

これは家族全員《かぞくぜんいん》に見えていたが、彼《かれ》が中学に上がるころにおさまったらしい。

消《け》したあの写真《しゃしん》のたたりなのかどうなのか、謎《なぞ》だけが残《のこ》った。

10 群馬《ぐんま》

きびしく美《うつく》しい絹《きぬ》糸《いと》の地

データ▼

面積《めんせき》：6,362km^2
県庁所在地《けんちょうしょざいち》：前橋市《まえばしし》
県《けん》の木：クロマツ
県《けん》の花：レンゲツツジ
県《けん》の鳥：ヤマドリ

GUNMA

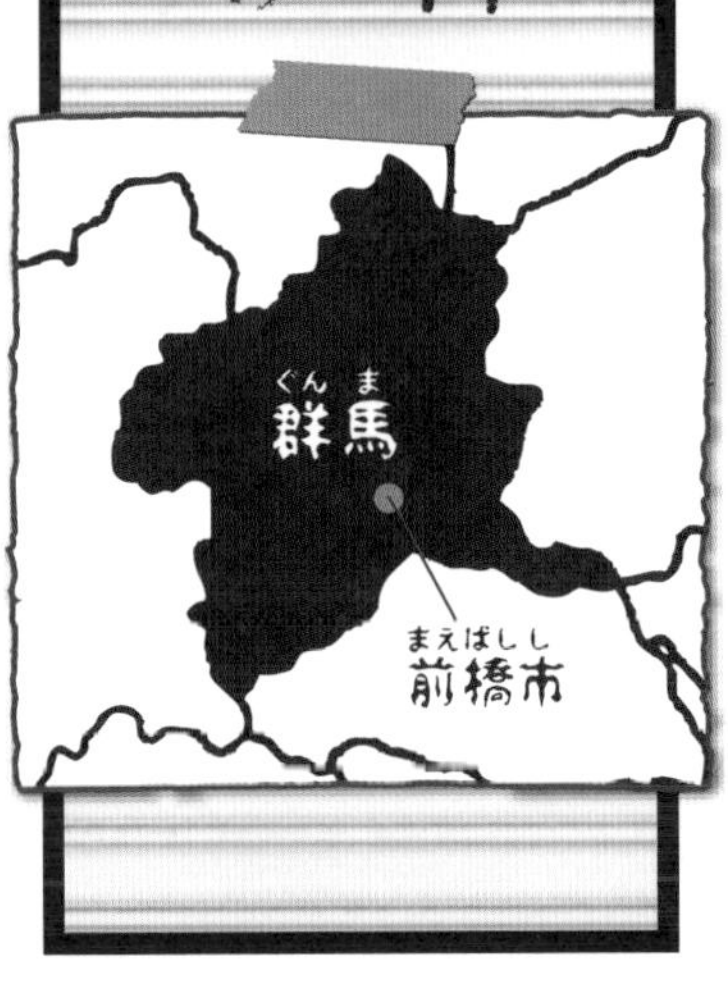

▼土地 群馬県《ぐんまけん》は「空《から》っ風」(注《ちゅう》1)「雷《かみなり》」が多いきびしい土地だ。養蚕《ようさん》(注《ちゅう》2)がさかんで、「富岡製糸場《とみおかせいしじょう》と絹産業遺産群《きぬさんぎょういさんぐん》」が世界遺産《せかいいさん》に登録《とうろく》されている。

▼歴史《れきし》 群馬県《ぐんまけん》では「岩宿遺跡《いわじゅくいせき》」をはじめ、旧石器時代《きゅうせっきじだい》の遺跡《いせき》が数多く出土《しゅつど》している。また、熊谷県《くまがやけん》から今の群馬県《ぐんまけん》になったのは、明治《めいじ》九年である。

▼伝承《でんしょう》 「ぶんぶく茶釜《ちゃがま》」という昔話《むかしばなし》がある。狸が化《ば》けた茶釜《ちゃがま》(注《ちゅう》3)の話だ。これに出てくるお寺は、館林《たてばやし》市の茂林寺。今もここに茶釜《ちゃがま》が残っているという。

本当にあった怖《こわ》い話

馬

群馬県《ぐんまけん》に渓流釣《けいりゅうづ》りが大好《だいす》きな男の人がいた。

ある晴れた日、彼《かれ》は神流川《かんながわ》あたりで釣《つ》りを楽しんでいたが、なかなか魚が針《はり》にかからない。

ポイントを変《か》えようと、どんどん上流《じょうりゅう》へ進《すす》んでいった。

こういうときは無理《むり》をしないのが決《き》まりだが、その日はなぜかどうしても先へ進《すす》みたくなる。もっと奥《おく》へ行けば、きっとすごい魚が釣《つ》れると思ったからだ。

しかし進《すす》めば進《すす》むほど神流川《かんながわ》の風景《ふうけい》ではなくなっていくような気がする。もちろん魚は一匹《ぴき》も釣《つ》れない。

そのうち、まわりをたくさんの木ぎに囲《かこ》まれた、山深《ぶか》く薄暗《うすぐら》い場所《ばしょ》に来《き》てしまった。

川の音以外《いがい》、何も聞こえない。それこそ動物《どうぶつ》どころか鳥すらいないようだ。ここには自分しかいないのではないかというさみしい場所《ばしょ》に来《き》たとき、上の方から何かかけおりてくるような音と気《け》配《はい》がやってくる。それもひとつではない。いくつか重《かさ》なっている。

音の方へ目を向《む》けた。

自分のすぐ近くにある木ぎの間を、数体の大きな何かが走り抜《ぬ》けた。

それらは一気に斜面《しゃめん》を下っていく。

木がジャマをして細かい部分《ぶぶん》がハッキリしない。が、そのすがたは、馬の首がついた、見上げるように背《せ》の高い人間、のようなものだった。

ただし、体に一枚《まい》の服《ふく》も身《み》に着《つ》けていない。全《ぜん》員《いん》がはだかで、男だ。

やつらは二本の足で、すごいいきおいでかけおりていく。そしてすぐに木にかくれて見えなくなった。

注《ちゅう》1▶「空《から》っ風」…乾燥《かんそう》した強い風のこと。
注《ちゅう》2▶「養蚕《ようさん》」…絹糸《きぬいと》を作るための蚕《かいこ》を飼《か》うこと。
注《ちゅう》3▶「茶釜《ちゃがま》」…お湯《ゆ》をわかす釜《かま》。

不思議《ふしぎ》を訪《たず》ねて

裏《うら》・ぶんぶく茶釜《ちゃがま》

「ぶんぶく茶釜《ちゃがま》」には裏《うら》の話もある。

邑楽郡《おうらぐん》の邑楽町《おうらまち》に高源寺《こうげんじ》というお寺があった。

このお寺に村人がたずねたところ、和尚《おしょう》さんが昼寝《ひるね》をしている。と思ったが、よく見ると「お坊《ぼう》さんの着《き》物《もの》を着《き》た古狸《ふるだぬき》」だった。

正体を知られた古狸《ふるだぬき》はお寺の宝《たから》だった茶釜《ちゃがま》を持《も》って松林《まつばやし》へ逃《に》げた。だが、そのとちゅうで大事《だいじ》な茶釜《ちゃがま》のフタを落《お》としてしまった。この茶釜《ちゃがま》が「館林市《たてばやしし》の茂林寺《もりんじ》の茶釜《ちゃがま》」だという。

馬のマスクをかぶった人間たちだったのだろうか。いや。マスクには見えなかった。本物《ほんもの》の馬の首が付《つ》いているようにしか思えなかった。

それに、ふつうの人間があのスピードで木をよけながら、ななめに下った地面《じめん》をころばずに進《すす》めるものだろうか。

首をかしげながら馬男たちが消《き》えていった方向《ほうこう》を見ていると、「首の後ろ」にするどい痛《いた》みが走る。

手を当てるとぬれていた。てのひらを目の前に持《も》ってくると、真《ま》っ赤《か》な血《ち》がベットリと付《つ》いている。首の後ろに大きな切り傷《きず》ができていた。

痛《いた》さも怖《こわ》さも忘《わす》れて逃《に》げた。ものすごく時間がかかったが、何とか家まで帰り着《つ》けた。


それから数日後、仲間《なかま》を連《つ》れて馬男が出たところまで行こうとしたが、どうしても行けない。

何時間も探《さが》したが、同じ場所《ばしょ》がまったく見つけられなかった。

だから、今もあの馬男たちが何であったのか、わからない。

しかし、いっしょに探《さが》しに行った友人がこんなことを言った。

「お前、首が切れていたんだろう？　――なあ、アイツら、お前の首に何かしたかったのかなぁ？」

何をしたかったのかと友人に聞き返《かえ》す。

「そうだなあ……」

――お前の首を落《お》として、馬の首をくっつけて、自分たちと同じにしたかった、とか？

【はやり病《やまい》と妖怪《ようかい》】

はしか、コレラ、ペスト、天然痘《てんねんとう》…これらの伝染病《でんせんびょう》は、海外の細菌学者《さいきんがくしゃ》が病原《びょうげん》体《たい》となる細菌《さいきん》の発見《はっけん》をするまで、日本《にほん》では目に見えない悪霊《あくりょう》や邪気《じゃき》が、引き起《お》こしているとされ、人びとは薬《くすり》の神様《かみさま》に祈《いの》り、病《やまい》よけに錦絵《にしきえ》や絵馬《えま》をかざった。

現在《げんざい》はワクチンで予防《よぼう》し、手を洗《あら》うなど清潔《せいけつ》にすればほぼかかることはない。

また病《やまい》は気からともいう言葉《ことば》も医学的《いがくてき》に証明《しょうめい》されている。薬《くすり》の神様《かみさま》に祈《いの》り、心身《しんしん》ともに強くあれば悪霊《あくりょう》や邪気《じゃき》をよせつけないこともできるかもしれない。

【虎狼狸《コロリ》】

コレラ菌《きん》による感染症《かんせんしょう》。強い下痢《げり》と脱水《だっすい》を引き起《お》こし、治療法《ちりょうほう》のない時代《じだい》は死亡率《しぼうりつ》が高く熱帯《ねったい》地方などで今も感染例《かんせんれい》が報告《ほうこく》される。虎《とら》・狼《おおかみ》・狸《たぬき》の三獣《さんじゅう》が合体したすがたでえがかれた。

【疱瘡神《ほうそうがみ》】

天然痘《てんねんとう》ウィルスを病原体《びょうげんたい》とする感染症《かんせんしょう》。全身《ぜんしん》に膿疱《のうほう》ができ、かかると二十～三十パーセントの確率《かくりつ》で死《し》ぬといわれた。（一九八〇年に撲滅《ぼくめつ》）

【麻疹神《はしかがみ》】

はしかウィルスによる感染症《かんせんしょう》。全身《ぜんしん》に発疹《ほっしん》ができ高熱《こうねつ》がでる。定期的《ていきてき》に流行《りゅうこう》しており、医療《いりょう》がととのった現代《げんだい》でも死亡《しぼう》することがある。

【神農《しんのう》】
古代中国《こだいちゅうごく》の伝説《でんせつ》上の皇帝《こうてい》のひとり。
医療《いりょう》と農耕《のうこう》をつかさどる神《かみ》といわれる。
二本の角を持《も》ち、片手《かたて》に草を
持《も》つすがたでえがかれる。

【桃太郎《ももたろう》】
おとぎ話の英雄《えいゆう》だが
病魔《びょうま》を退散《たいさん》し、また桃《もも》には
邪気《じゃき》をはらう力があるとされ
錦絵《にしきえ》の題材《だいざい》となった。

【源為朝《みなもとのためとも》】
2メートルもの巨体《きょたい》をもつ荒《あら》くれ者《もの》で
疱瘡神《ほうそうがみ》も逃《に》げだしたという
伝説《でんせつ》がある。

11 埼玉《さいたま》

人を護《まも》る神霊《しんれい》が名の由来《ゆらい》

データ▼

面積《めんせき》：3,797km²
県庁所在地《けんちょうしょざいち》：さいたま市
県《けん》の木：ケヤキ
県《けん》の花：サクラソウ
県《けん》の鳥：シラコバト

SAITAMA

▼土地　埼玉県《さいたまけん》は東西に百三キロと横方向《よこほうこう》に長い。逆《ぎゃく》に南北の縦方向《たてほうこう》だと五十二キロである。そして海がない内陸《ないりく》八県のひとつとなっている。

▼歴史《れきし》　埼玉県《さいたまけん》は、明治《めいじ》九年にいまの名前になった。埼玉《さいたま》というのは「さきたま（サキミタマ：人を護《まも》り、幸《しあわ》せをあたえる神霊《しんれい》）」が元になった。

▼伝承《でんしょう》　昔《むかし》の埼玉県《さいたまけん》には「見《み》沼《ぬま》」という大きな沼《ぬま》があった。今は埋《う》め立てられて、なくなっている。この見沼《みぬま》があった場所《ばしょ》にはたくさんの不思議《ふしぎ》な話が眠《ねむ》っている。中には龍《りゅう》にまつわる話も……。

本当にあった怖《こわ》い話

湖《みずうみ》のつり橋《ばし》

秩父湖《ちちぶこ》は人の手でつくられた湖《みずうみ》――人工湖《じんこうこ》だ。

ここにはつり橋《ばし》がかかっている。

この橋《はし》、実《じつ》は心霊《しんれい》スポットだという。

恋人《こいびと》と友人に裏切《うらぎ》られた女性《じょせい》が橋《はし》から身《み》を投《な》げて自殺《じさつ》をした、というウワサがあるのだ。実は、下流《かりゅう》にある橋《はし》が本当のスポットで、そこはあぶないという話もささやかれているのだが……。

そんな秩父湖《ちちぶこ》のつり橋《ばし》に男性《だんせい》ふたりが肝試《きもだめ》しに行ったときだ。

夜、秩父湖《ちちぶこ》の橋《はし》をどちらも回った。でも、怖《こわ》いことは何も起《お》こらない。

彼《かれ》らは「つまんないね」と笑《わら》いながらアパートへ帰った。

確《たし》か、午前二時過《す》ぎだ。友人が玄関《げんかん》のカギを開《あ》けている後ろで待《ま》っていると、左からクツの音が聞こえる。見れば、通路《つうろ》の奥《おく》からハイヒールをはいた美女《びじょ》が歩いてきた。

髪《かみ》が長くて背《せ》が高い。服《ふく》もオシャレで、テレビから飛《と》び出してきたみたいだ。

見とれていると美人《びじん》が後ろを通っていく。その瞬間《しゅんかん》、彼女《かのじょ》がボソッと小さな声でつぶやいた。

「あなた、耳が取《と》れかけるよ?」

どういうことなのか。ビックリして何も言えない。女性《じょせい》はそのまま足早に階段《かいだん》を降《お》りていった。

「今、後ろを通った女の人が……」

ドアを開《あ》けていた友人に伝《つた》える。しかし彼《かれ》の表情《ひょうじょう》には「?」が浮《う》かんでいた。

だれも来《き》ていないし、見ていないらしい。しかしせまい通路《つうろ》だ。見ていないはずはないし。ヒールの音が聞こえないはずがない。友人は笑《わら》う。

「そんな美人《びじん》、このアパートにはいないよ。それにこの部屋《へや》から奥《おく》の方は空き部屋《べや》しかない。だれも住《す》んでいない。だから女の人が来るなんてない」

確《たし》かめたら、本当だった。

しかしその日から数日後である。

美人《びじん》から「あなた、耳が取《と》れかけるよ？」と言われた人物《じんぶつ》は、本当に耳が取《と》れかけた。仕事中《しごとちゅう》の事故《じこ》でちぎれかけたのだ。
けがをしたのは左耳。あの美人《びじん》が歩いてきた方《ほう》向《こう》だった。

不思議《ふしぎ》を訪《たず》ねて

そでひき小僧《こぞう》

比企郡川島町《ひきぐんかわじままち》や県《けん》の南部《なんぶ》に「そでひき小僧《こぞう》」という妖怪《ようかい》があらわれる。

道を歩く人のそでをチョイと引いては足を止めさせるかわいらしい妖怪《ようかい》だ。そでを引かれてふりむいてもだれもいないので、そのすがたはわからない。だが「落《お》ち武者《むしゃ》の霊《れい》」か「幼《おさな》くして斬《き》り殺《ころ》された子どもの霊《れい》」が正体とも言われている。

そで「ひき」小僧《こぞう》が「比《ひ》企《き》」郡《ぐん》に出るのは面白《おもしろ》いと思うのは筆者《ひっしゃ》だけだろうか？

関《かん》東《とう》

12 千葉《ちば》

豊《ゆた》かに栄《さか》えよとこめた祈《いの》り

データ▼

面積《めんせき》：5,157km²
県庁所在地《けんちょうしょざいち》：千葉市《ちばし》
県《けん》の木：マキ
県《けん》の花：菜《な》の花
県《けん》の鳥：ホオジロ

CHIBA

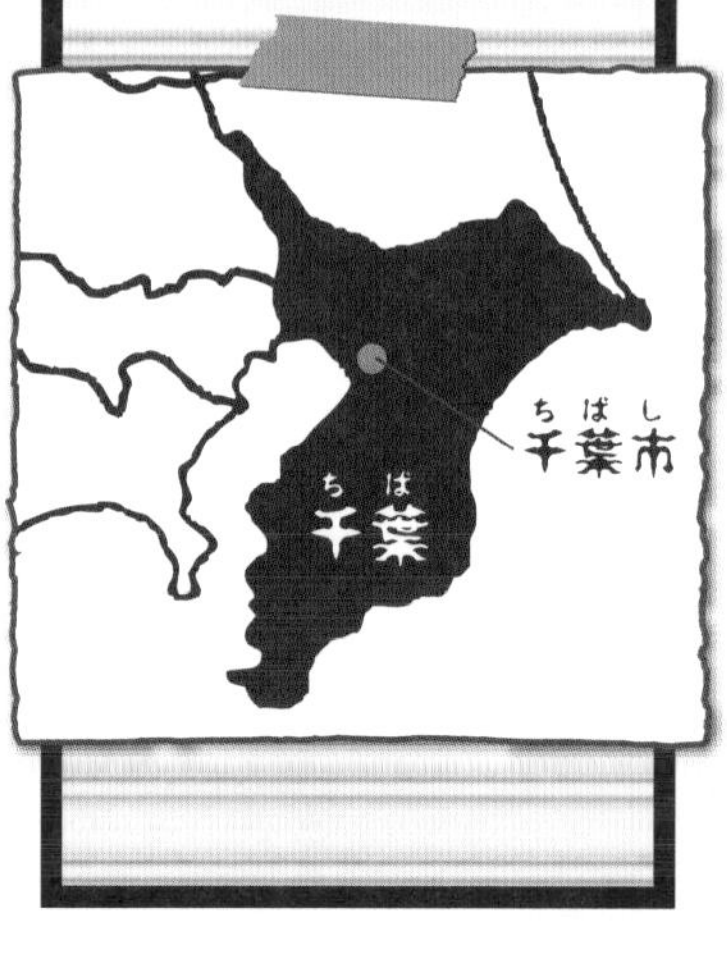

▼土地　千葉県《ちばけん》は海抜《かいばつ》（注《ちゅう》）五百メートル以上《いじょう》の山地がない、四十七都道府県《とどうふけん》唯一《ゆいいつ》の県《けん》。

▼歴史《れきし》　千葉県《ちばけん》が誕生《たんじょう》したのは明治《めいじ》六年。千葉《ちば》の由来《ゆらい》は「数多くの葉《は》が繁殖《はんしょく》する」という意味《いみ》から。豊《ゆた》かに栄《さか》えるように、という願《ねが》いがこめられている。

▼伝承《でんしょう》　昔《むかし》、千葉県北部《ちばけんほくぶ》にある印旛沼《いんばぬま》近くの村に雨がふらないときがあった。困《こま》っていると、印旛沼《いんばぬま》に住《す》む龍《りゅう》が大龍王《だいりゅうおう》にさからい、雨をふらした。だが、龍《りゅう》は体を三つに裂かれる罰《ばつ》を受《う》けてしまった。体が落《お》ちた三つの場所《ばしょ》には、龍《りゅう》のためにお寺が建《た》てられたという。

本当にあった怖《こわ》い話

おせんころがし

千葉県勝浦市《ちばけんかつうらし》に「おせんころがし」という場所《ばしょ》がある。

昔《むかし》、「おせん」という娘《むすめ》が、村人を苦《くる》しめる欲深《よくぶか》い父親を改心《かいしん》させるため、この崖《がけ》から身《み》を投《な》げた、という伝承《でんしょう》があるから、おせんころがしなのだ。

このおせんころがしでは、昭和《しょうわ》の時代《じだい》に殺人事件《さつじんじけん》が起《お》こったこともあったという。

寒《さむ》い冬の晩《ばん》、ある男性《だんせい》が家にいると外でバイクの音が聞こえた。

友だちがやって来《き》たのだ。

時計を見ると、午後十時半過《す》ぎ。

ドアを開《あ》けてやると真《ま》っ青《さお》な顔の友だちが立っている。彼《かれ》がいきなりしゃべりだした。

「おせんころがしのあたりを走っていたら、いつの間にか旧道《きゅうどう》に入っていた」

おせんころがしには、旧道《きゅうどう》と新道がある。

友人はいつも新道を使《つか》う。しかし、知らないうちに旧道《きゅうどう》に迷《まよ》いこんだらしかった。

もどるかどうするか。旧道《きゅうどう》のとちゅう、止めたバイクにまたがったままなやんでいると、ふいに後ろが重《おも》くなった。だれかがシートの後ろに座《すわ》ったような感《かん》じだ。

ミラーへ目をやった。そこで何かがチラリと動《うご》いた。

厚着《あつぎ》をしていたのに、急《きゅう》に背中全体《せなかぜんたい》が冷《つめ》たくなる。

あわててそこから逃《に》げてきたが、とちゅうでヘルメットの内側《うちがわ》で何度《なんど》も声がした。

若《わか》い女性《じょせい》の、キレイな声だった、らしい。

「○○さんの家まで、つれて行って」

「○○さんの家まで、つれて行って」……同じこと

注《ちゅう》▶「海抜《かいばつ》」…海水面《めん》から見た高さのこと。

不思議《ふしぎ》を訪《たず》ねて

八幡《やわた》の藪知《やぶし》らず

市川市八幡《いちかわしやわた》にある森には「八幡《やわた》の藪知《やぶし》らず」という名前がある。この森に入ると帰ってこられないらしい。入ると神《かみ》かくしにあうというのだ。ではなぜこの森はそのような不思議《ふしぎ》が起《お》こるのか？

「ヤマトタケルなど、偉人《いじん》にまつわる場所《ばしょ》で、たたりなどの理由《りゆう》があり、出られなくなる」、「昔《むかし》この場所《ばしょ》には術《じゅつ》がかけられており、外へ出られないようになっている」、「中心に底《そこ》なし沼《ぬま》があって、そこにはまって出てこられなくなる」など、たくさんの理由《りゆう》があるため、本当はどういうことなのかハッキリしない。

中を確《たし》かめれば何かわかるかもしれないが、入らない方がよい。本当に帰ってこられないかもしれないのだから……。

をくり返《かえ》す。いくら聞かないようにしようとしても、声は止《や》まない。

「だから、その言うとおりにしてやろうって、ここへ来《き》たんだ」

友だちが真顔《まがお》で言った。

○○は、この家に住《す》む男性《だんせい》の苗字《みょうじ》だった。

気味《きみ》が悪《わる》い話だが、これはイタズラやウソだろう。文句《もんく》をぶつける前に、友だちはそのままバイクに乗《の》って走りさった。

部屋《へや》にもどってはみたものの、気持《きも》ちがおさまらない。

怒《おこ》っていると玄関《げんかん》の前でクツの音がした。もどって来《き》た友だちかと思ったが、ちがう。

女性《じょせい》のものだった。

クツの音は家の前を左右に動《うご》いた。だれかが部屋《へや》へ入ろうかどうしようかと迷《まよ》っている感《かん》じだ。

でもチャイムを鳴らしたり、ノックをしたりしない。ただ、足音だけが鳴り続《つづ》ける。

さっきの話を思い出した。

「○○さんの家まで、つれて行って」

まさか。

なやんだが、外を確《たし》かめる勇気《ゆうき》はなかった。

翌日《よくじつ》、バイクの友だちが事故《じこ》で大けがをしていたことを知った。

事故《じこ》は前の日の午後十一時過《す》ぎに起《お》きていたそう。男性《だんせい》の家にやって来《き》たあとだ。

まさか、その女の声が原因《げんいん》じゃないのか。うたがう気持《きも》ちが頭をもたげる。

けががいえたころ、男性《だんせい》は友だちを見舞《みま》ったときに聞いてみた。

事故《じこ》のとき、何もなかったのか、と。

「え？　何の話？」

友だちは、おせんころがしに迷《まよ》いこんだことも、女性《じょせい》の声などのことも、そのあとに男性《だんせい》の家にやって来《き》たことも、何もかもおぼえていなかった。

——ただ、あの日から、男性《だんせい》の家の前でおかしなクツの音がたまにするようになった。そしてそれは今も続《つづ》いている。

13 東京《とうきょう》

人びとと不可思議《ふかしぎ》がつどう街《まち》

データ▼

面積《めんせき》：2,194km²
都庁所在地《とちょうしょざいち》：新宿区《しんじゅくく》
都《と》の木：イチョウ
都《と》の花：ソメイヨシノ
都《と》の鳥：ユリカモメ

TOKYO

▼土地　東京都《とうきょうと》には伊豆諸島《いずしょとう》、小笠原諸島《おがさわらしょとう》、沖ノ鳥島《おきのとりしま》、南鳥島《みなみとりしま》の島《しま》もふくまれるので、意外《いがい》に広範囲《こうはんい》な都《と》である。
▼歴史《れきし》　東京都《とうきょうと》となったのは昭《しょう》和十八年から。東京の名前が出て来たのは明治《めいじ》元年だが、その頃《ころ》は「東京府《とうきょうふ》」と呼《よ》ばれていた。
▼伝承《でんしょう》　墨田区《すみだく》には「本所七不《ほんじょななふ》思議《しぎ》」がある。おいてけぼり、送《おく》りちょうちん、送りひょうし木《ぎ》、灯《あか》りなしソバ、足洗《あしあら》いやしき、片葉《かたは》のアシ、落葉《おちば》なき椎《しい》、たぬきばやし、津軽《つがる》のたいこ、の七つだ。ところが八つ目、九つ目があるらしい……。

本当にあった怖《こわ》い話

本当にいるんだ

わたしの友人に、ある女性《じょせい》がいる。

大学で勉強《べんきょう》をするため、地方から東京《とうきょう》に出てきた。とても素直《すなお》な女の子で、彼女《かのじょ》を都内《とない》のいろんなところへ案内《あんない》した。

そのたびに彼女《かのじょ》は、

「こんな素敵《すてき》なところ、テレビでしか見たことなかった」

と、おっとりした口調《くちょう》で言って、うっとり目を細める。その様子《ようす》が、実《じつ》に可愛《かわい》らしかった。

そして、そろそろ大学生活にも慣《な》れたころ、彼女《かのじょ》はわたしに相談《そうだん》をもちかけた。

「どこかに、いい美容院《びよういん》ないかなぁ」

原宿《はらじゅく》のとある美容室《びようしつ》を紹介《しょうかい》することにしたが、せっかくなのでわたしも行ってみたいと、ふたりで行くことにした。

日曜日。ＪＲ原宿駅《はらじゅくえき》で待《ま》ち合わせると、そこはたくさんの、人、人、人、人。

しかも、わたしたちが大学生だったその当時、原宿《はらじゅく》では、ゴスロリファッションに身《み》をつつんだ人たちがたくさんいた。

みな、黒を基調《きちょう》としたゴテゴテ・フリフリした服《ふく》を着《き》ている。

とはいえ、ゴスロリと一口に言っても、よく見るとさまざまだ。

友人にとってめずらしいファッションだし、きっといつものように目を輝《かがや》かせて喜《よろこ》んでくれるにちがいない、そう思ってとなりを見る。

「……」

彼女《かのじょ》は目を細め、眉間《みけん》にシワを寄《よ》せている。

「え、あの、どうしたの？」

ふだんとちがう、ただならぬ雰囲気《ふんいき》に、わたしはまごまごした。

不思議《ふしぎ》を訪《たず》ねて

怖《こわ》いところ

東京都《とうきょうと》にはたくさんの怖《こわ》い場所《ばしょ》がある。

たくさんの人が集《あつ》まるからか、それとも別《べつ》の理由《りゆう》があるのかわからない。

ただ、これまでの歴史《れきし》の中で生まれた怖《こわ》い場所《ばしょ》も少なくない。

たとえば荒川《あらかわ》の「首切り地蔵《じぞう》」であったり、池袋《いけぶくろ》の「サンシャイン周辺《しゅうへん》」だったり……。

これ以外《いがい》にも、駅《えき》から少し歩いたところや、高いビルの間に「怖《こわ》い場所《ばしょ》」がポツンと残《のこ》っていて少しビックリすることもある。

自分の近くにいる大人にたずねてみよう。

「このあたりで、怖《こわ》くて不思議《ふしぎ》なところ、ありますか？」

と。

「こんなの、アニメか漫画《まんが》の中にしかいないと思ってた」

低《ひく》い声で、小さくつぶやく。

彼女《かのじょ》は浮世離《うきよばな》れしたものはきらいなのだ。よほどゴスロリがお気に召《め》さなかったにちがいない。

そう思っていると、友人が口を開《ひら》いた。

「本当にいたんだな……悪魔《あくま》って」

友人をよく見ると、視線《しせん》はゴスロリの人ではなく、その頭上の空間をにらんでいる。

「えっ……何がいるの」

わたしがおそるおそるたずねると。

「わたし、見えないものが見えるタイプなんだけど」

彼女《かのじょ》はにっこりと、いつもとは別人《べつじん》のように自信《じしん》に満《み》ちた表情《ひょうじょう》でほほ笑《え》んだ。

「悪魔《あくま》ってはじめて見た。わたしの住《す》んでいたとこにはいなかったもん。さすが東京《とうきょう》だね」

たくさんの人間が集《あつ》まる東京《とうきょう》。

だから悪魔《あくま》もやってくるのだろうか。

なぜならば、悪魔《あくま》は人間の魂《たましい》をほしがるのだから。人間が多くいる場所《ばしょ》の方が、悪魔《あくま》にとっては喜《よろこ》ばしいことなのだろう。

ハッキリ言えるのは、

「東京《とうきょう》には悪魔《あくま》がいる。だから魂《たましい》を取《と》られないように気をつけよう」

ということだけだ――。

14 神奈川《かながわ》

異国文化《いこくぶんか》が彩《いろど》る国と神仏《しんぶつ》

データ▼

面積《めんせき》：2,416km²
県庁所在地《けんちょうしょざいち》：横浜市《よこはまし》
県《けん》の木：イチョウ
県《けん》の花：ヤマユリ
県《けん》の鳥：カモメ

KANAGAWA

▼土地 暖《あたた》かく、雨の多い土地である。また、歴史《れきし》に関《かん》する史跡《せき》などが多い。

▼歴史《れきし》 日本《にほん》ではじめて幕府《ばくふ》(注《ちゅう》)が置《お》かれた。鎌倉《かまくら》に置《お》かれたので「鎌倉幕府《かまくらばくふ》」という。明治《めいじ》元年に神奈川県《かながわけん》となった。

▼伝承《でんしょう》 神奈川県《かながわけん》には、有名《ゆうめい》な昔話《むかしばなし》の舞台《ぶたい》がふたつ、伝《つた》えられている。足柄下郡箱根町《あしがらしもぐんはこねまち》、南《みなみ》足柄市《あしがらし》などにまたがる金時山《きんときやま》の「金太郎《きんたろう》」。横浜市神奈川区《よこはましかながわく》の「浦島太郎《うらしまたろう》」だ。それぞれの太郎《たろう》は本当はいなかったという話と、モデルになった人物《じんぶつ》や事件《じけん》があったという話だ。

本当にあった怖《こわ》い話

ずらり

神奈川県《かながわけん》に元病院《びょういん》と言われている建物《たてもの》がある。

海岸《かいがん》に近い三階建《かいだ》てのもので、すでにかんばんも何もなくなっているから、本当に病院《びょういん》だったのかわからない。

どちらにしても今はもう使《つか》われておらず、窓《まど》からガランとした中が見える。

ただ、夜、この建物《たてもの》の上を見上げない方がいい。

なぜなら、屋上《おくじょう》にずらりと黒い人型《ひとがた》がならんでいるからだ。

全部《ぜんぶ》で十個以上《じっこいじょう》だろうか。

後ろにある暗《くら》い夜空よりも黒く、そして存在感《そんざいかん》がある。

丸い頭、首、肩《かた》のライン、うで、足、などがあることはわかる。しかし、凹凸《おうとつ》がない。

人の形をしたペッタンコの黒い板《いた》が、横《よこ》にならべて立てられているようなすがただ。

それぞれがゆっくりとヌルヌルしたなめらかさで、全身《ぜんしん》が前後に波打《なみう》っている。

注《ちゅう》▶「幕府《ばくふ》」…将軍《しょうぐん》が政治《せいじ》を行ったところ。

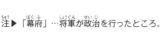

不思議《ふしぎ》を訪《たず》ねて

わんこ

神奈川県《かながわけん》の旧《きゅう》東海道の近くは江戸《えど》時代《じだい》の処刑場《しょけいじょう》の跡《あと》で、怪談話《かいだんばなし》が絶《た》えなかった。

その学校の近くに住《す》んでいる人の飼《か》い始《はじ》めた仔犬《こいぬ》が、庭《にわ》で遊《あそ》んでいると何やら茶色いものを掘《ほ》り起《お》こして走ってくる。よく見ると何かの骨《ほね》だ。茶色く変色《へんしょく》していて、古いものに見える。動物《どうぶつ》の骨《ほね》だろうか？　いや、それにしては形と太さがちがう。このへんは江戸《えど》時代《じだい》の処刑場《しょけいじょう》。犬が掘《ほ》り起《お》こして出てきた謎《なぞ》の骨《ほね》。もしかしたら江戸《えど》時代《じだい》のだれかの骨《ほね》かもしれない……？

こんなかんばんはこの世《よ》にはない。

そいつらは下で見ている人の方を、じっと見つめている。

目も何もない真《ま》っ平《たい》らなのにそれがわかる。見られていることだけが伝《つた》わってくるのである。

ビックリしたまま見つめていると、はしからひとつひとつ、ポロポロとこちらへ向《む》けて落《お》ちてくる。まるで飛《と》び降《お》りするように、だ。

地面《じめん》につく前に消《き》えてしまうから、その正体を見きわめられない。

黒い人型《ひとがた》はあっという間に全部《ぜんぶ》落《お》ちる。

屋上《おくじょう》を見上げると、また「黒い人型《ひとがた》たち」は元通りもどっている。そして、同じように落《お》ち始《はじ》める。

見た人はとてもいやな気持《きも》ちになるので、みんな逃《に》げてしまう。

が、そのあとひどい熱《ねつ》を出す。

寝《ね》こんでいると「黒い人型《ひとがた》たち」に囲《かこ》まれる夢《ゆめ》を見るという。

人型《ひとがた》たちは声をそろえて、こんな内容《ないよう》のセリフを言う。

「オ前モ、死《シ》ンダラ、ココヘ来《ク》ルノダ」

黒い人型《ひとがた》の夢《ゆめ》らしきものを見た人は、どうしてなのか体が弱くなり、けがや病気《びょうき》をすることが増《ふ》える。

そんなとき、あの夢《ゆめ》の言葉《ことば》を思い出す。

「オ前モ、死《シ》ンダラ、ココヘ来《ク》ルノダ」

ココとはあの元病院《びょういん》なのか。それとも別《べつ》の場所《ばしょ》なのか。判断《はんだん》はつかない。

だからこの使《つか》われていない建物《たてもの》は近づかない方がいい。

何かの手ちがいで「黒い人型《ひとがた》たち」がずらりとならんでいるのを見ずにすむように。

中国の不思議《ふしぎ》なお寺の怪《かい》

これは、わたしの中国武術《ぶじゅつ》の先生――中国人である師《し》のお父さんが本当に体験《たいけん》したことである。

今から百年ほど昔《むかし》。

中国では国内の軍隊同士《ぐんたいどうし》が土地をうばいあう戦争《せんそう》をしていた。

そんな争《あらそ》いが続《つづ》く、ある夜のことだった。

軍隊《ぐんたい》のひとつである西北軍《せいほくぐん》から夜の見回りをする十数名の隊《たい》を出した。全員《ぜんいん》が武術家《ぶじゅつか》の精鋭部隊《せいえいぶたい》である。隊長《たいちょう》はわたしの師《し》のお父さんだった。

見回りのとちゅう、大雨が降《ふ》り出す。

ずぶぬれになりながらたどり着《つ》いた先は、今にもつぶれそうなボロボロの大きなお寺であった。

とびらをたたくと、お坊《ぼう》さんがわきの窓《まど》から顔を出した。

ひと晩泊《ばんと》めてくれと隊長《たいちょう》がお願《ねが》いする。

「軍人《ぐんじん》さんでしたか。しかたありません」

しぶしぶだったが、門を開《あ》けてくれた。

ゆかに穴《あな》の空いた廊下《ろうか》を奥《おく》へ奥《おく》へと案内《あんない》される。

「みなさまこちらのお部屋《へや》をお使《つか》い下さい」

そこは隊員全員《たいいんぜんいん》が休むのに十分な広さのある場所《ばしょ》であった。

「このとなりのお部屋《へや》で、わたしらの大切な方がお休みですので……。くれぐれもお静《しず》かにお願《ねが》いします」

隊長《たいちょう》がうなずくと、お坊《ぼう》さんはゆっくりと廊下《ろうか》へと続《つづ》く障子《しょうじ》を閉《し》める。

外でいつまでも続《つづ》く雨音を聞きながら、いつの間にか隊員全員《たいいんぜんいん》が深《ふか》い眠《ねむ》りに落《お》ちていた。

――どれくらいたったころか。

「そこにいるのは、だれだ！」

隊長《たいちょう》の大きな声で全員《ぜんいん》が飛《と》び起《お》きた。

隊長《たいちょう》のにらむ先、障子《しょうじ》の向《む》こう側《がわ》に黒い何かがいる。

しかしハッキリしない。

何者《なにもの》だろうか。全員《ぜんいん》が銃《じゅう》をかまえる。

ちょうどそのとき、雨が止《や》んだ。雲の間から月が出てきたのだろう。障子《しょうじ》の向《む》こう側《がわ》にいる者《もの》の影《かげ》をはっきりと映《うつ》し出した。

それは人間の形をしている。

「だれだ！　すがたを見せよ！」

答えない。それどころかとつぜん部屋全体《へやぜんたい》に広がる生臭《なまぐさ》いにおいとともに、影《かげ》はどんどん大きくなりだした。

隊員《たいいん》たちは銃《じゅう》をかまえる。隊長《たいちょう》はすばやく片手《かたて》を上げ、そして前へとふり下ろした。

銃口《じゅうこう》からいっせいに火がふく。いつの間にか、影《かげ》は消《き》えさっていた。
「ふん、バケモノなんぞに負《ま》けはせんわ！」
みな大笑《おおわら》いし、ふたたび眠《ねむ》りについた。

翌朝《よくあさ》はやく、お坊《ぼう》さんのさけび声で全員《ぜんいん》起《お》こされる。

「あなたたちは何をしたのです！」

怒《おこ》るお坊《ぼう》さんがとなりの部屋《へや》へ連《つ》れていく。お坊《ぼう》さんが言う「大切な人」が休んでいる場所《ばしょ》だ。

入ってみると、部屋《へや》の真《ま》ん中《なか》には大きなカンオケが置《お》いてあった。

「大切な人とは、死《し》んだ者《もの》のことだったのか……」

「この方は、先日の戦争《せんそう》で亡《な》くなられた、この土地のえらい人です。その方にあなたたちは何ということをしたのですか！」

見ればカンオケの中のえらい人は穴《あな》だらけになっている。

「あなたたちがイタズラで銃《じゅう》を撃《う》ったのでしょう！」

そんなことはない。昨日《きのう》の夜は障子《しょうじ》に映《うつ》った影《かげ》を追《お》いはらっただけだ、と話せば、お坊《ぼう》さんはかなしそうな顔をして残念《ざんねん》そうにつぶやいた。

「……ああ、このお方はキョンシーになってしまわれたのか」

キョンシーとは、人が強いうらみを持《も》って死《し》んで妖怪《ようかい》になったもののこと。

見回りの隊員《たいいん》たちは、そのキョンシーを撃《う》ったのだった。

15 新潟《にいがた》

悲《かな》しき鬼《おに》と美《うつく》しき翡翠《ひすい》

データ▼

面積《めんせき》：12,584km^2
県庁所在地《けんちょうしょざいち》：新潟市《にいがたし》
県《けん》の木：ユキツバキ
県《けん》の花：チューリップ
県《けん》の鳥：トキ

NIIGATA

▼土地 四十七都道府県《とどうふけん》で第《だい》五位《い》の広さを持《も》つ。日照時間《にっしょうじかん》(注《ちゅう》1)が短《みじか》く、冬は雪がたくさん降《ふ》る地域《ちいき》だ。

▼歴史《れきし》 明治《めいじ》十九年に今の新潟《にいがた》県《けん》になった。約《やく》八千年前に起《お》こった糸魚川《いといがわ》市《し》のヒスイ文化《ぶんか》は、実《じつ》は世界《せかい》で最古《さいこ》のもの。

▼伝承《でんしょう》 有名《ゆうめい》で恐ろしい鬼《おに》「酒呑童子《しゅてんどうじ》」は新潟県出身《にいがたけんしゅっしん》だという。本名は外道丸《げどうまる》。越後国《えちごのくに》（新《にい》潟《がた》）砂子塚城主《すなこつかじょうしゅ》 石瀬俊兼《いわせとしかね》の子である。とても美《うつく》しい男子だった彼《かれ》は、新潟県燕市《にいがたけんつばめし》の国上寺《こくじょうじ》の稚児《ちご》(注《ちゅう》2)になった。だが、あるきっかけで鬼《おに》になってしまう。それは彼《かれ》を愛《あい》したたくさんの女性《じょせい》のうらみ、である。

本当にあった怖《こわ》い話

雪狼《ゆきおおかみ》か、雪男《ゆきおとこ》か

体験《たいけん》した男性《だんせい》は小学生のとき、新潟《にいがた》に住《す》んでいた。

雪国ならどこでもそうだが、冬になると道路《どうろ》が雪で埋《う》まってしまうので、近所《きんじょ》の人が総出《そうで》で雪かきをする。彼《かれ》の住《す》んでいた地域《ちいき》も、人や車が通れるように、雪かきをしていた。屋根《やね》の雪を下ろした家の前には小学生の身長《しんちょう》よりも高い壁《かべ》ができてしまうこともしばしばだった。

ある吹雪《ふぶき》の夕ぐれどき。

そのときも天候《てんこう》の悪《わる》い日がつづいて、道路《どうろ》の脇《わき》に高い雪の壁《かべ》ができていた。その当時百五十センチだった彼《かれ》よりも高くなっているくらいだった。

「ちょっと牛乳《ぎゅうにゅう》買ってきて」

お母さんからおつかいをたのまれた。

めんどくさいなと思いつつ、牛乳《ぎゅうにゅう》を飲《の》むのはだいたい自分なのだからしょうがないと、お母さんからお金をあずかって、しぶしぶ玄関《げんかん》の戸を開《あ》けた。

そのとき、彼《かれ》は、目をうたがうような光景《こうけい》を見た。

狼《おおかみ》……白い狼《おおかみ》だ。

どんよりと曇《くも》った夕方。にぶい鉛色《なまりいろ》の空気の中で、それはゆっくりと歩いていた。

ニホンオオカミはずいぶん前に絶滅《ぜつめつ》しているはず。小学生でもそのくらいの知識《ちしき》はあった。でも、目の前にいるこの生き物《もの》は、ぜったい犬ではない。

なぜなら、道路《どうろ》わきの雪の壁《かべ》より、大きいのだ。そんな巨大《きょだい》な犬がいたとしたら、それは狼以外《おおかみいがい》の何物《なにもの》でもないだろう。

あまりのことに、おつかいに行くのをわすれて、狼《おおかみ》がゆっくりと通りすぎるのを見守《みまも》った。

彼《かれ》は今でも、雪道を歩く、白い狼《おおかみ》のすがたが忘《わす》

注《ちゅう》1▶「日照時間《にっしょうじかん》」…太陽《たいよう》が照《て》る時間のこと。 注《ちゅう》2▶「稚児《ちご》」…お寺に預《あず》けられた子どものこと。

新潟《にいがた》の妖怪《ようかい》

新潟県《にいがたけん》にはたくさんの妖《よう》怪《かい》がいる。

たとえば、山の中にいる、人でも猿《さる》でもない変《か》わったすがたをした「山男」。人の心を読む「さとり」。空を飛《と》び、山中をかけめぐる「天狗《てんぐ》」。

そして、吹雪《ふぶき》の日の晩《ばん》、風に乗《の》ってやって来《き》ては人をさらう「弥三郎婆《やさぶろうばさ》」。

この弥三郎婆《やさぶろうばさ》は、言うことを聞かない子どもをとくにねらっては連《つ》れ去《さ》り、食べてしまうという恐《おそ》ろしい妖怪《ようかい》である。

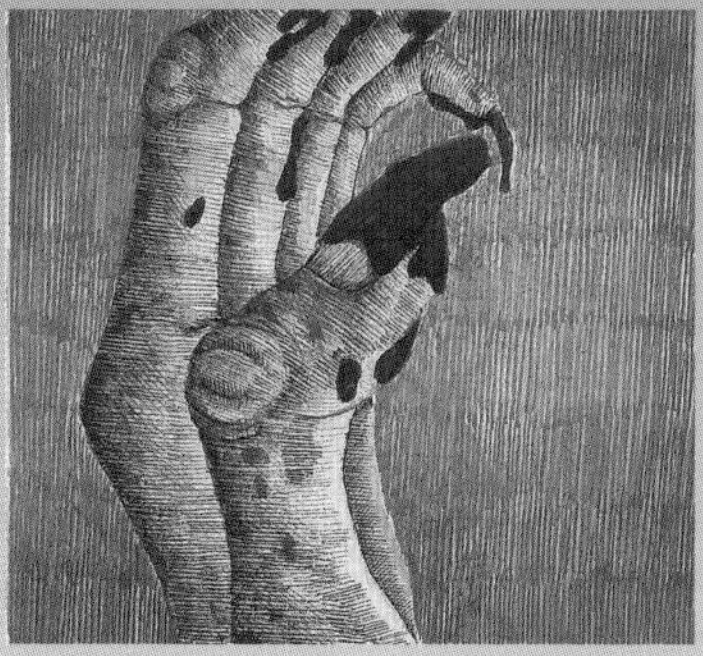

れられないという。大人になった今、この話をすると「狼《おおかみ》のわけない」と言われてしまう。

この経験《けいけん》をずっと不思議《ふしぎ》に思っていた彼《かれ》は、江《え》戸《ど》時代《じだい》の随筆家《ずいひつか》、鈴木牧之《すずきぼくし》が書いた『北越雪譜《ほくえつせっぷ》』という、自分の住《す》んでいた町の近くのさまざまなことが記されている本を知る。この中には「異《い》獣《じゅう》」という、謎《なぞ》の獣《けもの》のことが書かれていた。

それによると、ある夏の日。竹助《たけすけ》という男が遠方の問屋《とんや》へとどけ物《もの》をすることになった。

大荷物《おおにもつ》を担《かつ》いで山道を歩き、ひと息《いき》つこうと弁当《べんとう》を食べようとした。そのとき笹《ささ》をかきわけて一匹《ぴき》の大きな猿《さる》のような猿でないような、頭の毛を長く伸《の》ばした人よりも大きな獣《けもの》があらわれた。

竹助《たけすけ》が弁当《べんとう》をわけあたえると、獣《けもの》はそれをおいしそうに食べ、そのあと、竹助《たけすけ》の大荷物《にもつ》をかついで歩き始《はじ》める。

重《おも》い荷物《にもつ》を持《も》たずにすんだ竹助《たけすけ》は、山道を楽に歩けた。そして、目的地《もくてきち》が見えてくると、獣《けもの》は荷物《にもつ》を置《お》いてどこかへかけ去《さ》ってしまったのだった。その素早《すばや》さは疾風《しっぷう》のようであったという。

その後も、獣《けもの》は山道を通る者《もの》たちに目撃《もくげき》され、人家までやってきて食べ物《もの》をねだることもあったと言われている。

体験者《たいけんしゃ》の住《す》んでいた地域《ちいき》は、江戸時代《えどじだい》も今も、不《ふ》思議《しぎ》な獣《けもの》のすむ地域《ちいき》なのかもしれない。

16 富山《とやま》

山と蜃気楼《しんきろう》が不思議《ふしぎ》をかもす

データ▼

面積《めんせき》：4,247km²
県庁所在地《けんちょうしょざいち》：富山市《とやまし》
県《けん》の木：タテヤマスギ
県《けん》の花：チューリップ
県《けん》の鳥：ライチョウ

TOYAMA

▼土地　富山県《とやまけん》には険《けわ》しい山が連《つら》なり、冬はたくさんの雪が積《つ》もる。昔《むかし》はほかの県《けん》との行き来が大変《たいへん》だった。

▼歴史《れきし》　富山県《とやまけん》になったのは、明治《めいじ》十六年のこと。明治《めいじ》四年に一度《いちど》富山県《とやまけん》とされたが、その年に新川県《にいかわけん》に変《か》わった。それから十二年ほどが過ぎて、富山県《とやまけん》として今の形になったという。

▼伝承《でんしょう》　高岡市《たかおかし》「二上山《ふたがみやま》」には「悪《あく》王子伝説《おうじでんせつ》」がある。昔《むかし》、この二上山《ふたがみやま》に神様《かみさま》が住んでいた。天気を操《あやつ》り人びとのくらしを助《たす》けていたが、その正体は人を生けにえにもとめる悪《わる》い大蛇《だいじゃ》であった。退治《たいじ》された大蛇《だいじゃ》は「悪王子社《あくおうじしゃ》」でまつられたという。

本当にあった怖《こわ》い話

急《きゅう》に荒《あ》れた日

富山県《とやまけん》は天気が荒《あ》れやすく、冬場はどんよりした空模様《そらもよう》になることが多い。

晴れていたかと思えば、すぐに雲が出て来《き》て雨がふることもあるという。

春のことだった。

良《よ》く晴れた日に、ある夫婦《ふうふ》がドライブに出かけた。景色《けしき》はすばらしく、また、海はおだやかだった。漁港《ぎょこう》や海岸《かいがん》など、とちゅうで立ちよっては楽しむ。おいしいものも多かった。

楽しい時間はあっという間だ。すっかり日も暮《く》れる。おそくなる前に帰ることにした。

だが、そのとちゅう、急《きゅう》に車が止まった。原因《げんいん》がわからない。

車のトラブルを助《たす》けてくれるサービスを携帯《けいたい》でよんだが、時間がかかるという。しかたなく車内で待《ま》っていると、季節外《きせつはず》れの大雪がふりだした。

あっという間に遠くが見えなくなる。

車内の気温《きおん》が下がってきたが、エンジンがかからないので、暖房《だんぼう》もつけられない。

ゴウゴウと吹《ふ》く強い風で、外では雪がうずを巻《ま》いていた。

「助《たす》けが来るまでたえられるかな？」

「だいじょうぶだよ。たぶん……」

気弱なことを話していると、いきなり運転席側《うんてんせきがわ》の窓《まど》がたたかれた。

びっくりして外へ目を向《む》けると、知らない女の人がこちらをのぞきこんでいる。

どう見てもふつうの若《わか》い女性《じょせい》だ。

ジャケットと中に着《き》ているシャツは春のファッションで、とても寒《さむ》そうだ。雪がついた髪《かみ》の毛を強い風がかきみだしている。

不思議《ふしぎ》を訪《たず》ねて

蜃気楼《しんきろう》

富山湾《とやまわん》の蜃気楼《しんきろう》は、光の屈折《くっせつ》で起《お》こる現象《げんしょう》と言われている。しかし、昔《むかし》の人はこれを「巨大《きょだい》なハマグリがはき出す気で作られたすがた」だと思っていた。それほど不思議《ふしぎ》な現象《げんしょう》だったのだ。

この蜃気楼《しんきろう》だが、実《じつ》はA〜Eのランクがある。トップであるAランクは目だけでハッキリだれにでも見え満足《まんぞく》するもの。

ここ最近《さいきん》、富山県《とやまけん》ではAランクの見えかたが少なくなっているという。

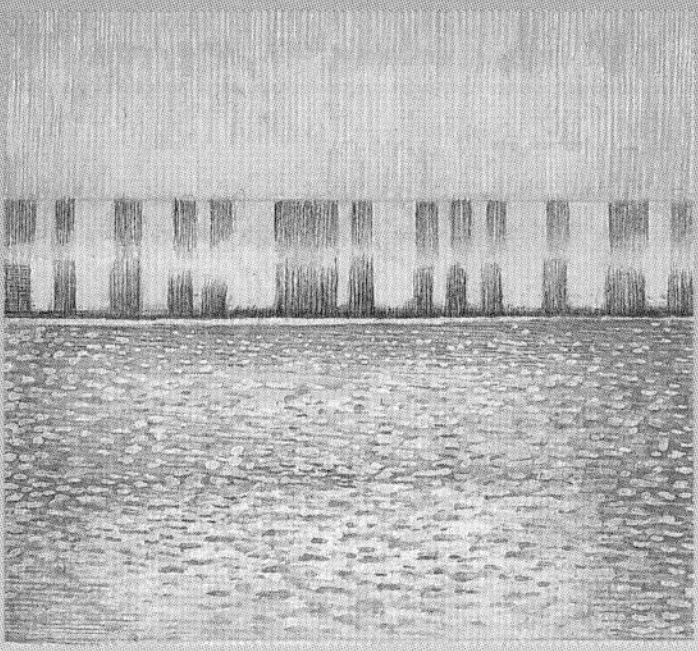

ああ、通った人が心配《しんぱい》して止まってくれたのかと思った。

が、どこにもそれらしい車はない。考えてみれば故障《こしょう》してから車は一台も通っていなかった。

（もしかしたら自分たちのようにこまっている人かな？）

窓《まど》を開《あ》けた。冷《つめ》たい空気と雪が入りこんでくる。

女性《じょせい》はこちらをじっと見つめていた。

どうしたのか聞くと「もう少しです」としか言わない。

何が「もう少し」なのだろう。聞き返《かえ》してもそれだけくり返《かえ》す。

外は大雪だ。このままだと女性《じょせい》も凍《こご》えてしまうだろう。少しぶきみだが、車に乗《の》ってはいかがですか？　とすすめた。

そのとき、女性《じょせい》がちがう言葉《ことば》をつぶやいた。

「終《お》わりました」

そして、女性《じょせい》は大きくクツ音を鳴らしながら車の後ろへ走りさる。ひだの入ったスカートとかかとの高いクツだ。

そしてふり続《つづ》ける雪の中にとけこむように消《き》えてしまった。いや、パッとテレビ画面《がめん》が切りかわったような感《かん》じで、見えなくなった。

「いったい、あの人は何だったのだろうね？」

「さあ？　でもあの人、なんだかおかしい。それにすべりそうな道の上を、あんなクツで走るなんて――」

会話のとちゅう、妻《つま》のケータイが鳴る。彼女《かのじょ》の実家《じっか》からだ。

妻《つま》の妹が亡《な》くなったというしらせだった。

電話が切れると突然《とつぜん》雪が止《や》む。

外に雪はあまり積《つ》もっていない。そして、なぜかエンジンがかかるようになっていた。

【毒《どく》と怪談《かいだん》】

元禄時代《げんろくじだい》、毒《どく》をもられて顔が腫《は》れ上がった女性《じょせい》の幽霊《ゆうれい》の怪談《かいだん》があるが、実《じつ》はこのような毒《どく》は存在《そんざい》しない。しかし「毒《どく》」にからんだ怪談《かいだん》で今もその呪《のろ》いを目にすることができるものがある。

それは「皿屋敷怪談《さらやしきかいだん》」……。お菊《きく》という女中が家宝《かほう》の皿《さら》を一枚割《まいわ》ってしまい、井戸《いど》につるされ殺《ころ》されて以来《いらい》、夜な夜な「一枚《まい》〜二枚《まい》〜」とすすり泣《な》きながら化《ば》けて出る悲《かな》しい怪談《かいだん》だ。

東京《とうきょう》の番町《ばんちょう》が有名《ゆうめい》だが、実《じつ》は島根《しまね》や高知《こうち》、兵庫県《ひょうごけん》の播州《ばんしゅう》など各地《かくち》に似《に》たような話が伝《つた》えられている。場所《ばしょ》によって少しずつ語られることが異《こと》なるのだ。姫路城《ひめじじょう》の一角にはお菊井戸《きくいど》とよばれる井戸《いど》もある。

ここではお菊《きく》が割《わ》った家宝《かほう》の皿《さら》が、実《じつ》は「毒消《どくけ》しの皿《さら》」だという伝説《でんせつ》があるのだ。

昔《むかし》のお殿様《とのさま》は、食事《しょくじ》に毒《どく》をもられ、暗殺《あんさつ》されることがたびたびあった。たとえば砒素《ひそ》は無味無臭《むみむしゅう》で、ネズミを駆除《くじょ》するのに昔使われていた。蒲生氏郷《がもううじさと》という戦国武将《せんごくぶしょう》がその砒素《ひそ》で毒殺《どくさつ》されたという伝説《でんせつ》が残《のこ》っている。毒殺《どくさつ》は戦《いくさ》でたくさんの犠牲《ぎせい》を出さずに敵《てき》を討《う》つ手段《しゅだん》でもあったのだ。そのため毒《どく》をみつけるための毒味役《どくみやく》や毒《どく》と反応《はんのう》する特殊《とくしゅ》な素材《そざい》で作られた食器《しょっき》が存在《そんざい》した。

「毒消《どくけ》しの皿《さら》」は、その皿《さら》に料理《りょうり》をもって食べると、毒《どく》にあたらないどころか、皿《さら》をなめると治《なお》ってしまう力のある皿《さら》だったという。実物《じつぶつ》は残《のこ》っていないので本当にあったかどうかわからないが、銀製《ぎんせい》の食器《しょっき》は砒素《ひそ》にふくまれる硫黄《いおう》と反応《はんのう》して黒く変色《へんしょく》したことから毒見用《どくみよう》に使《つか》われた。

もしかしたら毒《どく》と化学反応《かがくはんのう》して別《べつ》な物《もの》に変《か》えてしまう皿《さら》が存在《そんざい》したかもしれない。だとすれば「毒消《どくけ》しの皿《さら》」はたいそう貴重《きちょう》なものだったにちがいない。

そんなお菊《きく》の呪《のろ》いを、今もわたしたちが目にすることがあるという。

お菊《きく》が殺《ころ》されたあと、井戸《いど》のまわりに女が後ろ手でしばられたような形の黄色い虫が大量発生《たいりょうはっせい》した。アゲハチョウの一種《いっしゅ》……ジャコウアゲハのサナギである。

しかも蝶《ちょう》は「毒蝶《どくちょう》」なのだ。

毒《どく》のあるウマノスズクサを食べてそだつためだが、食べると中毒《ちゅうどく》を起《お》こすので野鳥すらもこの蝶《ちょう》を食べようとしない。

これは毒消《どくけ》しの皿《さら》を割《わ》った罰《ばつ》として毒蝶《どくちょう》にされたお菊《きく》なのか？　サナギをよく見るとお菊《きく》のうらめしい顔が見えてこないだろうか……。

17

石川《いしかわ》

華《け》やかな百万石《ひゃくまんごく》の国

ISHIKAWA

データ▼

面積《めんせき》：4,186km²
県庁所在地《けんちょうしょざいち》：金沢市《かなざわし》
県《けん》の木：アテ
県《けん》の花：クロユリ
県《けん》の鳥：イヌワシ

▼土地 石川県《いしかわけん》は日本海側《にほんかいがわ》に面《めん》した県《けん》。海側《うみがわ》に突《つ》き出た半島《はんとう》は能登半島《のとはんとう》と呼《よ》ばれる。冬の雷《かみなり》が多くなる時期《じき》に魚のブリがとれるようになるので、この雷《かみなり》を「ブリ起《お》こし」という。

▼歴史《れきし》 明治《めいじ》五年に石川県《いしかわけん》となった。江戸時代《えどじだい》、前田利長《まえだとしなが》が治《おさ》めていた加賀藩《かがはん》は百万石《ひゃくまんごく》と呼《よ》ばれた豊《ゆた》かな国だった。この百万石《ひゃくまんごく》の「石」は、お米の生産《せいさん》量《りょう》のこと。一石《いっこく》が約《やく》百五十キロで、百万石《ひゃくまんごく》だと大人の男性《だんせい》百万人が一年に食べる量《りょう》である。

▼伝承《でんしょう》 戦国武将《せんごくぶしょう》の前田利家《まえだとしいえ》は勇気《ゆうき》ある人物《じんぶつ》だ。坂本城《さかもとじょう》の天守閣《てんしゅかく》に幽霊《ゆうれい》が出ると聞けば、そこでひと晩《ばん》を過《す》ごしたという。

本当にあった怖《こわ》い話

輪島塗《わじまぬり》の膳《ぜん》

石川県《いしかわけん》に住《す》むある人が話してくれた。

「わたしの家の近くに住《す》んでいた、ある家族《かぞく》の話です」

その家族《かぞく》の家に、輪島塗《わじまぬり》の真《ま》っ赤《か》な膳《ぜん》がひと組、伝《つた》わっていた。

足つき膳《ぜん》に飯椀《めしわん》、汁椀《しるわん》、壺椀《つぼわん》、平椀《ひらわん》、楪子《ちゃつ》、塗《ぬ》りの箸《はし》一膳《ぜん》。それだけだ。

ようするに、ひとり分だけであった。

その家にはあるしきたりがあった。

旧暦《きゅうれき》の正月（注《ちゅう》）の夜、この膳《ぜん》に「ウソの食事《しょくじ》」をこしらえ、仏間《ぶつま》にそなえるのがその家の決《き》まりごとなのだ。

ウソの食事《しょくじ》とは、飯椀《めしわん》には白い砂《すな》、汁椀《しるわん》には水、ほかも砂利《じゃり》や硬《かた》い木の実《み》など食べられない物《もの》を盛《も》る。

おそなえするのはたった一夜で翌日《よくじつ》には片付《かたづ》けるのである。

加《くわ》えて、まだ約束《やくそく》ごとがあった。

注《ちゅう》▶「旧暦《きゅうれき》の正月」…だいたい二月くらい。毎年日にちは変《か》わる。

能登《のと》の猿鬼《さるおに》

大西山《おおにしやま》、今の能登町柳田《のとちょうやなぎた》に「猿鬼《さるおに》」の伝説《でんせつ》がある。

猿鬼《さるおに》はある村で悪《わる》さをしていたが、輪島市三井《わじましみい》の大幡神社《おおはたじんじゃ》におわす女神《めがみ》・神杉姫《かんすぎひめ》が毒《どく》の弓矢で猿鬼《さるおに》の目を射《い》たあと、首をはねて退治《たいじ》した。

そのとき猿鬼《さるおに》が流《なが》した血《ち》で川の色が黒くなったので、その川を「黒川」と呼《よ》ぶようになったという。

「膳《ぜん》をそなえてから仏間《ぶつま》に入ってはいけない。絶対《ぜったい》にやぶってはならない」

ところが、その家にいたおばあさんが、入ってしまったことがある。認知症《にんちしょう》の症状《しょうじょう》があらわれ始《はじ》めた時期《じき》で、しきたりをわすれていたのだろう。

おばあさんが仏間《ぶつま》に入ったのは夜中だった。叫《さけ》び声で家族《かぞく》がかけつけるとおばあさんが膳《ぜん》の前で倒《たお》れている。

しきたりなど気にしてはいられない。家族《かぞく》は仏《ぶつ》間《ま》に入り、おばあさんを助《たす》けた。

息《いき》はあり、気絶《きぜつ》しているだけのようだった。

しかし、おばあさんはそれから寝《ね》たきりとなり、施設《しせつ》へあずけられた。

あの夜、おばあさんに何があったのか。だれにもわからなかった。

それから家族《かぞく》はつぎからつぎに、不幸《ふこう》におそわれた。

何人か亡《な》くなったあと、残《のこ》された人びとはどこかへ引っこしてしまった。施設《しせつ》にいるおばあさんのことも、その人たちがどうなったのかも、あの輪島塗《わじまぬり》の膳《ぜん》がどうなったかもわからない。

話をしてくれた人は、膳《ぜん》の持《も》ち主《ぬし》の家と仲《なか》が良《よ》かったので、問題《もんだい》の「輪島塗《わじまぬり》の膳《ぜん》」を一度《ど》だけ見せてもらったことがある。

ほかのものは全部《ぜんぶ》きれいなのに、なぜか飯椀《めしわん》の中だけが傷《きず》だらけであった、という。

「一夜おそなえして翌日《よくじつ》に見に行くと、いつもその飯椀《めしわん》の中身《なかみ》の砂《すな》だけが、膳《ぜん》の上に散《ち》らばっていたみたいですよ。まるであらあらしく食べちらされたような、って。お椀《わん》に砂《すな》をもどすと、明らかに最初《さいしょ》より減《へ》っているんですって」

だれも入らない仏間《ぶつま》で何者《なにもの》かが白砂《しらすな》を食べていたのだろうか――。

18 福井《ふくい》

天皇《てんのう》の魂《たましい》が護《まも》る土地

データ▼

面積《めんせき》：4,190km²
県庁所在地《けんちょうしょざいち》：福井市《ふくいし》
県《けん》の木：マツ
県《けん》の花：スイセン
県《けん》の鳥：ツグミ

FUKUI

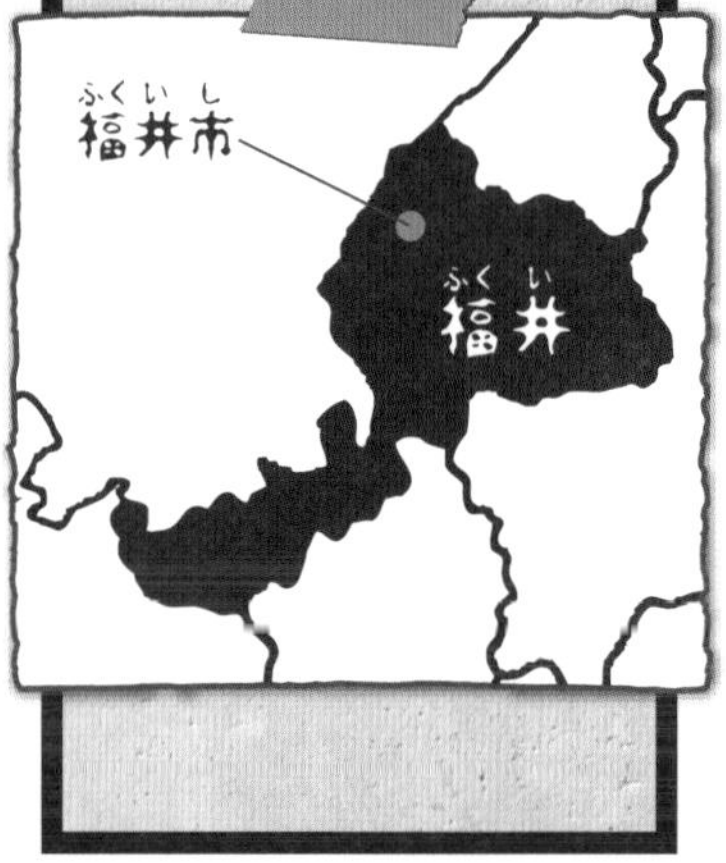

▼土地　冬はたくさんの雪が降《ふ》る福井県《ふくいけん》。自然《しぜん》が豊《ゆた》かで「越山《えつざん》若水《じゃくすい》」とも言われている。また日本海《にほんかい》、若狭湾《わかさわん》には小さな無《む》人島《じんとう》が五十八もある。

▼歴史《れきし》　福井県《ふくいけん》になったのは、明治《めいじ》十四年。古墳時代《こふんじだい》にこの福《ふく》井県《いけん》などを治《おさ》めていたヲホドノオオキミが、のちに継体天皇《けいたいてんのう》（第《だい》二十六代《だい》）となった。

▼伝承《でんしょう》　長者《ちょうじゃ》の娘《むすめ》が人魚の肉を口にし、歳《とし》を取らなくなったという。娘《むすめ》は尼《あま》となって全国《ぜんこく》をめぐったあと、小浜市《おばまし》の空印寺《くういんじ》にもどり、亡くなった。このとき、八百歳《さい》。しかし十五、六歳《さい》のすがただった。「八百比丘尼《やおびくに》」の伝承《でんしょう》だ。

本当にあった怖《こわ》い話

真田幸村《さなだゆきむら》の首

戦国時代《せんごくじだい》（一五〇〇年代《ねんだい》）の武将《ぶしょう》に「真田幸村《さなだゆきむら》」という人がいた。

この人は勇《いさ》ましく、日の本一《もといち》の兵《つわもの》として名高い人物《じんぶつ》だった。だが、最後《さいご》はいくさに負《ま》け、首を取《と》られたという。

この首は福井県《ふくいけん》に運《はこ》ばれ、うめられた。うめた者《もの》の家は代《だい》だい「幸村《ゆきむら》の首をうめたところは秘密《ひみつ》にすべし」と言い伝《つた》えたことで、今もどこに首があるのかわからない。

さて、この幸村《ゆきむら》の首の行方《ゆくえ》だ。実《じつ》は福井市《ふくいし》の山の中だというウワサが語られているのである。

ただし、その山の近くは少しだけ不思議《ふしぎ》な話が伝《つた》わっている。

まず山の近くには、幸村《ゆきむら》のヨロイをうめて、その上に石のおじぞうさまを目印《めじるし》にしたお寺があった。

今、そのおじぞうさまは福井市《ふくいし》の博物館《はくぶつかん》へ動《うご》かされ、ヨロイの場所《ばしょ》がわからなくなっている。

このおじぞうさまの首がこわれて落《お》ちたとき、もどそうとした人たちがいたが、だれもが高い熱《ねつ》を出して寝《ね》こんだというウワサ話もあった。

また、ここへ首を探《さが》しに行こうとすると道に迷《まよ》うことがある。

目の前に目的地《もくてきち》が見えているのに、まったく気がつかないことも起《お》こる。道そのものが迷《まよ》わせるような構造《こうぞう》になっているようにも思えるし、目的《もくてき》地《ち》をかくしている感《かん》じも受《う》ける。

そして、この山の近くにある城跡《しろあと》では今も武士《ぶし》たちの幽霊《ゆうれい》が出ると聞く。

門があった場所《ばしょ》の前にかかる橋《はし》の上を、今から

不思議《ふしぎ》を訪《たず》ねて

お化《ば》けトンネル

福井県《ふくいけん》のある場所《ばしょ》に「お化《ば》けトンネル」がある。

二十分《にじっぷん》くらいで外に出られるのに、何時間もかかる。出口から出たあとも何かおかしな場所《ばしょ》に出ることもある。ある人は変《へん》なものを見た。トンネルのとちゅう、茶色くて、まくらくらいの大きさのものが道路《どうろ》の上にいるのだ。しかし短《みじか》い手足が付《つ》いていて、それらを動《うご》かしてゆっくり進《すす》んでいる。通り過《す》ぎてからふりかえると、その茶色いものはどこにもいなかった。

お化《ば》けトンネルには、何かがひそんでいる、らしい。

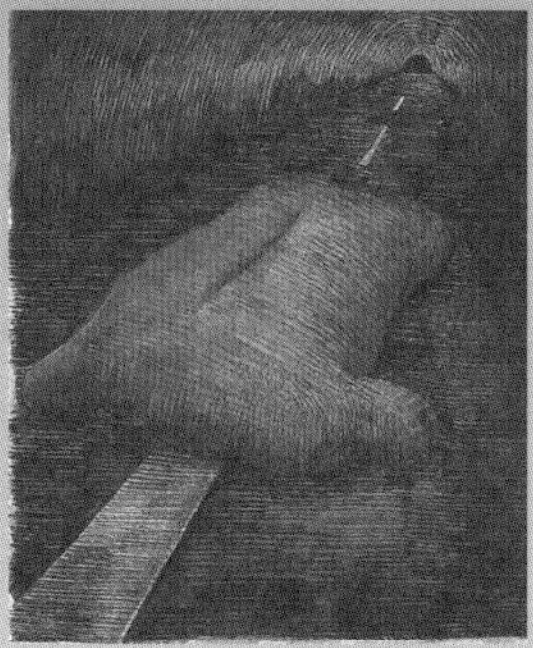

合戦《かっせん》に行くすがたで行《ぎょう》列《れつ》をなして歩いていくのだ。

この幽霊《ゆうれい》たちを見た人はみな不幸《ふこう》になるらしい。

問題《もんだい》の山のまわりを歩くと、めまいがしたり、気分が悪《わる》くなって、まっすぐ歩けなくなるという人もいる。

よく調《しら》べてみると、その山のまわりには、新しいものから古いものまで、たくさんのお墓《はか》で囲《かこ》まれている。そのせいだろうか。

それとも幸村《ゆきむら》の首が何かをしているのか。幸村《ゆきむら》の首をかくすための術《じゅつ》がかけられているのか。

この謎《なぞ》の答えは、今も解《と》けていない。

19 山梨《やまなし》

深《ふか》き山やまと鬼《おに》伝説《でんせつ》の里

YAMANASHI

データ▼

面積《めんせき》：4,465km^2
県庁所在地《けんちょうしょざいち》：甲府市《こうふし》
県《けん》の木：カエデ
県《けん》の花：フジザクラ
県《けん》の鳥：ウグイス

▼土地　山梨県《やまなしけん》は内陸《ないりく》八県《けん》のひとつで、海がない県《けん》。山が多く、富士山《ふじさん》や八ヶ岳《やつがたけ》、南アルプスなど美《うつく》しく人気の山にかこまれている。

▼歴史《れきし》　山梨県《やまなしけん》は明治《めいじ》四年に今の名前になっている。山梨県《やまなしけん》はかつて甲斐国《かいのくに》と言われていた。この甲斐国《かいのくに》の戦国武将《せんごくぶしょう》が有名《ゆうめい》な「武田信玄《たけだしんげん》」である。信玄《しんげん》と言えば「風林火山《ふうりんかざん》」と書かれた旗《はた》が有名《ゆうめい》。だが、実《じつ》はちがったらしい。旗《はた》は作っているが、それがどんな形で、どのような言葉《ことば》が書かれていたかは記録《きろく》が残っていない。

▼伝承《でんしょう》　大月市《おおつきし》には桃太郎《ももたろう》のお話に関《かん》する場所《ばしょ》がたくさん残《のこ》さ

本当にあった怖《こわ》い話

きんだきんだ

ある人の家族《かぞく》がひとり、夜中に突然《とつぜん》すがたを消《け》したことがある。

いなくなった人は男性《だんせい》で、すでに大人なのだが、これまで無断《むだん》でどこかへ行くことはなかった。

持《も》って出ていたのは携帯《けいたい》電話と財布《さいふ》だけだ。そのまま連絡《れんらく》がつかなくなった。携帯《けいたい》に電話してもでないのである。

二日待《ま》っても見つからないので、警察《けいさつ》へ行こうとしたとき、本人のケータイから電話がかかってきた。

「帰れないから迎《むか》えに来《き》てくれ」

いなくなっていた男性《だんせい》の声だった。甲州市《こうしゅうし》にいるらしい。

行くと、全身《ぜんしん》すり傷《きず》だらけで、服《ふく》もボロボロのすがたで立っている。

財布《さいふ》の中身《なかみ》は空っぽで、なぜかカード類《るい》はハサミが入れられ使《つか》えなくなっていた。

わけを聞いてもこの二日の記憶《きおく》がないらしい。

調《しら》べるとケータイの中には彼《かれ》が写《うつ》したおぼえのない写真《しゃしん》があった。

川の写真《しゃしん》で、岩場もある。しかし特徴《とくちょう》がない。だからどこなのかさっぱりわからなかった。

その日から行方不明《ゆくえふめい》だった人は、夜中に突然《とつぜん》さわぐようになった。

踊《おど》るように両手《りょうて》を頭の上でふりながら、

「きんだきんだ」

と意味《いみ》が通じない言葉《ことば》を発《はっ》しながら笑《わら》うのである。

正気に返《かえ》るとそのまま眠《ねむ》ってしまう。むりやり起《お》こして聞いても、彼《かれ》にさわいだ記憶《きおく》はない。

一年ほどでそれはおさまった。

れている。「桂川《かつらがわ》」「ももくら山」「鶴島《つるしま》」「岩殿山《いわどのやま》」「犬目《いぬめ》」「鳥沢《とりさわ》」「猿橋《さるはし》」「石動《いするぎ》」……。岩殿山《いわどのやま》では鬼《おに》が住《す》んでいたという「鬼《おに》の岩屋《いわや》（新宮洞窟《しんぐうどうくつ》）」も残《のこ》っている。しかし、桃太郎《ももたろう》がなぜ桃《もも》から生まれたのか。その謎《なぞ》も気になる。

不思議《ふしぎ》を訪《たず》ねて

幻《まぼろし》の魚

富士山《ふじさん》の山梨県側《やまなしけんがわ》に「富《ふ》士五湖《じごこ》」という五つの湖《みずうみ》がある。この湖《みずうみ》のひとつ「西湖《さいこ》」で大発見《だいはっけん》がされた。すでに絶滅《ぜつめつ》したと思われていた魚・クニマスが、この西湖《さいこ》で生きていたのだ。

実《じつ》はかなり前から西湖《さいこ》の漁師《りょうし》たちはクニマスをとっていたらしい。ところがクロマスとまちがえて呼《よ》ばれ、おいしくない魚だときらわれていたという。

このクニマスのように、もしかしたら今もどこかで絶滅《ぜつめつ》したはずの何かが生きているかもしれない。

彼《かれ》は自分のケータイにあった川の写真《しゃしん》を友人たちにメールで送《おく》っていた。

「この場所《ばしょ》を知らないか？」と質問《しつもん》をそえて。

受《う》け取《と》った人で知る人はだれもいなかった。

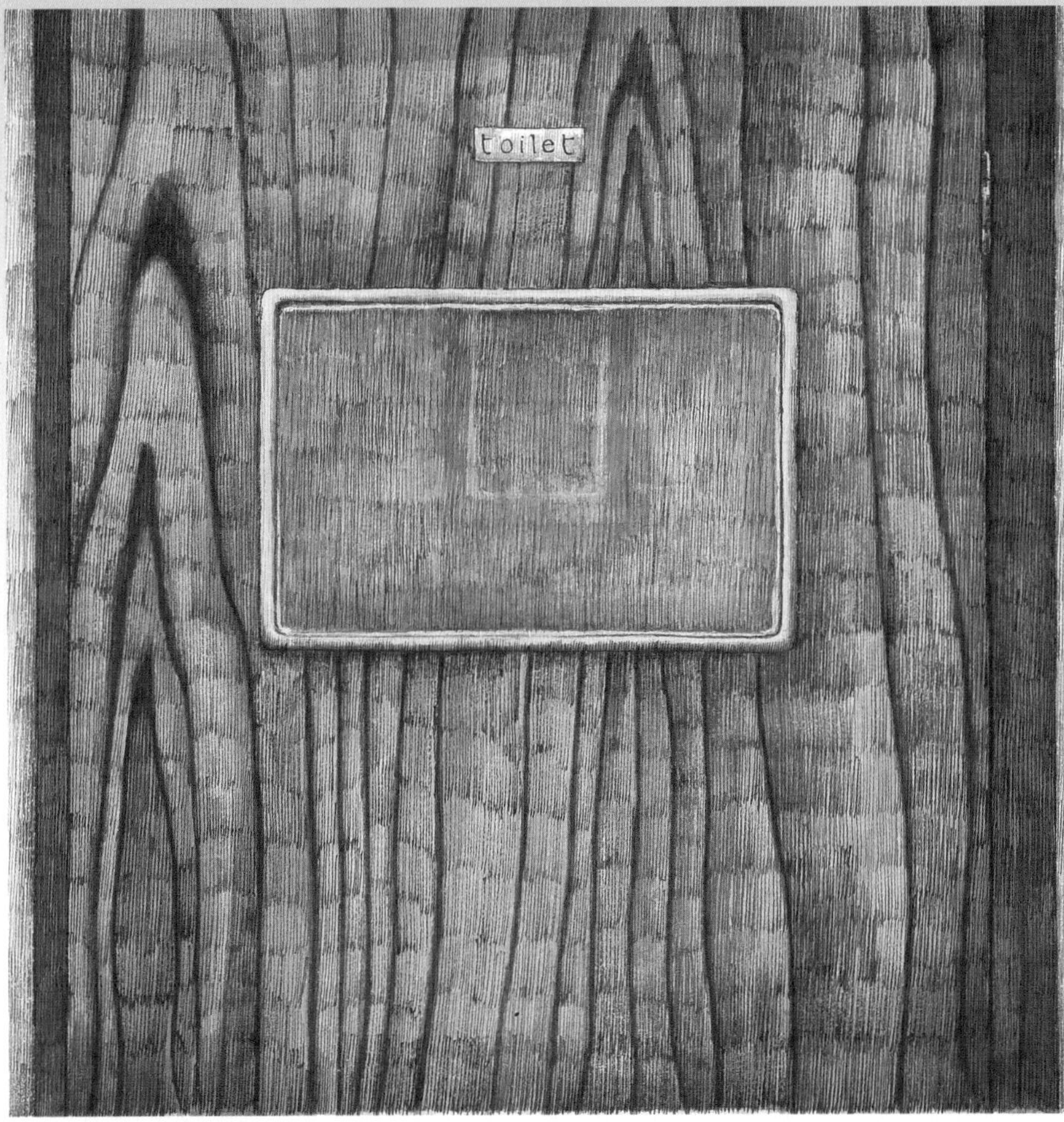

しかし、写真《しゃしん》をもらった人は数日中にもれなく、女の幽霊《ゆうれい》を見たという。

たとえば、部屋《へや》の中だったり、窓《まど》の外の空中だったり、お風呂《ふろ》やトイレの前だったりと、出て来た場所《ばしょ》はそれぞれちがう。見た目はふつうの若《わか》い人だという。しかし、どういうわけか首だけのこともあった。

元の写真《しゃしん》は消《け》され、友人たちに送《おく》った写真《しゃしん》も削除《さくじょ》された。が、だれか一部《いちぶ》の悪《わる》ふざけで、ネット上でバラまかれたものもあるらしい。

その写真《しゃしん》をダウンロードしたら、どうなるのだろうか。

どこの景色《けしき》かわからないおかしな写真《しゃしん》は、今もネットの中に広がり続《つづ》けているのかもしれない。

しかし、「きんだきんだ」とは何だろうか——？

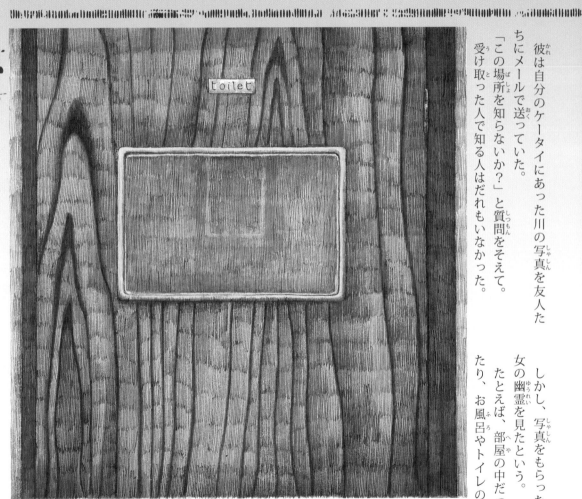

20 長野《ながの》

水と風《かぜ》の神《かみ》がおわす土地

データ▼

面積《めんせき》：13,561.56km^2
県庁所在地《けんちょうしょざいち》：長野市
県《けん》の木：シラカバ
県《けん》の花：リンドウ
県《けん》の鳥：ライチョウ

NAGANO

▼土地 長野県《ながのけん》は、日本《にほん》で最《もっと》も多くの都道府県《とどうふけん》と隣接《りんせつ》する県《けん》だ。内陸八県《ないりくはっけん》のひとつでもある。

▼歴史《れきし》 明治九年《めいじくねん》に今の長野県《ながのけん》になった。川中島《かわなかじま》（長野市南《なん》郊《こう》）では上杉謙信《うえすぎけんしん》と武田信玄《たけだしんげん》の間で「川中島《かわなかじま》の合戦《かっせん》」が行われた。

▼伝承《でんしょう》 長野市鬼無里地区《ながのしきなさちく》はもともと「鬼無里村《きなさむら》」と呼ばれていた。上水内郡《かみみのちぐん》にあった村で、その名は「紅葉《もみじ》」と呼ばれた鬼女《きじょ》の伝説《でんせつ》が関係《かんけい》する。

本当にあった怖《こわ》い話

ソバ名人

長野県《ながのけん》のソバはおいしいことで有名《ゆうめい》だ。体験者《たいけんしゃ》の祖父《そふ》は家でソバを打《う》つが、名人級《めいじんきゅう》の腕《うで》前《まえ》だった。

わざと少し太く打《う》たれたおじいさんのソバを大《おお》盛《も》りにして、ガツガツ食べるのが家族全員《かぞくぜんいん》の楽しみなのだ。

しかしある夏、おじいさんが亡《な》くなって、そのソバは食べられなくなった。家族全員《かぞくぜんいん》、おじいさんを失《うしな》った悲《かな》しみにつつまれたという。

おじいさんが亡《な》くなってはじめての秋。新ソバの季節《きせつ》だ。おじいさんは毎年新ソバが出るとソバを打《う》ってごちそうしてくれた。

ところが、そんななつかしむ気持《きも》ちもすぐにふきとんだ。

おじいさんが化《ば》けて出るようになったからだ。

夜中、ソバのこね鉢《ばち》など道具《どうぐ》が入れられたたなの前に、おじいさんが後ろむきに立っているのを見つける。声もかけられずじっと見つめていると、何もしないまま消《き》えていく。

二、三日に一度《いちど》、おじいさんはあらわれた。

家族《かぞく》は、たなの近くに行くことができなくなった。怖《こわ》さが勝《か》ったのだ。

「おじいちゃん、何か心残《こころのこ》りがあるのかなぁ」

「ソバ打《う》ち道具《どうぐ》のところに出るけど、もっとソバが打《う》ちたかったのかも」

家族《かぞく》は毎朝毎晩《まいばん》、仏壇《ぶつだん》に手を合わせておじいさんの成仏《じょうぶつ》を願《ねが》った。

しかし何の効果《こうか》もない。

家族《かぞく》はお坊《ぼう》さんを呼《よ》んだが、それでもおじいさんはすがたをあらわしつづけた。

おじいさんの幽霊《ゆうれい》が出《で》始《はじ》めて二か月ほどがすぎ

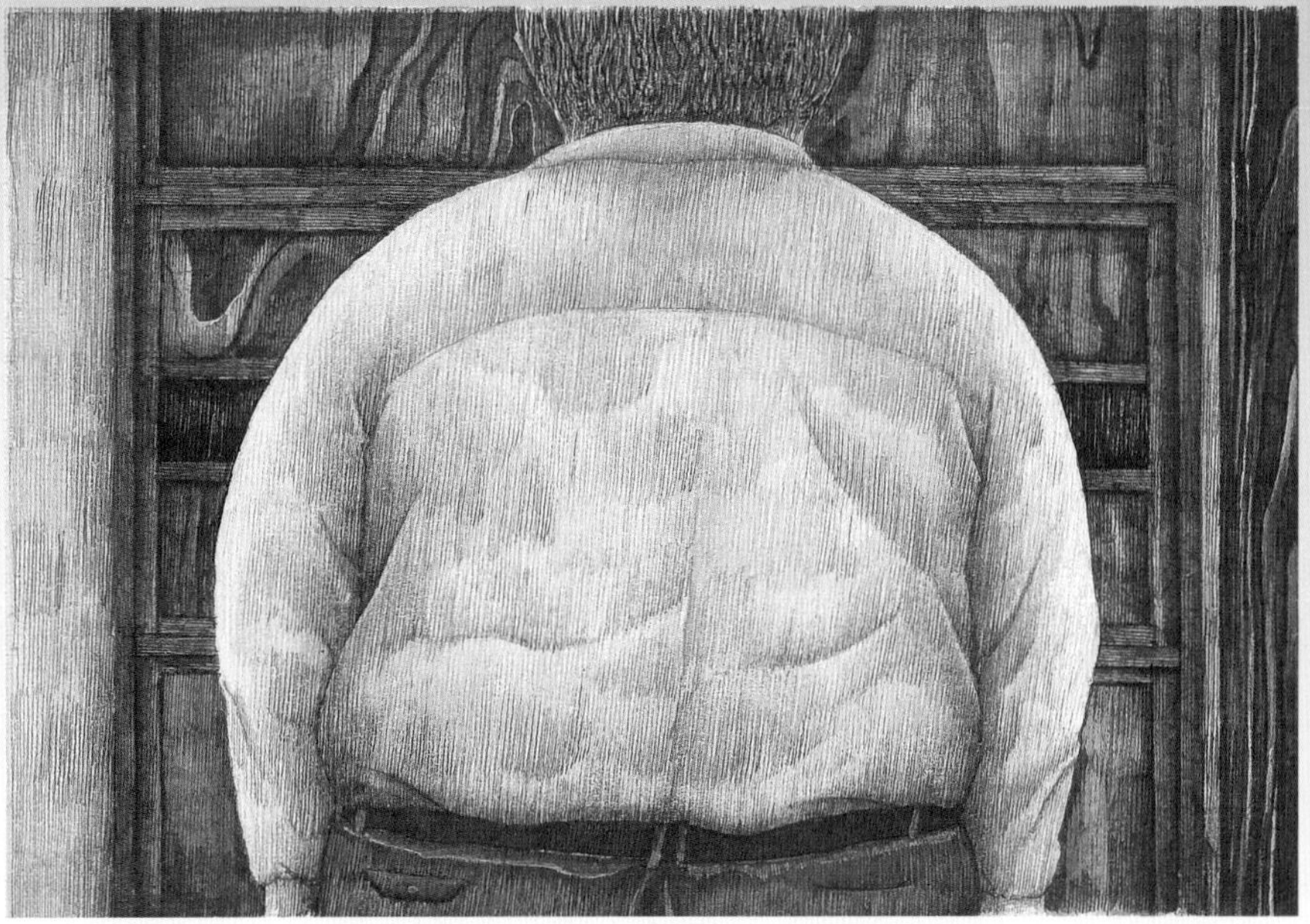

ようとしたときだったと思う。家族《かぞく》のひとりが勇《ゆう》気《き》を出して、おじいさんの背中《せなか》に近づいた。

「もうおとなしく成仏《じょうぶつ》してくれ」

と言おうとしたのだ。

亡《な》くなる前、耳が遠くなっていたので、すぐそばで話しかける必要《ひつよう》があった。

そっと横《よこ》に立つ。しかし、どうしてなのだろう。真横《まよこ》に来《き》ているのに、おじいさんの顔の部分《ぶぶん》だけが見えない。

怖《こわ》さも忘《わす》れ、顔を前から見ようとしたがそれでもハッキリしない。

じっと見つめているうち、「おじいさんではない」と感《かん》じた。顔以外《いがい》はおじいさんそのものなのに、どうしても知らない人だとしか思えなかった。

「……あんたは、だれだ？」

きいたとたん、幽霊《ゆうれい》はパッと消《き》えた。

そのとき、幽霊《ゆうれい》が笑《わら》ったように思えた。とてもいやな顔で。

実際《じっさい》に見えたわけではないのに、そう感《かん》じてしまった。

その日からおじいさんのすがたをした幽霊《ゆうれい》は出なくなった。

安心《あんしん》した家族《かぞく》は、おじいさんが大事《だいじ》にしていたソバの道具《どうぐ》をたなから出そうとした。倉庫《そうこ》へ大切にしまおうと思ったからだ。

たなの中をのぞいた家族《かぞく》が思わず声を出した。

こね鉢《ばち》が、まるで斧《おの》か何かで割《わ》ったように真《ま》っぷたつになっていた。

その後、家族《かぞく》につづけて不幸《ふこう》が起《お》こった。

そして、あの幽霊《ゆうれい》の顔をのぞこうとした家族《かぞく》は目にけがをした。

失明《しつめい》だけはまぬがれたが、視力《しりょく》がかなり落《お》ちてしまったという。

姨捨山《おばすてやま》

千曲市《ちくまし》には「姨捨山《おばすてやま》」があった。六十歳《さい》になった老《ろう》人《じん》がすてられる山である。

だが、ある若者《わかもの》が母親をすてられず、自分の家にかくまっていた。

そんなとき、となりの国から「この謎《なぞ》を解《と》かないと、お前の国を攻《せ》める」と殿様《とのさま》のところへ手紙が来《き》た。

どの謎《なぞ》もむずかしく、困《こま》りはてた殿様《とのさま》が国におふれをだした。しかし若者《わかもの》からその謎《なぞ》を聞いた母親は、いともかんたんにすべて解《と》いてしまう。

だがこのことで母親をかくしていたことがばれてしまった。

ところが殿様《とのさま》は、

「年寄《としよ》りの知恵《ちえ》はすごい。これからは山に老人《ろうじん》をすててはいけない」

とゆるしてくれたという。

日本全国《にほんぜんこく》の七不思議《ななふしぎ》

七不思議《ななふしぎ》とはなんだろうか？

かんたんに言えば「七つの不可解《ふかかい》なものや現象《げんしょう》を集《あつ》めたもの」だ。

ただし変《か》わった景色《けしき》や自然現象《しぜんげんしょう》をふくむことがある。

たとえば、世界《せかい》の七不思議《ななふしぎ》では「ギザのピラミッドなどの古代《こだい》に作られた巨大建造物《きょだいけんぞうぶつ》」をさす。しかし今は残《のこ》っていない物《もの》が多く、全部《ぜんぶ》は目にできない。

新《しん》・世界《せかい》の七不思議《ななふしぎ》の場合《ばあい》は、世界中《せかいじゅう》で今も見ることができる。

日本全国《にほんぜんこく》の七不思議《ななふしぎ》はどうか？

日本《にほん》だと建造物《けんぞうぶつ》などは少なく、ほかの不思議《ふしぎ》な「何か」であることが多い。

では有名《ゆうめい》なものは何か。

たとえば、諏訪大社七不思議《すわたいしゃななふしぎ》。

長野県《ながのけん》の諏訪大社《すわたいしゃ》に伝《つた》わっているこの七不思議《ななふしぎ》は神事《しんじ》や行事《ぎょうじ》に関係《かんけい》する不思議《ふしぎ》をさす。

また、江戸時代《えどじだい》の東京都墨田区《とうきょうとすみだく》の本所《ほんじょ》が舞台《ぶたい》となった「本所七不思議《ほんじょななふしぎ》」と呼《よ》ばれるものは七つの怪談《かいだん》というパターンもある。

おいてけぼり、送《おく》りちょうちん、送《おく》りひょうし木、灯《あか》りなしソバ・別名《べつめい》「消《き》えずの行灯《あんどん》」、足洗《あしあら》いやしき、片《かた》葉《は》のアシ、落葉《おちば》なき椎《しい》、たぬきばやし・別名《べつめい》「馬鹿囃子《ばかばやし》」、津軽《つがる》のたいこ——の九つだ。

「七不思議《ななふしぎ》なのに九つあるのはおかしい！」という人もいるだろう。

実《じつ》は七不思議《ななふしぎ》は七つを超《こ》えるものも少なくない。それでも七不思議《ななふしぎ》と呼《よ》ぶ。不思議《ふしぎ》が七つ以上《いじょう》になればよいのかもしれない。

そして、七不思議《ななふしぎ》と言えば「学校の七不思議《ななふしぎ》」もある。

知っている人も多いはずだ。

きみたちが通っている小学校にはないだろうか？

たとえば、トイレに出る少女の幽霊《ゆうれい》のことや、勝手《かって》に鳴る音楽室のピアノ、いつもは十二段《だん》なのに、ときどき十三段《だん》になる階段《かいだん》……。

さあ、きみも自分の学校を調査《ちょうさ》してみよう。

ただし、学校の七不思議《ななふしぎ》にはちょっといやなウワサもある。

「七つの不思議《ふしぎ》をすべて調《しら》べた人のところに、幽霊《ゆうれい》が出る」

「七不思議《ななふしぎ》を集《あつ》めてから人に全部《ぜんぶ》話すと、怪異《かいい》が起《お》こる」

ウワサはウワサ。本当かどうかはわからない。

もしやってみた人がいたら、どんな七不思議《ななふしぎ》があったか、七つ集《あつ》めたら何があったか、結果《けっか》を教えてほしい。

日本《にほん》の七不思議《ななふしぎ》 一覧《いちらん》

不思議《ふしぎ》の名前	都道府県名《とどうふけんめい》	不思議《ふしぎ》
麻布七不思議《あざぶななふしぎ》	東京都《とうきょうと》	◆柳《やなぎ》の井戸《いど》 ◆狸穴《まみあな》の古洞《こどう》 ◆広尾《ひろお》の送《おく》り囃子《ばやし》 ◆善福寺《ぜんぷくじ》の逆《さか》さ銀杏《いちょう》 ◆蟇池《がまいけ》 ◆長坂《ながさか》の脚気石《かっけいし》 ◆一本松《いっぽんまつ》
伊豆七不思議《いずななふしぎ》	静岡県《しずおかけん》	◆大瀬明神《おせみょうじん》の神池《かみいけ》 ◆堂ヶ島《どうがしま》のゆるぎ橋《ばし》 ◆石廊崎権現《いろうざきごんげん》の帆柱《ほばしら》 ◆手石《ていし》の阿弥陀三尊《あみださんぞん》 ◆河津《かわづ》の鳥精進酒精進《とりしょうじんさかしょうじん》 ◆独鈷《とっこ》の湯《ゆ》 ◆函南《かんなみ》のこだま石
越後七不思議《えちごななふしぎ》	現在《げんざい》の 北陸《ほくりく》あたり	◆逆《さか》さ竹《だけ》 ◆焼鮒《ふな》 ◆八房《やつふさ》の梅《うめ》 ◆珠数掛桜《じゅずかけざくら》 ◆三度栗《さんどぐり》 ◆繋《つな》ぎ榧《がや》 ◆片葉《かたは》の芦《あし》
遠州七不思議《えんしゅうななふしぎ》	静岡県《しずおかけん》	◆夜泣《よな》き石 ◆桜ヶ池《さくらがいけ》の大蛇《おおへび》 ◆池《いけ》の平《だいら》の幻《まぼろし》の池 ◆子生まれ石 ◆三度栗《さんどぐり》 ◆京丸牡丹《きょうまるぼたん》 ◆波小僧《なみこぞう》 ◆片葉《かたは》の葦《あし》 ◆天狗《てんぐ》の火 ◆能満寺《のうまんじ》のソテツ ◆無間《むけん》の鐘《かね》 ◆柳井戸《やなぎいど》 ◆晴明塚《せいめいづか》 ※七つ以上《いじょう》ある
粕尾七不思議《かすおななふしぎ》	栃木県《とちぎけん》	◆雷《かみなり》によるけがの被害《ひがい》がない ◆思川《おもいがわ》の川筋《かわすじ》が変《か》わらない ◆思川《おもいがわ》の川越《かわご》えをする地点が変《か》わらない ◆川沿《かわぞ》いの草地に生える雑草《ざっそう》の背丈《せたけ》が一尺《いっしゃく》くらいと低《ひく》く、 チチコグサが生えない ◆ノミのたかった猫《ねこ》がいない ◆ウズラがここでは鳴かない ◆クツワムシやスズムシの鳴き声が小さい
諏訪大社七不思議《すわたいしゃななふしぎ》	長野県《ながのけん》	◆御神渡《おみわたり》 ◆元朝《がんちょう》の蛙狩《かわずが》り ◆五穀《ごこく》の筒粥《つつがゆ》 ◆高野《こうや》の耳裂《みみさ》け鹿《じか》 ◆葛井《くずい》の清池《せいち》 ◆御作田《みさくだ》の早稲《わせ》 ◆宝殿《ほうでん》の天滴《てんてき》 ◆穂屋《ほや》の三光《さんこう》 ◆根入杉《ねいりすぎ》 ◆湯口《ゆぐち》の清濁《せいだく》 ◆浮島《うきしま》 ※七つ以上《いじょう》ある
姫島七不思議《ひめしまななふしぎ》	大分県《おおいたけん》	◆浮洲《うきす》 ◆千人堂《せんにんどう》 ◆逆柳《さかさやなぎ》 ◆かねつけ石 ◆浮田《うきた》 ◆阿弥陀牡蠣《あみだがき》 ◆拍子水《ひょうしみず》

21 岐阜《ぎふ》

平和《へいわ》と学問《がくもん》の地と願《ねが》って

データ▼

面積《めんせき》：10,621km^2
県庁所在地《けんちょうしょざいち》：岐阜市《ぎふし》
県《けん》の木：イチイ
県《けん》の花：レンゲソウ
県《けん》の鳥：ライチョウ

GIFU

▼土地 大雪が降《ふ》ることが多い岐阜県《ぎふけん》。伊吹山《いぶきやま》から「伊吹《いぶき》おろし」という冷《つめ》たくかわいた風が吹《ふ》きおろし、北日本《きたにほん》のように気《き》温《おん》が下がる。

▼歴史《れきし》 明治《めいじ》四年に岐阜県《ぎふけん》になった。岐《ぎ》と阜《ふ》の文字《もじ》は「平和《へいわ》で学問《がくもん》の地であれ」という意味《いみ》と思いがふくまれている。

▼伝承《でんしょう》 美濃国《みののくに》の山奥《やまおく》で、お酒《さけ》が流《なが》れる滝《たき》があった。親孝行《おやこうこう》の息子《むすこ》がぐうぜん見つけ、年老《としお》いた父親に持《も》って帰り飲《の》ませたところ、こうおいしいとたいそう喜《よろこ》んだ。この話は都《みやこ》の天皇《てんのう》までとどき、この滝《たき》を「養老《ようろう》の滝《たき》」と名づけたばかりか、なんと元号《げんごう》まで「養老《ようろう》」に改《あらた》めたという。

本当にあった怖《こわ》い話

関《せき》の刃物《はもの》

関市《せきし》は刃物《はもの》が有名《ゆうめい》な街《まち》だ。

この関市《せきし》では「関《せき》の孫六《まごろく》」と呼《よ》ばれた有名《ゆうめい》な刀が打《う》たれていた。孫六《まごろく》とは「孫六兼元《まごろくかねもと》」という刀匠《とうしょう》（注《ちゅう》1）が打《う》った刀だ。

この関市《せきし》に小刀が伝《つた》わっている家がある。体験者《たいけんしゃ》の男性《だんせい》の実家《じっか》だ。

小刀そのものは孫六《まごろく》のような名の有《あ》る名工の手によるものではなく、だれの作《さく》かわからない。

ただそれは、決《けっ》してぬいてはならないという代《しろ》物《もの》である。その家では江戸時代《えどじだい》ごろから代《だい》だい、大事《だいじ》にその約束《やくそく》を守《まも》ってきた。

なぜ、ぬいてはいけないのか。

「ぬくと一族郎党《いちぞくろうとう》（注《ちゅう》2）に不幸《ふこう》がまいこむ」との言い伝《つた》えがあるのだ。

問題《もんだい》の小刀は木の色そのままの白鞘《しらさや》で、時代《じだい》を考えるとおどろくほど汚《よご》れがない。ふくさ（注《ちゅう》3）につつみ桐箱《きりばこ》に入れているからかもしれないがそれにしても不思議《ふしぎ》だ。

この刀は年に四度《ど》ほど取《と》り出して確認《かくにん》することになっている。

なくなっていないか、どこかおかしなことになっていないか、確《たし》かめるためである。ただし、ぬくわけにもいかないので、中で刀身《とうしん》がどうなっているのかはわからない。

ある年の大晦日《おおみそか》、小刀を取《と》り出すことになった。その年では五回目で、めずらしいことだった。なぜ出したのか、理由《りゆう》はおぼえていない。

ちょうど訪《たず》ねてきていた親族《しんぞく》のわかい男性《だんせい》は「問題《もんだい》の小刀をはじめて見る」と興奮《こうふん》していた。箱《はこ》から出し、ふくさを広げる。

注《ちゅう》1▶「刀匠《とうしょう》」…刀を打《う》つ人のこと。刀鍛冶《かたなかじ》。　注《ちゅう》2▶「一族郎党《いちぞくろうとう》」…血《ち》がつながった一家と、その関係者《かんけいしゃ》をさす。　注《ちゅう》3▶「ふくさ」…絹布《けんぷ》を二枚《にまい》合わせたふろしきのように使《つか》う布《ぬの》のこと。

不思議《ふしぎ》を訪《たず》ねて

ハッシー

羽島《はしま》市《し》を流《なが》れる長良川《ながらがわ》に「ハッシー」という謎《なぞ》の生《せい》物《ぶつ》がすがたをあらわしたという。

目撃《もくげき》したのは羽島郡《はしまぐん》と岐《ぎ》阜《ふ》市《し》の学校の先生ふたり。昭和《しょうわ》六十一年六月十日、お昼前に羽島市長良川《はしまながらがわ》でハッシーは目撃《もくげき》された。二メートルほどの大きさで茶色いエイのような形をしており、背《せ》ビレのようなものもあったようだ。

長良川《ながらがわ》などにはトドやアザラシが海から上《のぼ》ってくるので、それと見まちがえたのだろうか。それとも……？

そのとき、彼《かれ》はわきから手を伸《の》ばし、勝手《かって》に刀を手に取《と》った。

まわりの者《もの》がビックリしていると、彼《かれ》は刀を引きぬこうと柄《つか》を引っぱったが、ビクともしなかった。サビていたからか。それとも何かの力が働《はたら》いたのか。男性《だんせい》は笑《わら》っていたが、親族《しんぞく》のみなにひどくしかられた。

だが、彼《かれ》はお正月が明ける前に急死《きゅうし》した。初詣《はつもうで》からもどったとき、突然倒《とつぜんたお》れてしまったのだ。

そのとき、男性《だんせい》がつぶやくのをそこにいた者《もの》は聞いた。

「いやだ」というのを。

何が「いや」なのかまでは、聞き取《と》れなかった。

それ以来《いらい》、「刀をぬこうとした人間は、死《し》ぬ」と新しい約束《やくそく》ごとが加《くわ》わった。

これからずっとあとの時代《じだい》、子孫《しそん》の間で、これも言い伝《つた》えになるだろう。

今もこの家では小刀をぬかない。

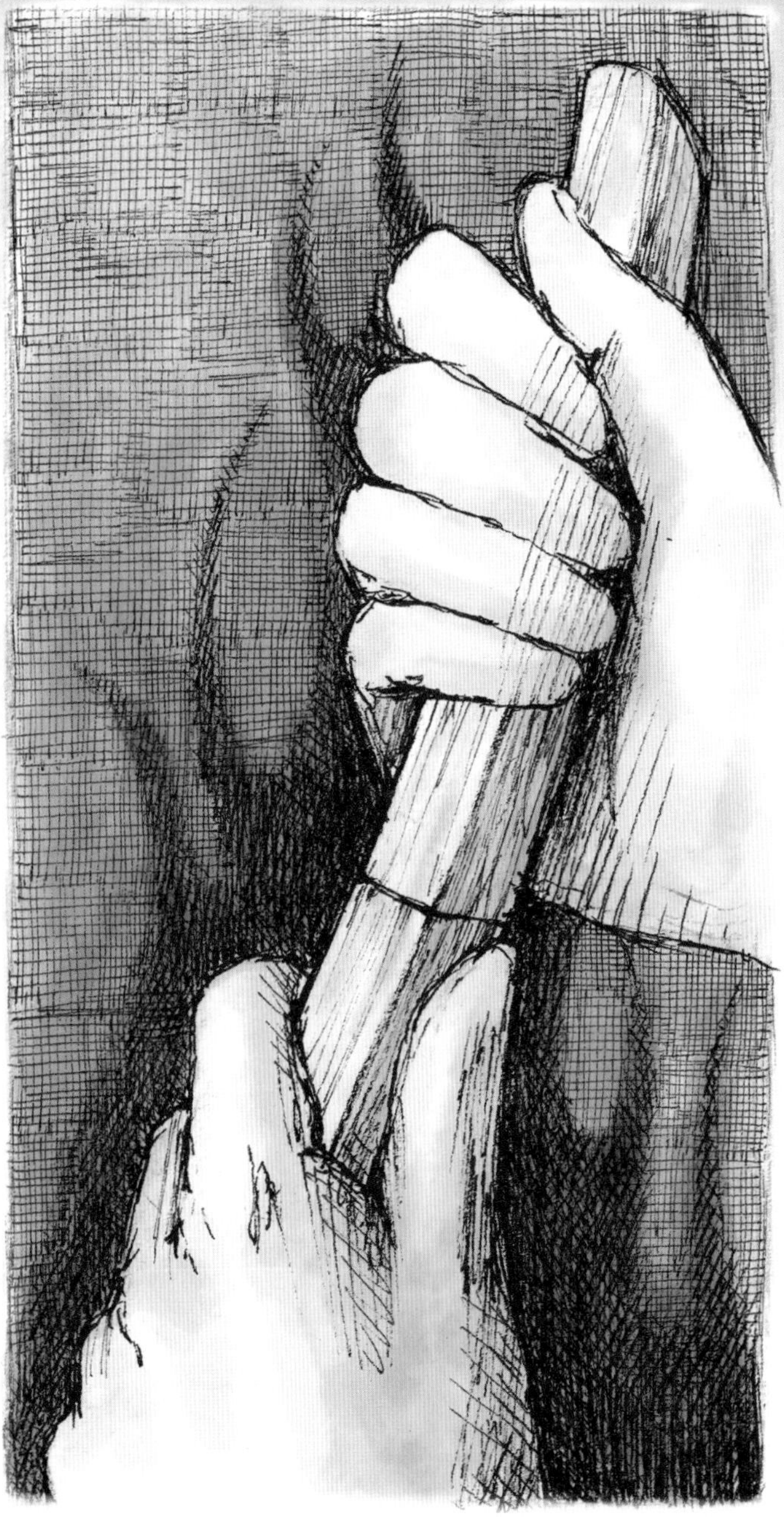

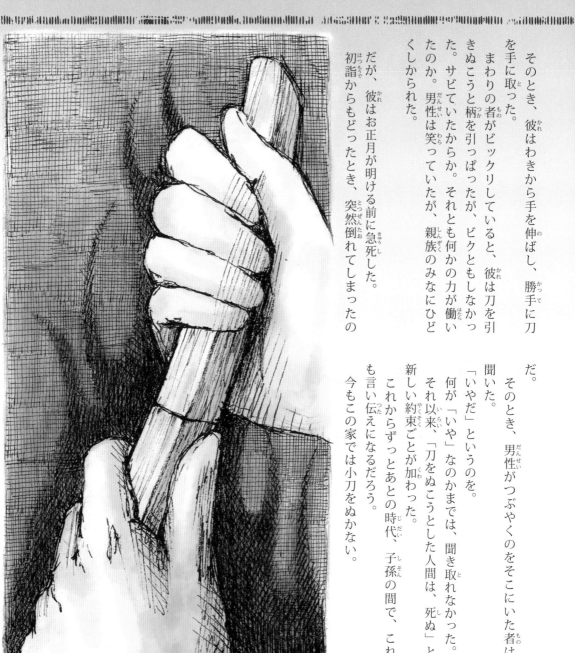

22 静岡《しずおか》

日本一の霊山《れいざん》に見守《みまも》られる

データ▼

面積《めんせき》：7,777km^2
県庁所在地《けんちょうしょざいち》：静岡市《しずおかし》
県《けん》の木：モクセイ（キンモクセイ）
県《けん》の花：ツツジ
県《けん》の鳥：サンコウチョウ

SHIZUOKA

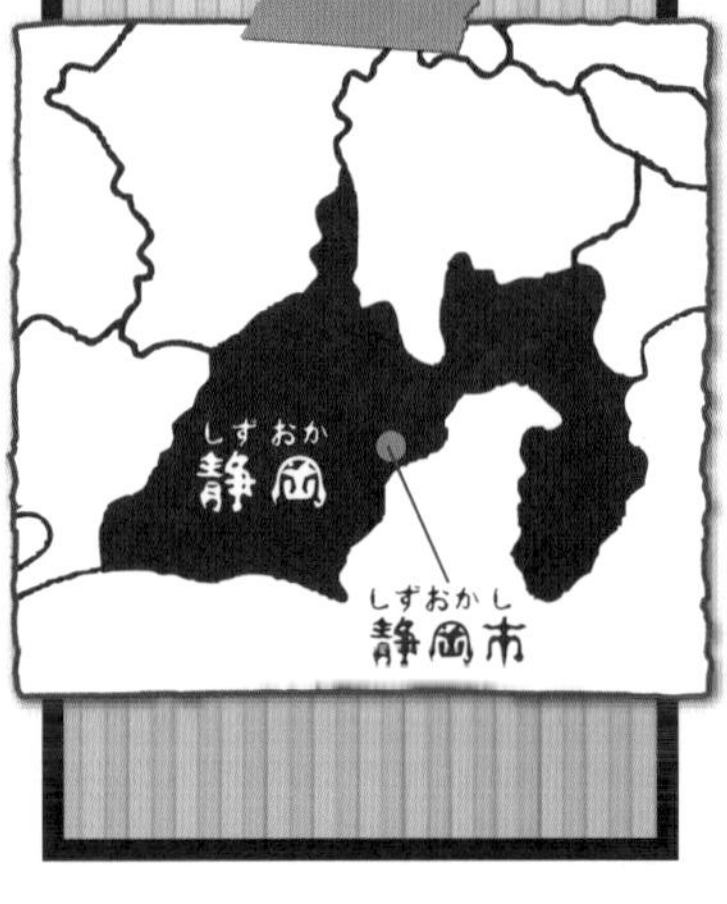

▼土地　地域《ちいき》によって暑《あつ》さと寒《さむ》さの差《さ》が激《はげ》しく、お茶やわさび、海の幸《さち》が有名《ゆうめい》だ。日本《にほん》三大霊峰《れいほう》・富士山《ふじさん》がよく見える。

▼歴史《れきし》　明治《めいじ》八年に今の静岡県《しずおかけん》となった。静岡市《しずおかし》葵区《あおいく》にある駿府城《すんぷじょう》は、安土桃山時代《あづちももやまじだい》の天正《てんしょう》十三年（一五八五年）に徳川家《とくがわいえ》康《やす》が作り始めた。

▼伝承《でんしょう》　静岡県富士市《しずおかけんふじし》に伝《つた》わる「かぐや姫伝承《ひめでんしょう》」は最後《さいご》が少しちがう。ほかでは月に帰る姫《ひめ》だが、富士市《ふじし》では富士山《ふじさん》へ帰っていくという。

本当にあった怖《こわ》い話

富士山《ふじさん》

静岡県《しずおかけん》に住《す》む女性《じょせい》がいる。彼女《かのじょ》の父親は、県外《けんがい》に単身赴任《たんしんふにん》をしていた。

「富士山《ふじさん》が見られなくて、さみしいなぁ」

と父親は電話をかけてきてはよくもらす。父親は本当に富士山《ふじさん》が大好《だいす》きだった。

まだ寒《さむ》い二月のある日、父親の会社から連絡《れんらく》が入った。

「お父様《とうさま》が亡《な》くなっていました」

朝、いつまでも出社しないので、会社から連絡《れんらく》するが電話にも出ない。

単身赴任先《たんしんふにんさき》で借《か》りているアパートへ行くと、リビングに座《すわ》ったまま死《し》んでいるすがたが発見《はっけん》されたのだ。

あわただしく葬儀《そうぎ》を出し、少し落《お》ち着《つ》いてからアパートへ片付《かたづ》けに行った。父親が亡《な》くなった部屋《へや》はそのままになっている。

最後《さいご》まで座《すわ》っていたザブトンと小さなテーブルの正面《しょうめん》にテレビが置《お》かれ、その後ろのかべにカレンダーがはってある。

家族《かぞく》のいないこの部屋《へや》で、父親がどうやってすごしていたか、なんとなく伝《つた》わってきた。

ここに座《すわ》り、テレビを見て、そしてカレンダーに目をやり、家へ帰る日をチェックしていたにちがいない。

（――あれ？）

カレンダーの月が、なぜか四月になっていた。

父親が亡《な》くなったのは、二月だ。

四月のカレンダーに印刷《いんさつ》された写真《しゃしん》は、富士山《ふじさん》を背景《はいけい》にした桜《さくら》の風景《ふうけい》だった。

生前、父親は「死《し》ぬときは富士山《ふじさん》を見ながら死《し》にたいなあ」と言っていた。

不思議《ふしぎ》を訪《たず》ねて

肉人《にくじん》

静岡市葵区《しずおかしあおいく》にある駿府城《すんぷじょう》に「肉人《にくじん》」というあやしいものが出た、という伝承《でんしょう》がある。慶長《けいちょう》十四年（一六〇九年）、駿府城《すんぷじょう》の中庭《なかにわ》に肉のかたまりのようなものがあらわれた。捕《と》らえようとしたが、すばしっこくて捕《つか》まらない。徳川家康《とくがわいえやす》が「外へおい出せ」と命《めい》じ、肉人《にくじん》は山の方へ出されたという。

　この肉人《にくじん》、中国では「封《ほう》」と言い、食べればすごい薬《くすり》となる妖怪《ようかい》である。ただ、肉人《にくじん》がずっと「空を指《ゆび》さしていた」という内容《ないよう》も伝《つた》わっている。

　なぜ、肉人《にくじん》は空を指《ゆび》さしていたのだろうか？

まさか、死《し》ぬ直前に父親はカレンダーをやぶいたのだろうか。いや。最後《さいご》に見たときは確《たし》か二月のままだった。それからだれもこの部屋《へや》には入っていないはずだった。

　それとも何かでこの富士山《ふじさん》を見たから死《し》んだのだろうか。いや、それは考えすぎだ。

　いやな気持《きも》ちと悲《かな》しい気持《きも》ちが半分半分わいてくる。

　そっとカレンダーを外した。

　その近くにあったゴミ箱《ばこ》に、二月と三月分が捨《す》てられている。なんとなく拾《ひろ》って広げてみる。

　三月は何もない。二月にはなぜか赤い丸がつけられた日があった。

　自宅《じたく》へ帰る日でもなければ、だれかの誕生日《たんじょうび》でもない。

　心当たりがあるかと母親に見せれば、少し何かを考える表情《ひょうじょう》を浮《う》かべる。

「あ……これ」

　母親が気付《きづ》いた。

　丸のついた日は、父親が亡《な》くなった日だった。

　今、静岡《しずおか》の自宅《じたく》にある父親の位牌《いはい》の前に富士山《ふじさん》の写真《しゃしん》がかざられている。

　ただ、この写真《しゃしん》が勝手《かって》に倒《たお》れているときがある。

　そんなときは家の中を歩く父親のすがたを見る。生きているときと何も変《か》わらない。ただ表情《ひょうじょう》がないだけだ。

　富士山《ふじさん》が見える縁側《えんがわ》まで歩くと、父親は消《き》える。

　写真《しゃしん》ではなく本物《ほんもの》が見たいのだろう。

「お父さんは、本当に富士山《ふじさん》が好《す》きなんだね」

「うん。本当に」

　残《のこ》された家族《かぞく》は父親のすがたを見るたび、こんな話をするという——。

23 愛知《あいち》

神剣《しんけん》が名前の由来《ゆらい》？

データ▼

面積《めんせき》：5,173km²
県庁所在地《けんちょうしょざいち》：名古屋市《なごやし》
県《けん》の木：ハナノキ
県《けん》の花：カキツバタ
県《けん》の鳥：コノハズク

AICHI

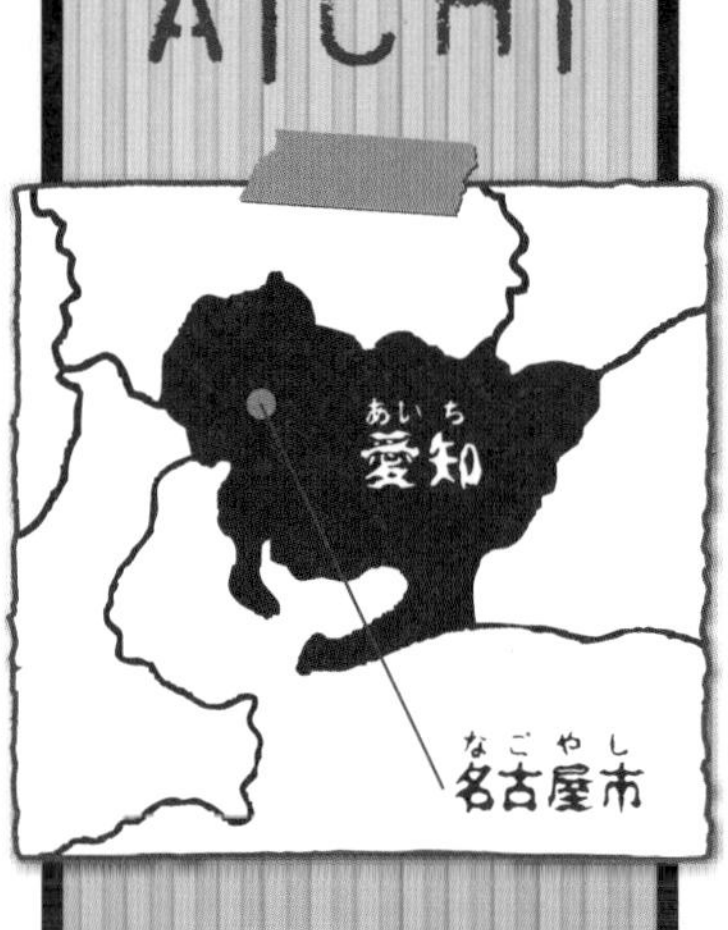

▼土地 人口の多さは東海《とうかい》地方で第《だい》一位《い》、日本全国《にほんぜんこく》だと四十七都道府県《とどうふけん》の中で第《だい》四位《い》だ。

▼歴史《れきし》 愛知県《あいちけん》になったのは明《めい》治《じ》五年のこと。この愛知《あいち》、という名前だが「万葉集《まんようしゅう》」の歌に出てくる「年魚市《あゆち》」からという。ほかに三種《しゅ》の神《じん》器・草薙神剣《くさなぎのみつるぎ》に関係《かんけい》する「吾湯市村《あゆちむら》」伝説《でんせつ》が名前の由来《ゆらい》という説《せつ》もある。

▼伝承《でんしょう》 名古屋市熱田区《なごやしあつたく》にある熱田神宮《あつたじんぐう》には、三種《しゅ》の神器《じんぎ》のひとつ「草薙神剣《くさなぎのみつるぎ》」がまつられているという。この剣《けん》は世界《せかい》最古《こ》の「レガリア（注1）」である。だれも見てはならない神剣《しんけん》だ。

本当にあった怖《こわ》い話

一番怖《こわ》いものは

愛知県《あいちけん》は演劇《えんげき》がさかんな地方のひとつだ。

体験者《たいけんしゃ》の女性《じょせい》が入っている劇団《げきだん》は実在《じつざい》の人物《じんぶつ》をモデルにした芝居《しばい》がメインで、主宰《しゅさい》が脚本《きゃくほん》を書いて演出《えんしゅつ》もしていた。

「あとから考えてみると最初《さいしょ》からおかしかった」

彼女《かのじょ》が話し始《はじ》めたのは、ずっと前の時代《じだい》、昭和《しょうわ》初期《しょき》の有名人《ゆうめいじん》をモデルにした芝居《しばい》での出来事《できごと》だ。

舞台装置《ぶたいそうち》はすべてを真《ま》っ白にして、そこにプロジェクターでさまざまな映像《えいぞう》をうつしたい。主宰《しゅさい》がそう言うので、劇団員全員《げきだんいんぜんいん》で装置《そうち》を白くぬることになった。

同じ色をぬり続《つづ》ける作業《さぎょう》は思っていた以上《いじょう》にきつい。三日かけてぬり終《お》わったときはみんなでバンザイをしたほどである。

最初《さいしょ》におかしなことが起《お》こったのは、装置《そうち》が完《かん》成《せい》したつぎの日だった。

彼女《かのじょ》が一番乗《いちばんの》りで装置《そうち》のある部屋《へや》に入ると、白いかべに真《ま》っ赤《か》な手形がついている。びっくりしてかけよると手形はパラパラとはがれ落《お》ちた。落《お》ちた破片《はへん》をよく見ると、それはまるで血《ち》が固《かた》まった破片《はへん》——かさぶたのようにも見える。

もう一度《いちど》かべを見た。幸《さいわ》い、元通りになっている。ホッとした彼女《かのじょ》はこのことをだれにも言わないことにした。さわぎになったらめんどうだし、ぬり直しがないなら問題《もんだい》はないと思ったからだ。

つぎに起《お》きたのは主人公役《しゅじんこうやく》の俳優《はいゆう》のけがだった。稽古中《けいこちゅう》、立っていた彼《かれ》がくずれるようにたおれて動《うご》けなくなったのである。

あわてて病院《びょういん》に連《つ》れていくと右のアキレス腱《けん》が切れていて、全治《ぜんち》三か月と診断《しんだん》された。本番までにはとても治《なお》らない。

注《ちゅう》1▶「レガリア」…持《も》つものが王だと認《みと》めさせるもののこと。 注《ちゅう》2▶「形代《かたしろ》」…本物《ほんもの》の神剣《しんけん》から同じ魂《たましい》をわけられたもののこと。

不思《ふし》議《ぎ》を訪《たず》ねて

天叢雲剣《あまのむらくものつるぎ》

熱田神宮《あつたじんぐう》にある草薙神剣《くさなぎのみつるぎ》は、天叢雲剣《あまのむらくものつるぎ》が本当の名前だ。

天叢雲剣《あまのむらくものつるぎ》はヤマタノオロチという八つの頭を持《も》つ巨大《きょだい》な蛇《へび》のしっぽを斬《き》ると出て来《き》た剣《けん》であるが、その大蛇《だいじゃ》の頭にはいつも雨雲がかかっていたことから、天《あま》叢雲剣《むらくものつるぎ》と名付《なづ》けられた。

そう言えば、年号《ねんごう》が平成《へいせい》から令和《れいわ》に変《か》わるとき、天《てん》皇陛下《のうへいか》がこの天叢雲剣《あまのむらくものつるぎ》をふくむ三種《しゅ》の神器《じんぎ》を受《う》けつがれた。

皇居《こうきょ》にある天叢雲剣《あまのむらくものつるぎ》は、熱田神宮《あつたじんぐう》にある天叢雲剣《あまのむらくものつるぎ》の「形代《かたしろ》(注《ちゅう》2)」である。

受《う》け継《つ》がれたその日、皇《こう》居《きょ》の空は雲がかかり雨もようだった。もしかしたら、天叢雲剣《あまのむらくものつるぎ》の力なのかもしれない。

それを知った劇団員《げきだんいん》のひとりが「気味《きみ》が悪《わる》い」とつぶやく。なぜなら主人公《しゅじんこう》のモデルになった有《ゆう》名人《めいじん》は、年を取《と》ってから病気《びょうき》で片足《かたあし》が動《うご》かなくなっていた。そう。同じ右足を……。

ところが主宰《しゅさい》は、

「今回のけがを利用《りよう》して書き直せば、もっと良《よ》くなるかもしれない」

とうれしそうに言いだした。

彼女《かのじょ》はそんなにうまくいくかと不安《ふあん》になったが、書き直された脚本《きゃくほん》はさらに良《よ》いものになっている。そして評判《ひょうばん》も上じょうで公演最後《こうえんさいご》の日には立ち見が出るほどの大成功《だいせいこう》となった。

その最後《さいご》の日に、彼女《かのじょ》がはじめてゾッとすることが起《お》きた。

芝居《しばい》は、四人の女が主人公《しゅじんこう》の入っているひつぎを持《も》ち、泣《な》きながら退場《たいじょう》するところで終《お》わる。その四人のうちのひとりが彼女《かのじょ》だった。

四人で重《おも》そうに持《も》ち上げるひつぎには、本当は何も入っていない。ところが持《も》ち上げようとしたひつぎがずっしりと重《おも》い。これまでとはちがう。何か入っているとしか考えられない。

おどろいてほかの三人を見ると、全員《ぜんいん》が同じように重《おも》さを感《かん》じていることがわかる。

だが芝居《しばい》の最中《さいちゅう》だ。運《はこ》ばないわけにはいかない。四人はやっとのことでひつぎを持《も》ち上げて退場《たいじょう》すると、舞台《ぶたい》そででおそるおそるふたを開《あ》けてみた。

しかしひつぎの中は空っぽだった。

「怖《こわ》いとは思ったけど、無事《ぶじ》に終《お》わって良《よ》かったっていう気持《きも》ちの方が大きかったです」

と彼女《かのじょ》は言う。

なぜなら演劇《えんげき》で一番怖《こわ》いのは幽霊《ゆうれい》じゃない。公《こう》演《えん》ができなくなることと演技《えんぎ》が止まってしまうこと。

そんなふうに彼女《かのじょ》は言うが、幽霊《ゆうれい》よりも怖《こわ》い存《そん》在《ざい》があることが怖《おそ》ろしい気がする。

24 三重《みえ》

日本人の心のふるさとがある

データ▼

面積《めんせき》：5,774km²
県庁所在地《けんちょうしょざいち》：津市《つし》
県《けん》の木：ジングウスギ
県《けん》の花：ハナショウブ
県《けん》の鳥：シロチドリ

MIE

▼土地　日本人の心のふるさと「伊勢神宮《いせじんぐう》」が鎮座《ちんざ》している。また、太平洋《たいへいよう》ベルトの中心、中京工業地帯《ちゅうきょうこうぎょうちたい》もある。

▼歴史《れきし》　昔《むかし》、三重県《みえけん》では「壬申《じんしん》の乱《らん》」「長島一向一揆《ながしまいっこういっき》」が起《お》こった。どちらも歴史的《れきしてき》に重要《じゅうよう》な事件《じけん》である。

▼伝承《でんしょう》　伊勢神宮《いせじんぐう》には日本《にほん》の大切な神様《かみさま》「天照大神《あまてらすおおみかみ》」がまつられている。ここへ鎮座《ちんざ》されるまで天照大神《あまてらすおおみかみ》一行はたくさんの国を回った。その長い旅《たび》の末《すえ》、伊勢《いせ》に着《つ》いた天照大神《あまてらすおおみかみ》がここを宮《みや》に決《き》めたという。

本当にあった怖《こわ》い話

悪《わる》いもの

伊勢《いせ》にある「とあるパワースポット」。

毎日、たくさんの人がやって来《き》てはお金を投《な》げておがんでいる。テレビで言っていた。ご利益《りやく》はバツグンだ、と。

……実《じつ》はそんなことはなく、地元ではこれに困《こま》っているらしい。

このパワースポットへ行った若《わか》い男性《だんせい》がいた。

当時、なにも知らなかったのでいろいろなお願《ねが》いをしたという。ただ、その日から体が重《おも》くてしかたがなくなった。

そして、何を食べてもおいしくない。水すらまずくなった。飲《の》むと鉄《てつ》サビのような、生臭《なまぐさ》い味《あじ》がするのだ。

それだけではない。

家に来た友《とも》だちがみな、

「お前の部屋《へや》にいると、いもしない人の声がたくさんする」

と言って、帰るようになった。

また、家のいろいろなところから変《へん》な音が聞こえることが増《ふ》えた。

それに冷蔵庫《れいぞうこ》に入れた食べ物《もの》がよくくさる。買ってきてすぐのものでも傷《いた》んでしまう。

タンスが勝手《かって》に開《あ》いていて、中から銀行《ぎんこう》の通帳《つうちょう》などが飛《と》び出していることもあった。

もちろん自分でやったおぼえはない。

おかしな出来事《できごと》に悩《なや》んでいたある晩《ばん》だった。

用事《ようじ》があるからそっちへ行く、と言っていたはずの友人がいつまで待《ま》っても来《こ》ない。電話をしようとしたら、向《む》こうからかかってきた。

『お前の家にどうやっても着《つ》かない』

彼《かれ》が言うには、知っているはずの道がよくわか

不思議《ふしぎ》を訪《たず》ねて

海の妖怪《ようかい》

三重県《みえけん》の妖怪《ようかい》に「トモカヅキ」「尻《しり》コボシ」というものがある。

トモカヅキは海の中に海女《あま》そっくりなすがたであらわれては、人をだましておぼれさせ、殺《ころ》そうとする。

尻《しり》コボシも、海に入った人の尻《しり》から尻子玉《しりこだま》をぬいてしまう妖怪《ようかい》だ。

海に入るときには気をつけよう。

らなくなった。いくら進《すす》んでも元の場所《ばしょ》へもどってしまう。

さらにどうしたことかとちゅうで出会う人全員《ぜんいん》になれなれしく声をかけられる。それらはみんな知らない人だから、人ちがいですと言えば、向《む》こうは怒《おこ》ったような顔で立ち去《さ》っていく。

『何にしてもおかしい。一度《いちど》あそこのファミレスまで行くから、そこまで来《き》てくれ』

言われた場所《ばしょ》へ行くと、友人が疲《つか》れた顔で座《すわ》っている。

そこで用事《ようじ》をすませ解散《かいさん》になったが、支払《しはら》いのとき友人が声を出した。

「え、なんだこれ」

彼《かれ》の財布《さいふ》の中で一万円札《えんさつ》がたて半分にやぶれている。それもハサミで切ったように。こんなお金は入れたおぼえがないらしい。

真《ま》っ青《さお》な顔の友人がポツリともらした。

「……なんかさぁ、お前の家に行こうとしただけで、これだけ変《へん》なことがある。お前、呪《のろ》われているんじゃねぇの？」

男性《だんせい》は、半年ほど悪《わる》いことが続《つづ》いたという。翌年《よくとし》になり、ある神社《じんじゃ》で厄払《やくばら》いをすると前のようにもどった。

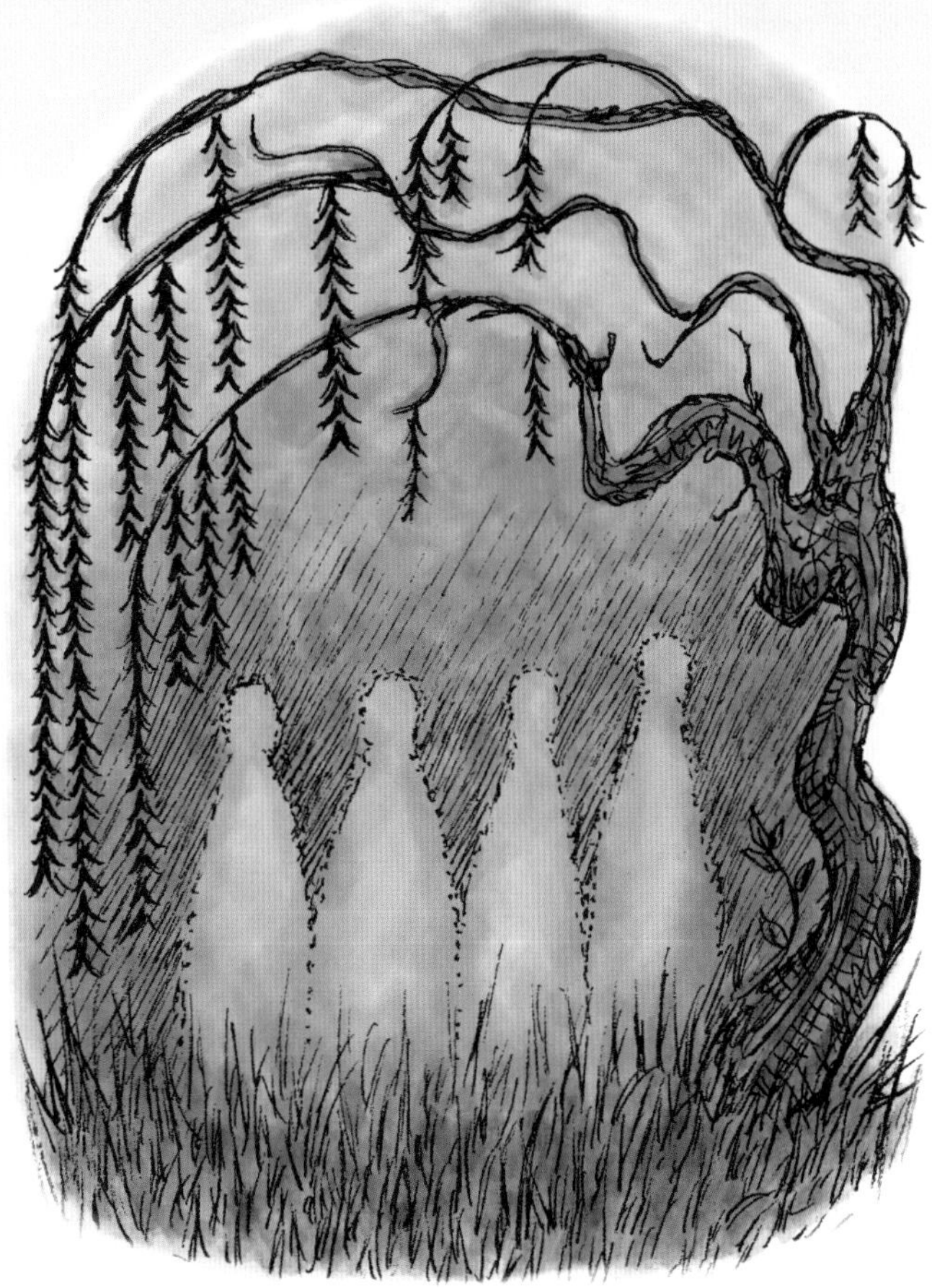

「パワースポットが悪《わる》いんじゃなくて、そこにたまった人間の欲《よく》とか変《へん》なものを拾《ひろ》ってきたからじゃないかなぁ？」

お札《さつ》が破《やぶ》れていた友人がそんなふうに言う。確《たし》かにそうかもしれない。

しかし、それ以来《いらい》、彼《かれ》はパワースポットへ行かないようにした。またあんなことがあれば困《こま》るからだ。

あの「パワースポット」は今もたくさんの人でにぎわっている。

【河童《かっぱ》の軟《なん》こう】

河童《かっぱ》という妖怪《ようかい》を知らない者《もの》はいないだろう。河《かわ》の童《わらべ》……かわっぱが名前の元である

頭に皿《さら》、背中《せなか》に亀《かめ》のようなこうらをもち、体は緑色《みどりいろ》、指《ゆび》の間にはカエルのような水かきがあり、水の中にひそんで、時に馬や人を水中に引きずりこみ尻子玉《しりこだま》を抜《ぬ》く妖怪《ようかい》だ。彼《かれ》らの伝説《でんせつ》は全国各地《ぜんこくかくち》に残《のこ》っており、数は減《へ》ったものの今もなお目撃例《もくげきれい》は後を絶《た》たない。

人に悪《わる》さをして腕《うで》を切られ、「腕《うで》を返《かえ》してくれ」とあらわれ、おわびに薬《くすり》の作りかたを教えたり、川の工事《こうじ》を手伝《てつだ》ってくれたりなど似《に》たような内容《ないよう》の話が伝《つた》えられていることから、異国《いこく》からやってきた渡来人《とらいじん》、水の神様《かみさま》の化身《けしん》、卵《たまご》から産《う》まれることから爬虫類《はちゅうるい》から進化《しんか》した人間ではという説《せつ》もある。

しかし、河童《かっぱ》は作り話や伝説《でんせつ》ではなく、実在《じつざい》すると信《しん》じる人は多い……。

熊本県八代市《くまもとけんやつしろし》には、中国大陸《たいりく》から河童《かっぱ》の大群《たいぐん》がわたってきて悪《わる》さをし加藤清正《かとうきよまさ》に退治《たいじ》された石碑《せきひ》が残《のこ》っている。

東京浅草《あさくさ》では人に助《たす》けられた河童《かっぱ》が、お礼《れい》に川の工事《こうじ》を手伝《てつだ》った記録《きろく》があり、後に河童堂《かっぱどう》が作られ神様《かみさま》とまつられた。なんとここには河童《かっぱ》の手のミイラが残《のこ》されている。

さらに群馬《ぐんま》にある神社《じんじゃ》に伝《つた》わる話では、河童《かっぱ》を助《たす》けたお礼《れい》にヤナギの木の皮《かわ》を原料《げんりょう》とした秘伝薬《ひでんやく》が伝《つた》わっている。ヤナギの木の皮《かわ》からとれる薬《くすり》は、紀元《きげん》前のギリシア・ローマ時代《じだい》から伝《つた》えられ、今も痛《いた》み止めに使《つか》われている成分《せいぶん》アスピリンなのだ。工事《こうじ》をする者《もの》は仕事《しごと》がらけがをすることも多い。だから傷《きず》や痛《いた》みの治療法《ちりょうほう》にくわしくてもおかしくない。

また河童《かっぱ》は冬の間は、海や川から山へと移《うつ》り住《す》み「山童《やまわろ》」と呼《よ》ばれるともいわれている。

今では、土地の開発《かいはつ》もすすみ、河童《かっぱ》が暮《く》らせそうな川はなくなってきたが、器用《きよう》な河童《かっぱ》たちのことだ。彼《かれ》らは今も川から街《まち》に移《うつ》り住《す》み、わたしたちの生活にまぎれているかもしれない。

鹿児島県《かごしまけん》
姶良市《あいらし》
河童《かっぱ》の足あと

河童《かっぱ》は川辺《かわべ》や海の近くにいるが探《さが》しに行くときは、河童《かっぱ》にひきずりこまれないよう気をつけよう。

熊本県天草郡《くまもとけんあまくさぐん》
河童《かっぱ》の手のミイラ

岩手県《いわてけん》
遠野市《とおのし》
「カッパ淵《ふち》」

川のすぐ近くにある護岸工事《ごがんこうじ》で塗《ぬ》られたコンクリートで見つかった。前後が10センチ程度《ていど》と小さいわりに、一歩一歩が大きく、水鳥や猫犬《ねこいぬ》とも人間ともちがう形をしている。新しいもの好《ず》きの河童《かっぱ》が見に来《き》たのだろうか……。

悪《わる》さをしていた河童《かっぱ》をこらしめるため、当時の志岐《しき》八《はち》幡宮《まんぐう》の宮司《ぐうじ》が日本刀《にほんとう》で両腕《りょううで》を切り落《お》とした。片方《かたほう》だけでも返《かえ》してくれと河童《かっぱ》がたのみ、片手《かたて》だけ残《のこ》った。病《やまい》を治《なお》す力があるといわれ、今も人びとの病《やまい》をはらうまつりに使《つか》われている。

遠野駅《とおのえき》から約《やく》6キロ。ここではかっぱ釣《つ》りができるが許可証《きょかしょう》がいるぞ！しかし妖怪《ようかい》は用心深《ようじんぶか》いので実際《じっさい》に会えるかどうかは河童《かっぱ》ときみとの根競《こんくら》べだ……。

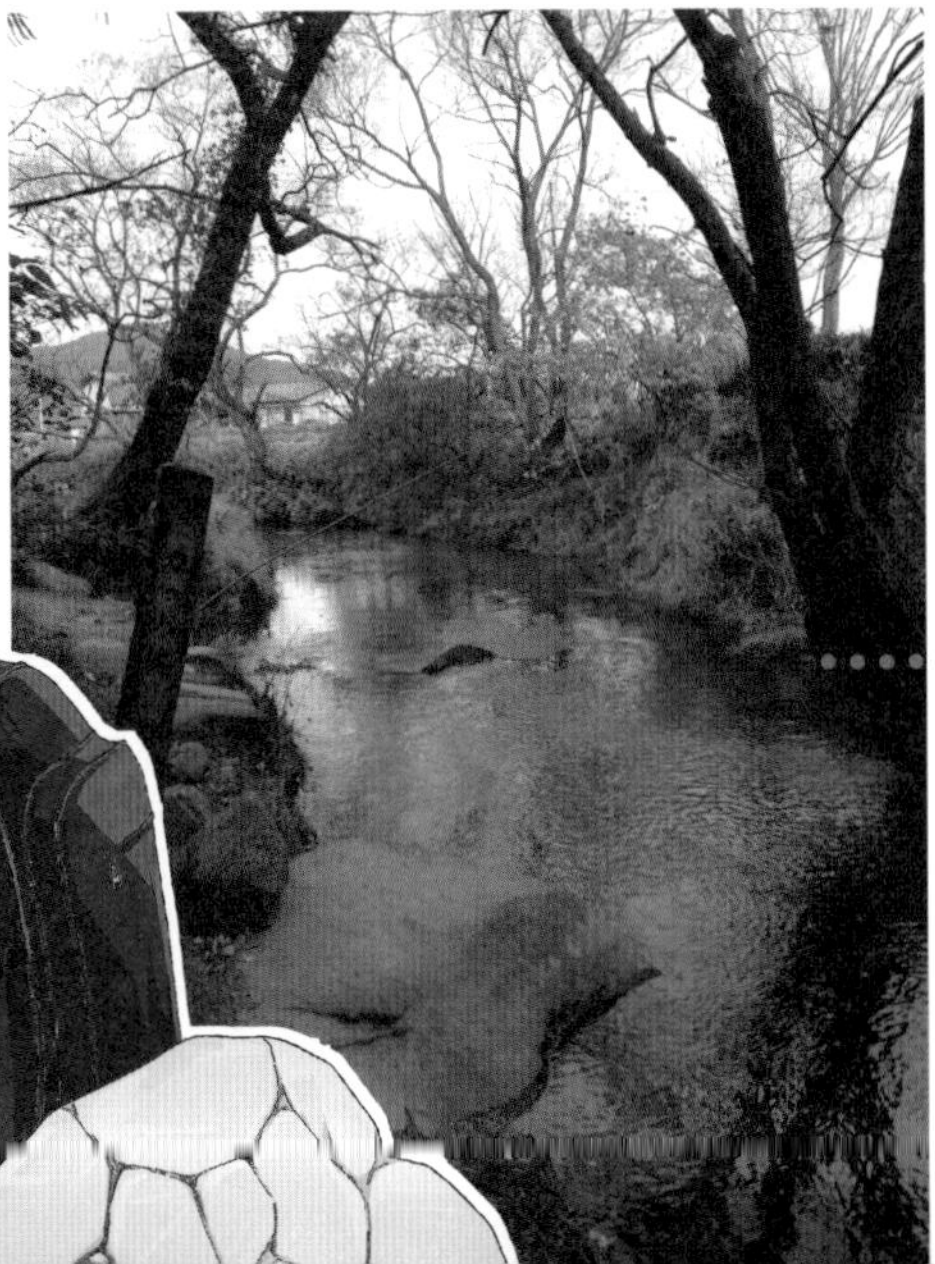

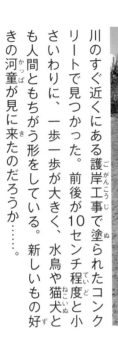

25 滋賀《しが》

謎《なぞ》をたたえる湖《みずうみ》

データ▼

面積《めんせき》：4,017km^2
県庁所在地《けんちょうしょざいち》：大津市《おおつし》
県《けん》の木：モミジ
県《けん》の花：シャクナゲ
県《けん》の鳥：カイツブリ

SHIGA

▼**土地** 日本全国《にほんぜんこく》で十番目に面積《めんせき》がせまい。中央《ちゅうおう》には近江盆地《おうみぼんち》、そして琵《び》琶《わ》湖がある。

▼**歴史** 明治《めいじ》五年に滋賀県《しがけん》となった。最澄《さいちょう》が比叡山《ひえいざん》に延暦寺《えんりゃくじ》を開いたのは延暦《えんりゃく》七年（七八八年）のこと。この延暦寺《えんりゃくじ》は後に織田《おだ》信長《のぶなが》から焼き討《う》ちを受《う》けた。

▼**伝承** 大津市《おおつし》には三十八代天皇《だいてんのう》の天智天皇《てんちてんのう》が六六八年に建《た》てたお寺があった。名を「崇福寺《すうふくじ》」。ここは夢《ゆめ》のおつげで見つけた場所《ばしょ》で、遠い昔《むかし》は仙人《せんにん》が住《す》んでいたという。今も国の史跡《しせき》として残っている。

本当にあった怖《こわ》い話

ある寮《りょう》で

滋賀県《しがけん》のある会社には女子寮《じょしりょう》があった。

琵琶湖《びわこ》から南東に離《はな》れたその寮《りょう》では、ときどきおかしなことが起《お》こっていたという。

女子寮《じょしりょう》なのに、となりの空き部屋《べや》から自分の名を呼《よ》ぶ男の声がする。テレビやラジオ、ゲームなどの声ではない。そして空き部屋《べや》の中にはだれもいなかった。

屋上《おくじょう》は洗濯物《せんたくもの》を干《ほ》せるが、そこに得体《えたい》の知れない何かが座《すわ》っているのを見た人が何人かいる。体育座《たいいくずわ》りをした男のように見えたという人もいた。

そのほか、窓《まど》につっこんできて死《し》ぬ鳥。窓《まど》の外の空中を歩く人。階段《かいだん》の上から名

不思議《ふしぎ》を訪《たず》ねて

シガイの森？

近江八幡市《おうみはちまんし》にある「新開《しんかい》の森」はシガイの森とも言われている。元処刑場《しょけいじょう》のたりの森で、今も恐《おそ》ろしい場《ば》所《しょ》だという。森の中には入れば女の声が聞こえたり、生首が飛《と》んでいたり…。

ところが調《しら》べてみると森の中にあるのは「今宮大明《いまみやだいみょう》神《じん》　天満宮《てんまんぐう》　御《お》旅《たび》所《しょ》」の石《せき》碑《ひ》だ。御《お》旅《たび》所《しょ》というのは「神様《かみさま》のお宿《やど》」であるから、この新開《しんかい》の森は神様《かみさま》の旅館《りょかん》だったのだろう。

怖《こわ》いと言われている場所《ばしょ》も、調《しら》べてみると本当のことがわかるのだ。

前を呼《よ》ばれたので、顔を上げると知らない人が顔と手だけを出して、てのひらをふっている。声をかけると、さっと身《み》をかくすので追《お》いかけてみたがだれもいない……など、いろいろな出来事《できごと》があった。

おはらいを会社にたのんでも、

「かんちがいや見まちがいだろう。そんな必要《ひつよう》はない」

と断《ことわ》られる。

どうしようもなかった。

体験者《たいけんしゃ》が住《す》みだして一年が過《す》ぎたころ、寮《りょう》がとつぜん建《た》てかえとなった。

ふつうなら準備《じゅんび》のためもっと早く連絡《れんらく》が来るはずだが、それもなかったのでみんな困《こま》りはててしまう。

寮《りょう》に住《す》む人は完成《かんせい》までいろいろなアパートに散《ち》らばることになった。

新しい寮《りょう》が完成《かんせい》してもどってみると、すごくきれいになっている。

そして、前のようなおかしなことは一度《いちど》も起《お》こらなくなった。

——が、実《じつ》は以前《いぜん》住《す》んでいたひとりがもどってこない。

自分で借《か》りたアパートから会社にやって来る。理由《りゆう》をきくと、寮《りょう》はあまり好《す》きじゃないと答えた。

そして、ある日、その社員《しゃいん》は急《きゅう》に会社をやめた。

家の事情《じじょう》らしい。

送別会《そうべつかい》もしないまま、その人はいなくなった。

この話を聞かせてくれた人が教えてくれた。

「その人、建《た》てかえで寮《りょう》を出るとき、言っていたんです。『わたし、この寮《りょう》にはもどってこないだろうな』って」

冗談《じょうだん》だと思っていたが、本当だった。

しかし、「もどってこない」と言っていた彼女《かのじょ》は、こんなことも話していた。

「寮《りょう》を出たあとに住《す》んだアパートでは、毎晩幽霊《まいばんゆうれい》が出るの」

くわしい話はあまり聞かなかった。あまり真剣《しんけん》な顔ではなかったから、ジョークだと思っていたのだ。おはらいしたらいいんじゃない？　とアドバイスするくらいだった。

しかし、こんなウワサが起《お》きた。

「あの子、前の寮《りょう》のおかしなものを、ひとりで持《も》って行ったんじゃない？　だから、新しい寮《りょう》ではおかしなことがないし、あの子のアパートに出るんだよ」

会社で仲《なか》がよかった何人かが、その人がやめた翌年《よくとし》に、実家《じっか》あての年賀状《ねんがじょう》を送《おく》った。

二月くらいに、なぜか本人ではなく母親からていねいな文字《もじ》で返信《へんしん》がとどいたという。

その中に、こんな文章《ぶんしょう》が書かれていた。

『娘《むすめ》は去年《きょねん》亡《な》くなりました』

26 京都《きょうと》

不《ふ》思《し》議《ぎ》と魔《ま》の都《みやこ》

データ▼

面積《めんせき》：4,612km²
府庁所在地《ふちょうしょざいち》：京都市《ぎょうとし》
府《ふ》の木：キタヤマスギ
府《ふ》の花：シダレザクラ、サガギク、ナデシコ
府《ふ》の鳥：オオミズナギドリ

KYOTO

▼土地　北は福知山《ふくちやま》盆地《ぼんち》、中央《ちゅうおう》に亀岡盆地《かめおかぼんち》、南に京都盆地《きょうとぼんち》と三つの盆地《ぼんち》がある。府《ふ》の面積《めんせき》の七十五パーセントが山などでしめられている。

▼歴史《れきし》　延暦《えんりゃく》三年（七八四年）に長岡京《ながおかきょう》、延暦《えんりゃく》十三年（七九四年）に平安京《へいあんきょう》という、日本《にほん》の首都《しゅと》（注《ちゅう》1）が置《お》かれていた。明治《めいじ》九年に今の京都府《きょうとふ》になった。

▼伝説《でんせつ》　京都市北区上賀茂《きょうとしきたくかみがも》の深泥池《みどろがいけ》近くに「深泥池貴船神社《みどろがいけきふねじんじゃ》」がある。昔《むかし》、この深泥池《みどろがいけ》の穴《あな》から鬼《おに》が出て来《き》て人を食べた。困《こま》った村人たちは豆《まめ》で鬼《おに》をはらい、穴《あな》をふさいで塚《つか》を作った。これが京都府《きょうとふ》の節分《せつぶん》・豆《まめ》まきの発祥《はっしょう》だという。

本当にあった怖《こわ》い話

「女の幽霊《ゆうれい》が」

京都府《きょうとふ》は不思議《ふしぎ》が多いと言われている。

だからなのか、こんな話もある。

「つぶれたビルに入ってビデオ撮影《さつえい》したら、女の幽霊《ゆうれい》がハッキリ映《うつ》った」

映《うつ》した人たちは、それからずっと不運《ふうん》になやまされているという。

わたしはある人物《じんぶつ》たち六人とここへ出かけた。調査《ちょうさ》の仕事《しごと》だ。

ビルに入ってみるとひどく寒《さむ》い。

風が前後左右からふきつける。どこから入ってきているのか。まるで先に行かせないような、通せんぼされているような感覚《かんかく》におそわれる。

しかし立ち止まるわけにはいかない。先へ進《すす》んだ。

わたしたちのまわりに臭《くさ》い空気がまとわりつく。通路《つうろ》の先を見れば、白いモヤのかたまりがスーッと通り抜《ぬ》けていった。

ひとりが苦《くる》しそうな声を上げる。

「ここにいると、頭が痛《いた》くないか？」

確《たし》かにさっきから痛《いた》い。寒《さむ》さも風ももっとひどくなる。

なんとか調《しら》べ終《お》わり、入り口へ戻《もど》った。

そこでいっしょにいたタレントの女性《じょせい》が口を開《ひら》いた。

「体が冷《つめ》たい。右半分だけ」

確《たし》かめてとたのまれ、何か所《しょ》かふれると確《たし》かに右だけが氷《こおり》のように冷《ひ》えきっている。

「こんなのはじめて！　いやだ！　これまで変《へん》なこと体験《たいけん》したことなかったのに！」

顔がひきつっている。

こういうときには気になるところをたたくと良《よ》いと聞く。わたしは彼女《かのじょ》を軽《かる》くたたいた。

注《ちゅう》1▶「首都《しゅと》」…国の中心になる都市《とし》のこと。

「あ！　すごい！　温《あたた》かくなってきた」

体温《たいおん》はすぐに元へもどった。車に乗《の》ろうとしたとき、彼女《かのじょ》はこんなことを話し始《はじ》める。

「……あのね。入るとき、あなたのすぐ後ろを女の人が通りすぎて、ビルの方へ行ったの。気づいていた？」

知らない。そんなに近くを通ったのなら気づかないわけがない。しかしまったく何も感《かん》じなかった。それにほかの人たちも見ていない。そもそもわたしたちが入ったときには、ほかにはだれもいなかった。

「見たの、わたしだけ!?」

こわばった顔の彼女《かのじょ》に、どんな人が通ったのかたずねた。本当にふつうの若《わか》い女の人だった、らしい。

彼女《かのじょ》はもう一度《いちど》わたしに確認《かくにん》した。

「ここ、出入りはこの道だけだよね？　一本道」

そうだ。ほかの道はない。では、その女性《じょせい》はどこへいったのだろう。一本道なら行き帰りのどこかで絶対《ぜったい》に顔を合わせるはずだ。

「このビルって、女性《じょせい》が映《うつ》るんだったよね……？　まさか、その……？」

彼女《かのじょ》はビルをふりかえることなく、車に乗《の》った。もうここにはいたくなさそうだった。

調査《ちょうさ》の日に撮影《さつえい》されたビデオには、おかしなものが映《うつ》っていた。

割《わ》れてガラスがなくなった窓《まど》に、知らない人の顔があった。

多分、今もそのビルはある。どうなっているのだろうか。

不思議《ふしぎ》を訪《たず》ねて

ワープ

ある人が言う。

「京都《きょうと》を観光《かんこう》のとちゅうで道に迷《まよ》ってしまい、気づいたらとんでもなく遠い場所《ばしょ》へ出ていた。時計を見ると迷《まよ》いだしてから一時間が過《す》ぎたくらい。しかしそこはふつうに歩くと、二時間ほどかかるところだった」

出発点《しゅっぱつてん》は伏見稲荷大社《ふしみいなりたいしゃ》。たどりついた先は上賀茂神社《かみがもじんじゃ》。歩けば確《たし》かに二時間はかかる。上賀茂神社《かみがもじんじゃ》は、その人が絶対《ぜったい》に行こうと思っていた神社《じんじゃ》だった。

「どんなところを通ったかあまりおぼえていない。まるでワープしたみたい」

上賀茂神社《かみがもじんじゃ》の摂社《せっしゃ》（注《ちゅう》2）は八咫烏《やたがらす》をまつっている。八咫烏《やたがらす》のご利益《りやく》に「良い方向《ほうこう》へ人をみちびく。無事《ぶじ》に目的地《もくてきち》につく」がある。

八咫烏《やたがらす》の力のおかげだったのだろうか。

関《かん》西《さい》

注《ちゅう》2▶「摂社《せっしゃ》」…本社の神様《かみさま》と関係《かんけい》の深《ふか》い神様《かみさま》をまつった神社《じんじゃ》のこと。

神《かみ》か妖怪《ようかい》か、不思議《ふしぎ》な天狗《てんぐ》

天狗《てんぐ》は、想像《そうぞう》上の妖怪《ようかい》だ。天狗《てんぐ》と言われればだいたい、長い鼻《はな》、赤い顔を思いうかべる。そしてもっとくわしく思い起《お》こすと、修験者《しゅげんじゃ》のかっこうをしていて、背中《せなか》にはつばさ。そしてヤツデのうちわを持《も》ち、一本歯《いっぽんば》げたをはいているすがたが浮《う》かぶのではないだろうか。

天狗《てんぐ》には種類《しゅるい》がある。

鼻《はな》の長い「高鼻天狗《たかはなてんぐ》」、くちばしを持《も》っている「烏天狗《からすてんぐ》」、大きな鳥のようなすがたをしている「木の葉天狗《はてんぐ》」などだ。このほかにも、女性《じょせい》のすがたをした「女天狗《てんぐ》」もいる。

では、天狗《てんぐ》はいったい何をするのだろうか。

天狗《てんぐ》のうちわは、火をおこして山火事《やまかじ》にしたり、大嵐《あらし》を呼《よ》ぶことができるという。

神奈川県《かながわけん》では、夜中に大木をきるような不思議《ふしぎ》な音がすると「天狗倒《てんぐだお》し」と言ったり、風もないのに山小屋《やまごや》がゆさぶられるようなことがあると、天狗《てんぐ》のしわざとした。

群馬県《ぐんまけん》では、山中でどこからともなく笑《わら》い声が聞こえてくると、それは「天狗笑《てんぐわら》い」だといい、笑《わら》い返《かえ》すと、さらに大きな笑《わら》い声になって返《かえ》ってくる。

また、山道で突然《とつぜん》、山鳴りがして石が飛《と》んでくることを「天狗《てんぐ》つぶて」という。

天狗《てんぐ》は祭《まつ》りが好《す》きだったりもする。

静岡県《しずおかけん》では、だれもいないはずの山の中からお囃子《はやし》が聞こえてくる不思議《ふしぎ》な現象《げんしょう》を「天狗囃子《てんぐばやし》」と言い、佐渡島《さどがしま》では「山神楽《やまかぐら》」と言って天狗《てんぐ》のしわざとしたりもする。

こういったように、山で起《お》こる不思議《ふしぎ》なことは、だいたいが天狗《てんぐ》のしわざということになっているのだ。

山で起《お》こる不思議《ふしぎ》な出来事《できごと》以外《いがい》では、空を飛《と》んだり、人の心を操《あやつ》る神通力《じんずうりき》を持《も》っているなどとも言われている。

天狗《てんぐ》は、修験者《しゅげんじゃ》のかっこうをしているだけあって、山岳信仰《さんがくしんこう》と深《ふか》くかかわりがある。

大天狗《だいてんぐ》には名前がついていて、中でも特《とく》に強い者《もの》を八大天狗《だいてんぐ》という。

- **愛宕山太郎坊《アタゴヤマタロウボウ》 京都府《きょうとふ》（愛宕山《あたごやま》）**
- **鞍馬山僧正坊《クラマヤマソウジョウボウ》 京都府《きょうとふ》（鞍馬山《くらまやま》）**
- **比良山治朗坊《ヒラサンジロウボウ》 滋賀県《しがけん》（比良山《ひらさん》）**
- **飯綱三郎《イヅナサブロウ》 長野県《ながのけん》（飯綱山《いいづなやま》）**
- **相模大山伯耆坊《サガミダイセンホウキボウ》 神奈川県《かながわけん》（相模大山《さがみおおやま》）**
- **彦山豊前坊《ヒコサンブゼンボウ》 福岡県《ふくおかけん》（英彦山《ひこさん》）**
- **大峰前鬼坊《オオミネゼンキボウ》 奈良県《ならけん》（大峰山《おおみねさん》）**
- **白峰相模坊《シラミネサガミボウ》 香川県《かがわけん》（五色台白峰《ごしきだいしらみね》）**

鞍馬山《くらまやま》の鞍馬天狗《くらまてんぐ》（僧正坊《そうじょうぼう》）は特《とく》に有名《ゆうめい》で、牛若丸《うしわかまる》（のちの源義経《みなもとよしつね》）に剣《けん》の稽古《けいこ》をつけた天狗《てんぐ》として有名《ゆうめい》だ。また、大佛次郎《おさらぎじろう》の小説《しょうせつ》『鞍馬天狗《くらまてんぐ》』は、鞍馬天狗《くらまてんぐ》を名乗《なの》る勤王《きんのう》の志士《しし》の活躍《かつやく》を描《えが》き、映画《えいが》にもなった大ヒット作である。

ここでは紹介《しょうかい》しきれないが「四十八天狗《てんぐ》」もいるので、興味《きょうみ》があれば、自分で調《しら》べてみるのも楽しいだろう。

また日本《にほん》の神話《しんわ》には天より降《お》りてきた神様《かみさま》を出むかえ、案内《あんない》した地上の神様《かみさま》「猿田彦《さるたひこ》」がいる。古事記《こじき》に、背《せ》が高くて、鼻《はな》が長いという描写《びょうしゃ》があることから、天狗《てんぐ》と同じ存在《そんざい》とされることもある。神楽《かぐら》などの祭礼《さいれい》では、猿田彦《さるたひこ》は赤い天狗《てんぐ》の面《めん》で表現《ひょうげん》される。

27 大阪《おおさか》

神《かみ》が船に乗《の》っておりてきた

データ▼

面積《めんせき》：1,905km^2

府庁所在地《ふちょうしょざいち》：大阪市《おおさかし》

府《ふ》の木：イチョウ

府《ふ》の花：ウメ、
サクラソウ

府《ふ》の鳥：モズ

OSAKA

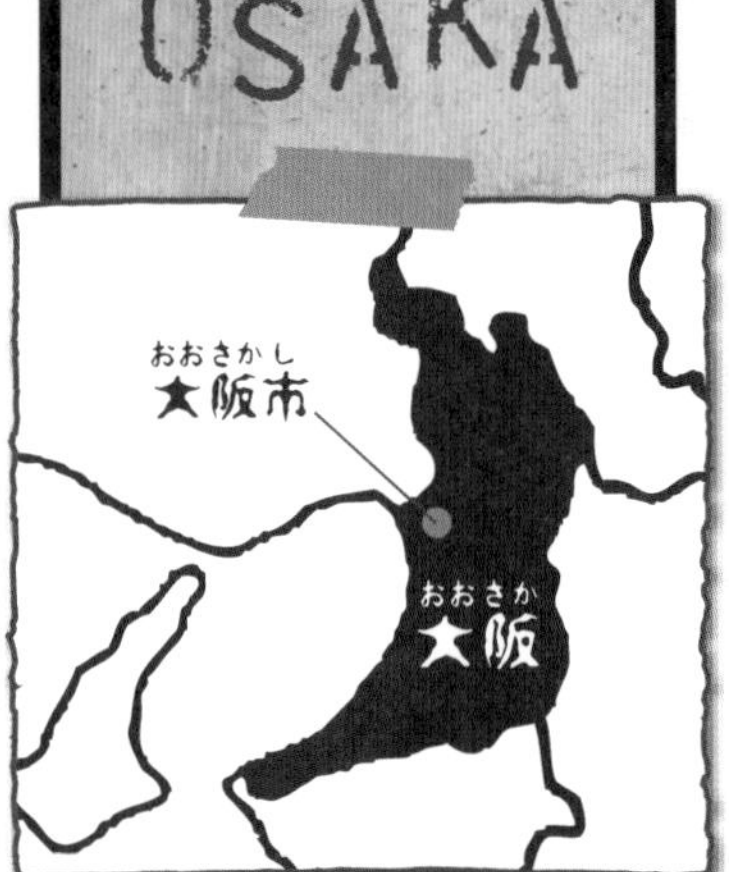

▼土地 日本《にほん》の第《だい》二の都市《とし》とも言われている。人口の多さで日《に》本第《ほんだい》二位《い》である。

▼歴史《れきし》 今の大阪府《おおさかふ》になったのは明治《めいじ》二十年のこと。天正《てんしょう》十八年（一五九〇年）豊臣秀吉《とよとみひでよし》が天下を統一《とういつ》、大坂《おおさか》を本拠地《ほんきょち》と定《さだ》めた。そして大坂城《おおさかじょう》を建《た》て、日本《にほん》の中心地とした。

▼伝承《でんしょう》 交野市《かたのし》にある「磐船神《いわふねじん》社《じゃ》」の拝殿奥《はいでんおく》には、巨大《きょだい》な岩「イワクラ」がある。十二メートルもある船の形をした岩だが、はるか遠い昔《むかし》、ニギハヤヒという神様《かみさま》が天から乗《の》って降《お》りてきた岩の船であるという。

本当にあった怖《こわ》い話

窓《まど》をたたくもの

わたしが出張《しゅっちょう》で大阪《おおさか》千日前のホテルに泊《と》まったときのことだ。

夜、あかりを消《け》して寝《ね》ようと思ったらバシバシとうるさい。破裂《はれつ》したような音がする。せまいビジネスホテルだが、電気ポットとドライヤーが備《そな》えつけてあった。もしも電化製品《でんかせいひん》に何かの不具合《ふぐあい》が起《お》きていて発火《はっか》、火事《かじ》なんてことになったら大《たい》変《へん》だ。

せっかくベッドに入ったのに、めんどうくさいなぁと思いつつ、いったん起《お》きてあかりをつけた。ところが電気ポットもドライヤーも、コンセントが抜《ぬ》いてある。これならだいじょうぶとひと安心《あんしん》。でも、まだバシバシという音は聞こえてくる。

いったい何の音なのか。

部屋《へや》を見回してみた。おかしなことがあるのならすぐにみつかるはず。せまい部屋《へや》にあるものは、さっきまでもぐりこんでいたベッド。ユニットバスに通じるドアと、外の廊下《ろうか》に通じるドア。ベッドにもドアにも変《か》わったところはない。

そして、カーテンのかかった窓《まど》。

……もしかして、これか？

わたしは窓《まど》にそっと近づいて、いきおいよくカーテンを開《あ》けた。

バッ！

窓《まど》の外を見ると、そこにはひらりとシーツがたれ下がっていた。

なんじゃこりゃ？　と思ったが、どうもさっきからバシバシ音を立てているのは、外にたれ下がっているこのシーツが窓《まど》に当たっている音のようだった。これなら「漏電《ろうでん》して発火《はっか》」のように困《こま》ったことはおきないだろう。わたしは安心《あんしん》して眠《ねむ》りについた。

不思《ふし》議《ぎ》を訪《たず》ねて

日本最大《にほんさいだい》の古墳《こふん》

堺市堺区大仙町《さかいしさかいくだいせんちょう》には日《に》本最大《ほんさいだい》の古墳《こふん》があり、これを「大仙陵古墳《だいせんりょうこふん》」と呼《よ》ぶ。

世界遺産登録《せかいいさんとうろく》となった古《こ》墳群《ふんぐん》（注《ちゅう》）のひとつで、仁徳《にんとく》天皇《てんのう》（オホサザキノミコト）のお墓《はか》である、と昔《むかし》は言われていた。だが、今は所在《しょざい》地《ち》名で呼《よ》ぶことになり、大《だい》仙陵古墳《せんりょうこふん》となった。

西暦《せいれき》四〇〇年代《ねんだい》につくられたこの大仙陵古墳《だいせんりょうこふん》、地上から見ると山や森にしか見えないほど大きい。はるかな昔《むかし》、このような巨大《きょだい》な古《こ》墳《ふん》をつくった人たちのすごさにおどろく。

ところが翌朝《よくあさ》。

チェックアウトをしようとしたら、お財布《さいふ》につけていた八方除《はっぽうよ》けのお守《まも》りが、バキバキに割《わ》れていた。これは、旅行《りょこう》の際《さい》の不吉《ふきつ》をはらうお守《まも》りだ。

よくよく考えてみたら、わたしが泊《と》まったのはビジネスホテルの九階《かい》。そんなところでシーツを干《ほ》す人はいない。また上から降《お》りてくる人間もそういないだろう。

そもそも、あんなヒラヒラしたシーツで、バシバシと破裂《はれつ》したような音が立つものだろうか。考えてみればおかしなことだらけだ。

もしかして、あれは妖怪一反木綿《ようかいいったんもめん》？　そして、八方除《はっぽうよ》けのお守《まも》りは、役目《やくめ》をはたしてくだけ散《ち》った？

モヤモヤした気持《きも》ちを引きずりつつ、仕事《しごと》先の地元の人に、昨晩《さくばん》、千日前のビジネスホテルに泊《と》まったという話をすると、何もなかったかと心配《しんぱい》されてしまった。

実《じつ》は、千日前は有名《ゆうめい》な心霊《しんれい》スポット。昭和《しょうわ》四十七年に死者《ししゃ》百十八名・重軽傷者《じゅうけいしょうしゃ》八十一名を出す、日本《にほん》のビル火災史上最悪《かさいしじょうさいあく》のデパート火災《かさい》があった場《ば》所《しょ》なのだ。

このあたりを走っているタクシーは、人と幽霊《ゆうれい》の区別《くべつ》がつかないから絶対《ぜったい》止まらない。

防犯《ぼうはん》用の監視《かんし》カメラには、だれもいないはずなのに、毎晩《まいばん》じょじょに近づいてくる黒い人影《ひとかげ》が映《うつ》っていたため、その人影《ひとかげ》がカメラのこちら側《がわ》まで近づく前に監視《かんし》カメラの撮影《さつえい》をやめてしまった店がある。

また、別《べつ》の店では、閉店《へいてん》してだれもいないことを確認《かくにん》してシャッターを下ろしたはずなのに、内《うち》側《がわ》からシャッターをガンガンたたく音がする。

また、深夜《しんや》に女の声で「火災発生《かさいはっせい》……火災発生《かさいはっせい》……」という館内放送《かんないほうそう》が流《なが》れるが、放送室《ほうそうしつ》にはだれもいないという話もある。この放送《ほうそう》が流《なが》れるのは、決《き》まって千日デパート火災《かさい》が起《お》きた時間なのだ。

わたしが見たシーツが何なのかはわからないが、やはり、なにかしらの怪奇現象《かいきげんしょう》だったことはまちがいない。

注《ちゅう》▶「古墳群《こふんぐん》」…たくさん古墳《こふん》が集《あつ》まっているところのこと。

白い布《ぬの》が宙《ちゅう》を舞《ま》うだけではない!? 妖怪《ようかい》・一反木綿《いったんもめん》

一反木綿《いったんもめん》は、日本《にほん》の中でも有名《ゆうめい》な妖怪《ようかい》である。

一反《いったん》というのは布《ぬの》の長さを表《あらわ》すときの単位《たんい》で、幅《はば》約《やく》三一八センチメートル、長さ約《やく》十二メートル。夕暮《ゆうぐ》れどき、一反《いったん》ほどの長さがある木綿《もめん》のようなものが飛《と》んできて、人に巻《ま》きついて窒息死《ちっそくし》させるという。

全国《ぜんこく》で目撃例《もくげきれい》があるが、鹿児島県肝属郡《かごしまけんきもつきぐん》には一反木綿《いったんもめん》がよく出る神社《じんじゃ》がある。

子どもたちがその前を通るときは、最後《さいご》に通る子を上空から一反木綿《いったんもめん》が襲《おそ》うという言い伝《つた》えがある。

一反木綿《いったんもめん》の出現時《しゅつげんじ》は夕暮《ゆうぐ》れどきとされるため、怖《こわ》い妖怪《ようかい》の話をして、おそくまで遊《あそ》んでいてはあぶないと、いましめるためという見方もある。また、この伝承地《でんしょうち》では土葬《どそう》の際《さい》に木綿《もめん》の旗《はた》を立ててとむらう風習《ふうしゅう》があり、これが木綿《もめん》の妖怪《ようかい》という伝承《でんしょう》につながったものではないかとも言われている。

あるテレビ番組の実験《じっけん》で、闇《やみ》の中に五十センチメートルほどの布《ぬの》をしかけて動《うご》かして、それを見た人がこの布《ぬの》をどのくらいの長さに感《かん》じたのかを調《しら》べたところ、平均《へいきん》二・九メートル、最長《さいちょう》で六メートルという結果《けっか》が得《え》られた。暗《くら》やみの中では、実際《じっさい》よりも大きく見えるものだということがこの実験《じっけん》でよくわかる。

暗《くら》い中で白い物《もの》など明るい物《もの》が動《うご》くと、目の錯覚《さっかく》により、動《うご》きに沿《そ》って残像《ざんぞう》が見える。そのため、この番組では夜間の森を飛《と》ぶムササビがこの錯覚《さっかく》により本来よりも長いすがたに見え、一反木綿《いったんもめん》と見まちがえられたのではないかと推《すい》測《そく》されていた。

また、一反木綿《いったんもめん》とよく似《に》た妖怪《ようかい》に、衾《ふすま》と布団《ふとん》かぶせがいる。

衾《ふすま》は、江戸時代《えどじだい》、新潟県《にいがたけん》の佐渡島《さどがしま》に出没《しゅつぼつ》したと言われる妖怪《ようかい》で、大きなふろしきのような形をしていると言われている。夜道にどこからともなく飛《と》んできて、頭にかぶさるように人を襲《おそ》う。やっつけようにも、どんな刃《は》でも切れない。だが、なぜか一度《いちど》でもお歯黒《はぐろ》をしたことのある歯《は》でならかみ切れる。お歯黒《はぐろ》というのは、明治時代《めいじじだい》より前、日本《にほん》などであった、既婚女性《きこんじょせい》が歯《は》を黒く塗《ぬ》るという化粧法《けしょうほう》だ。佐渡《さど》島《しま》では妖怪衾《ようかいふすま》を恐《おそ》れるあまりなのか、ほかの地域《ちいき》では既婚《きこん》女性《じょせい》しかしないお歯黒《はぐろ》を、男性《だんせい》もしていたと言われている。

布団《ふとん》かぶせは、愛知県佐久島《あいちけんさくじま》の妖怪《ようかい》だが、伝承《でんしょう》が少なくてよくわかっていない。「フワッときて、スッとかぶせて窒《ちっ》息《そく》させる」のだそうだ。伝承《でんしょう》が少ないのは、布団《ふとん》かぶせにあったらスッと窒息《ちっそく》させられてしまい、生き残《のこ》った者《もの》がいないからかもしれない。

28 兵庫《ひょうご》

都《みやこ》があった不可思議《ふかしぎ》の舞台《ぶたい》

データ▼

面積《めんせき》：8,400km²
県庁所在地《けんちょうしょざいち》：神戸市《こうべし》
県《けん》の木：クスノキ
県《けん》の花：ノジギク
県《けん》の鳥：コウノトリ

HYOGO

▼土地　南北に長い土地で、北が日本海《にほんかい》、南が瀬戸内海《せとないかい》というふたつの海に面《めん》している。

▼歴史《れきし》　明治《めいじ》九年に今の兵庫《ひょうご》県《けん》になった。兵庫県《ひょうごけん》の兵庫《ひょうご》は天智天皇《てんじてんのう》の時代《じだい》（六〇〇年代《ねんだい》後半）にあった「兵《へい》の武器《ぶき》の倉《そう》庫《こ》・兵庫《つわものぐら》」から。平安時代《へいあんじだい》、平清盛《たいらのきよもり》がここを日本《にほん》の首都《しゅと》とし、福原京《ふくはらきょう》と名付《なづ》けたという。

▼伝承《でんしょう》　姫路市《ひめじし》にある「鹿《しか》ケ《が》壺《つぼ》」は、滝《たき》とそのまわりにできた穴《あな》のことをいう。この穴《あな》は千二百年以上《いじょう》前にいた巨大《きょだい》な鹿《しか》の王「伊佐々王《いざさおう》」が作ったといわれている。伊佐々王《いざさおう》は数千頭の鹿《しか》の王で、山から里まで暴《あば》れ回る悪《わる》い鹿《しか》であった。

本当にあった怖《こわ》い話

奈落《ならく》

奈落《ならく》という言葉《ことば》がある。仏教《ぶっきょう》における地獄《じごく》のことだ。

地獄《じごく》にくらべると聞きなれない言葉《ことば》だが、舞台《ぶたい》で仕事《しごと》をする人にとってはとても身近《みぢか》な言葉《ことば》になっている。なぜなら舞台《ぶたい》にも奈落《ならく》があるからだ。

と言うとおどろく人も多いと思うが、奈落《ならく》にはもうひとつの意味《いみ》がある。それは舞台《ぶたい》の下にある空間のことだ。そこは舞台《ぶたい》に使《つか》う備品《びひん》を置《お》いたり、通路《つうろ》として使《つか》われている。

奈落《ならく》は最小限度《さいしょうげんど》の明かりしかないので、ふだんでもうす暗《ぐら》い。それが本番中になると非常灯《ひじょうとう》のみになり、さらに暗《くら》くなる。こわがりの人ならひとりで歩くのは無理《むり》かもしれない。

旅公演《たびこうえん》をメインとする劇団《げきだん》で役者《やくしゃ》をしている人に聞いた話だ。旅公演《たびこうえん》は全国《ぜんこく》を回りながら公演《こうえん》をすることで、長いときは三か月以上《いじょう》も旅《たび》に出る。

そんな彼《かれ》には、どうしても好《す》きになれない劇場《げきじょう》がひとつだけあった。

それは兵庫県《ひょうごけん》にある劇場《げきじょう》だ。

本番中、退場《たいじょう》した場所《ばしょ》と反対側《はんたいがわ》から登場《とうじょう》するとき、舞台《ぶたい》の裏側《うらがわ》か奈落《ならく》を歩いて移動《いどう》することになる。しかしこの劇場《げきじょう》は舞台《ぶたい》の奥《おく》ゆきがないので、奈落《ならく》を歩くしかない。

彼《かれ》はけっしてこわがりではないが、はじめてこの奈落《ならく》に下りたとき、おどろきで悲鳴《ひめい》を上げそうになった。

なぜならあちこちに人がうずくまっていたからだ。

うずくまっているので顔は見えないが、大きさから大人も子どももいることがわかる。そして全《ぜん》員《いん》が戦時中《せんじちゅう》の服装《ふくそう》で、頭には防空《ぼうくう》ずきんをかぶっていた。

不思議《ふしぎ》を訪《たず》ねて

兵庫県《ひょうごけん》の未確認生物《みかくにんせいぶつ》

ある未確認生物《みかくにんせいぶつ》が何度《なんど》も目撃《もくげき》されているのが兵庫県《ひょうごけん》である。その名は「ツチノコ」。太い胴体《どうたい》に小さな頭と短《みじか》いシッポがついた蛇《へび》のような生物《せいぶつ》だ。

北海道や南西諸島《しょとう》では見られないが、ほかの都道府《とどうふ》県《けん》では見た人がいる。但馬《たじま》地方では五十回以上《いじょう》目撃《もくげき》されたことで、前は「捕《つか》まえた人には二億《おく》円」の賞金《しょうきん》が用意《ようい》されたこともあった。

今でも見つけたら賞金《しょうきん》が出るらしい。チャレンジしてみるのもよいかもしれない。

今回の公演《こうえん》でそんな衣《い》しょうは使《つか》わない。

(ああ、これは生きている人ではないのだ)

怖《こわ》いが、もどるわけにはいかない。彼《かれ》は上の舞《ぶ》台《たい》に足音が聞こえないように静《しず》かに歩いた。

そんなことが続《つづ》いたので、劇場《げきじょう》のスタッフに

「ここって不思議《ふしぎ》なことが起《お》きないですか？」

と遠回しに聞いてみた。

しかしスタッフが教えてくれたのは観客席《かんきゃくせき》のことだった。

「ここの下手《しもて》（注《ちゅう》1）の客席《きゃくせき》ってなんか変《へん》なんだよね。お客《きゃく》さんが好《す》きなところに座《すわ》ってもいい公演《こうえん》のときは、ほとんどの人が上手《かみて》（注《ちゅう》2）に座《すわ》るんだ。最初《さいしょ》は下手《しもて》に座《すわ》った人も、数分後には上手《かみて》に移動《いどう》してしまう。スタッフがこちらの方が見やすいですよ、と案内《あんない》してもだめ。座《すわ》るところがなくなるとやっと下手《しもて》に座《すわ》り始《はじ》める。

不思議《ふしぎ》に思って下手《しもて》の客席《きゃくせき》に座《すわ》ってみたことがあるけど、なんとなく落《お》ち着《つ》かない。ひとりなのにまわりにだれかが座《すわ》っている感《かん》じがするんだよ。このあたりは歌劇団《かげきだん》もあって、芝居《しばい》は身近《みぢか》な存在《そんざい》だろ？　だから見えない団体客《だんたいきゃく》が座《すわ》っているんだと思うことにしたよ」

見えない団体《だんたい》。この話を聞いて彼《かれ》は考えた。

昔《むかし》、この土地では大きな空襲《くうしゅう》があった。その空《くう》襲《しゅう》で死《し》んだ人たちが、身近《みぢか》な劇場《げきじょう》にある奈落《ならく》を防《ぼう》空壕《くうごう》だと思い、ずっとかくれているのかもしれない。

そして芝居《しばい》を見ることが好《す》きだった人はここが劇場《げきじょう》だと知り、客席《きゃくせき》に座《すわ》って……。

そんなことを考えながら今もその劇場《げきじょう》の奈落《ならく》を彼《かれ》は歩く。もしこの人たちが自分に気がついたらどうなるのだろうと思いながら。

注《ちゅう》1▶「下手《しもて》」…舞台《ぶたい》に向《む》かって左手側《がわ》のこと。注《ちゅう》2▶「上手《かみて》」…舞台《ぶたい》に向《む》かって右手側《がわ》のこと。

29 奈良《なら》

さまざまな巨石《きょせき》と神宝《じんぽう》

データ▼

面積《めんせき》：3,690km²
県庁所在地《けんちょうしょざいち》：奈良市《ならし》
県《けん》の木：スギ
県《けん》の花：ナラヤエザクラ
県《けん》の鳥：コマドリ

NARA

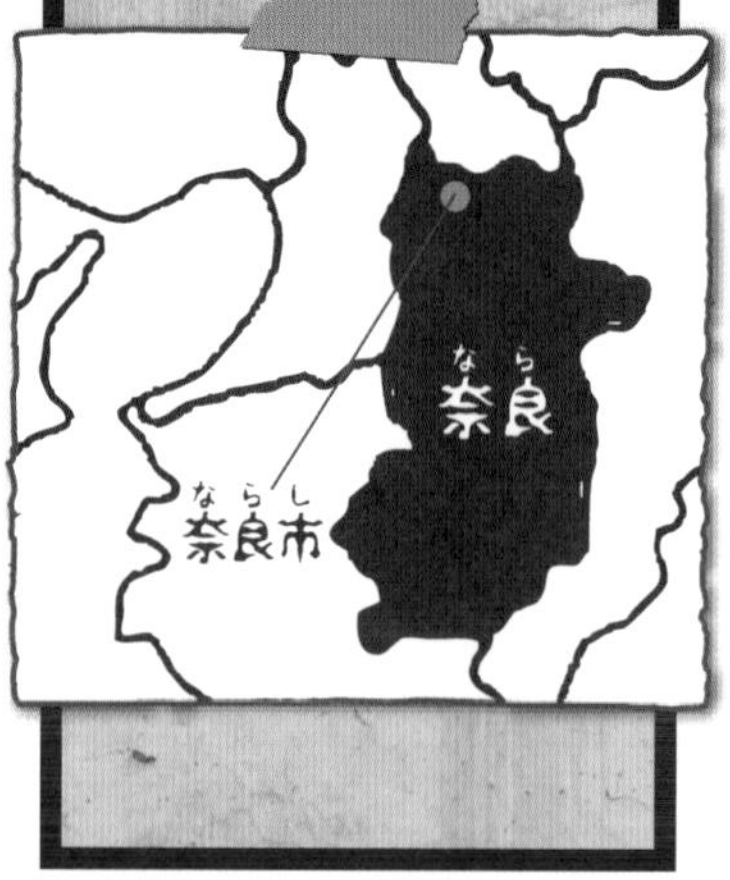

▼土地 けわしい山に囲《かこ》まれた奈良県《ならけん》は、中央部《ちゅうおうぶ》に奈良盆地《ならぼんち》がある。盆地性気候《ぼんちせいきこう》であり、夏はとても暑《あつ》く、冬もかなり寒《さむ》い。

▼歴史《れきし》 古代《こだい》、奈良盆地《ならぼんち》にヤマト王権《おうけん》が生まれた。王権《おうけん》とは中心になる王とそのまわりにいた豪族《ごうぞく》（注《ちゅう》1）をしたがえた権力《けんりょく》の形を言う。今の奈良県《ならけん》になったのは明治《めいじ》二十年である。

▼伝承《でんしょう》 奈良県《ならけん》には特別史跡《とくべつしせき》（注《ちゅう》2）が都道府県《とどうふけん》の中で一番多い。その中に明日香村《あすかむら》で発見《はっけん》された高松塚古墳《たかまつづかこふん》があるが、この古墳《こふん》はたまたま見つかったのだ。古墳《こふん》の近くを歩くとき、気をつけてみよう。もしかしたら大発見《だいはっけん》があるかも知れない。

本当にあった怖《こわ》い話

海に行っただけなのに

奈良県《ならけん》に海はない。

だから、奈良《なら》に住《す》むある女性《じょせい》も車の免許《めんきょ》を取《と》ったあと、新車で日本海側《にほんかいがわ》までドライブをし、海を楽しんだという。

しかし、その夜、自宅《じたく》で夢《ゆめ》を見た。

潮《しお》の香《かお》りと海鳴り——今日行った日本海《にほんかい》の波打《なみう》ちぎわにいる。

よく晴れた空のもと、波《なみ》高く青い海のかなたに、小さな赤いものが浮《う》いていた。

その赤いものがどんどん近づき、大きく見えてくる。

（あれはなんだろう？）

じっと目をこらしていると、それがうつぶせの人だとわかった。

赤は救命胴衣《きゅうめいどうい》で、身《み》に着《つ》けているのは子どもだ。黒い髪《かみ》が長いから、女の子だろうか。

たぶん、死《し》んでいる。

亡《な》くなった子どもが、自分の目に前に打《う》ち上げられた。

救命胴衣《きゅうめいどうい》の背中《せなか》を上に向《む》けたまま、まったく動《うご》かない。

（かわいそうに）

手を合わせ、成仏《じょうぶつ》して下さいと願《ねが》った。

その瞬間《しゅんかん》、子どもの右手が彼女《かのじょ》の足首をつかんだ。氷《こおり》のように冷《つめ》たい。

大声でさけびながら、その手から逃《に》げる。

しかし子どもの手は、はなれない。それどころか力が強まってきて、爪《つめ》が食《く》いこんできた。するどい痛《いた》みと恐怖《きょうふ》に声を上げた。

そこで目が覚《さ》めた。

（怖《こわ》い夢《ゆめ》だった）

注《ちゅう》1▶「豪族《ごうぞく》」…地方で力を持《も》った一族《いちぞく》のこと。　注《ちゅう》2▶「特別史跡《とくべつしせき》」…史跡《しせき》の中でも重要《じゅうよう》なもの。

不思議《ふしぎ》を訪《たず》ねて

十種神宝《とくさのかんたから》

はるかな昔《むかし》、「ニギハヤヒノミコト」は十種神宝《とくさのかんたから》（十種類《しゅるい》の神様《かみさま》の宝物《たからもの》）を持《も》って天から岩の船で降《お》りてきたと伝《つた》えられている。

十種神宝《とくさのかんたから》は「鏡《かがみ》二種《しゅ》、剣《けん》ひとふり、玉四種《しゅ》、比礼《ひれ》（首からかける長く薄《うす》い布《きれ》）三種《しゅ》」である。

それぞれ名前をとなえながら十種神宝《とくさのかんたから》をふれば、死《し》者《しゃ》ですらよみがえらせる力があるという。

この十種神宝《とくさのかんたから》をまつっているのが、天理市《てんりし》にある石上神宮《いそのかみじんぐう》である。

ベッドの上でぼんやりしていると、潮《しお》の、海の匂《にお》いがし始《はじ》めた。

起《お》き上がってあかりをつける。

やはり匂《にお》う。

（どうして？）

夢《ゆめ》を思い出したとたん、下から叫《さけ》び声が聞こえた。

お父さんとお母さんの声だった。

階段《かいだん》をかけおり、ふたりの部屋《へや》へ飛《と》びこんだ。

「……で、出た」

両親《りょうしん》が寝《ね》ているところへ、幽霊《ゆうれい》が出たという。

「子どもだった。女の子。部屋《へや》の中をぐるぐる回ってね、そしてね」

赤い救命胴衣《きゅうめいどうい》を着《き》ていた。

（まさか、わたし、海からその子を乗《の》せて帰ってきたの？）

心当たりはそれしかない。

（日本海《にほんかい》に行っただけなのに。ほかには何もしていないのに）

その夜、彼女《かのじょ》は親たちと三人で朝までリビングで過《す》ごした。怖《こわ》くて眠《ねむ》れなかったのだ。

幸《さいわ》いなことに、それから自宅《じたく》で何も起《お》こっていない。

代《か》わりにこんなことを言われるようになった。

「この前、あなたの車とすれちがったよ。助手席《じょしゅせき》に座《すわ》っていた子はだれ？」

「スーパーに止まっていたあなたの車に小学生くらいの子が座《すわ》っていたけど、親戚《しんせき》の子？」

そして必《かなら》ずこんなことを聞かれる。

「その子、どうして赤い救命胴衣《きゅうめいどうい》を着《き》て、車に乗《の》っているの？」

もちろんそんな子を乗《の》せていたおぼえはない。だから、彼女《かのじょ》は買ったばかりの車を売った。

それ以来《いらい》、赤い救命胴衣《きゅうめいどうい》の子を見る人はいなくなった。

ただ、海のないこの奈良県《ならけん》で、たまに潮《しお》の匂《にお》いを感《かん》じることがある。

くさった魚のような悪臭《あくしゅう》がまざった、潮《しお》の匂《にお》いを。

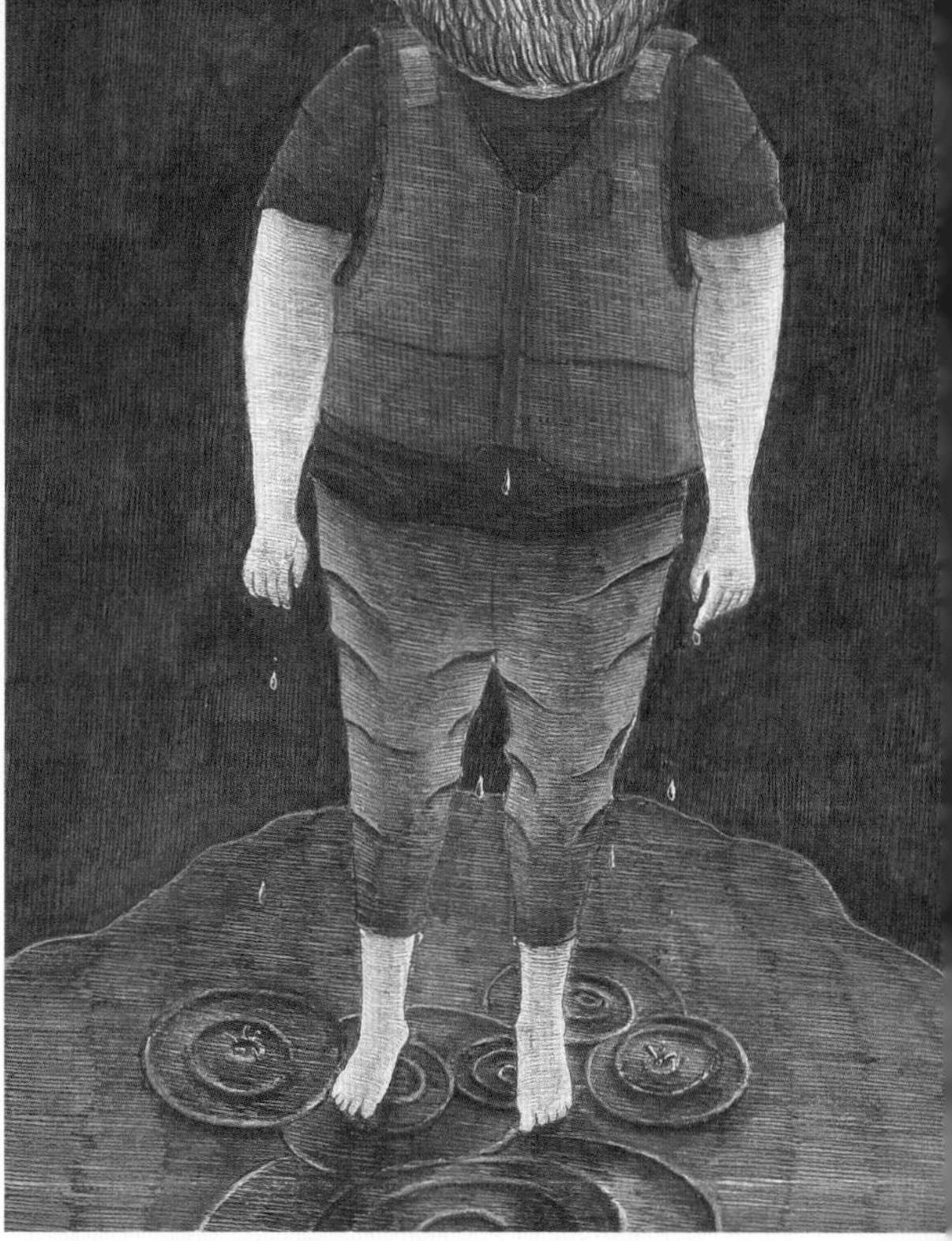

30 和歌山《わかやま》

古道《こどう》と聖《せい》なる地《ち》

データ▼

面積《めんせき》：4,724km^2
県庁所在地《けんちょうしょざいち》：和歌山市《わかやまし》
県《けん》の木：ウバメガシ
県《けん》の花：ウメ
県《けん》の鳥：メジロ

WAKAYAMA

▼**土地** 県南部《けんなんぶ》は太平洋側気候《たいへいようがわきこう》、北部《ほくぶ》では瀬戸内海式気候《せとないかいしききこう》とふたつの気候《きこう》を持《も》つ。南部《なんぶ》は雨が多く、日本全国《にほんぜんこく》で三番目に台風が多くやって来《く》る「台風銀座《ぎんざ》」と呼《よ》ばれる地域《ちいき》でもある。

▼**歴史《れきし》** 明治《めいじ》四年に和歌山県《わかやまけん》となった。伊都郡高野町《いとぐんこうやちょう》の高野山《こうやさん》は平安時代《へいあんじだい》の僧侶《そうりょ》「空海《くうかい》」が開《ひら》いた日本仏教《にほんぶっきょう》の聖《せい》なる地だ。

▼**伝承《でんしょう》** 紀伊国牟婁郡《きいのくにむろぐん》（今の和歌山県田辺市《わかやまけんたなべし》）と日高郡日高《ひだかぐんひだか》川町《がわちょう》の道成寺《どうじょうじ》には「安珍《あんちん》、清《きよ》姫《ひめ》」の伝承《でんしょう》が残《のこ》る。旅《たび》の修行《しゅぎょう》僧《そう》・安珍《あんちん》を愛《あい》した清姫《きよひめ》は大蛇《だいじゃ》に変身《へんしん》し、日高川《ひだかがわ》を渡《わた》り、道成《どうじょう》寺《じ》の鐘《かね》の中にかくれた安珍《あんちん》を焼《や》き殺《ころ》したという。

本当にあった怖《こわ》い話

うごめくもの

和歌山県《わかやまけん》は本州《ほんしゅう》でもよく台風が来る土地だ。

その和歌山県《わかやまけん》に住《す》む男性《だんせい》が小学四年生だったころ、台風がやってきた。日が暮《く》れると、雨風が強くなっていく。

「しっかり雨戸を閉《し》めているからだいじょうぶだ」

両親《りょうしん》と祖父《そふ》が笑《わら》う。でも、家そのものがゆれているようで、とても怖《こわ》かった。

「じいちゃん、家、だいじょうぶかなぁ……？」

質問《しつもん》したのとほとんど同時に、祖父《そふ》が怖《こわ》い顔をして立ち上がった。ずんずん玄関《げんかん》へ歩いて行くと、クツもはかず、下におりる。

そして、引き戸をわずかに開《あ》けた。

びょうびょうとうなる風と、たたきつけるような雨音が強くなった。

「……うちは、あかん！」

真《ま》っ暗《くら》な外に向《む》かって、祖父《そふ》がどなりつける。

うちは、あかん？　うちはだめだ？　何がだめなのだ。だれに言っているのだ。

祖父《そふ》の後ろから彼《かれ》はそっと外をのぞこうとした。しかし、目をふさがれた。いつの間にか来《き》ていた父親だった。

「外を見てはいけない。目がつぶれる」

もう見ないと約束《やくそく》して、目かくしを止《や》めてもらった。横《よこ》には母親もいる。

戸を閉《し》めた祖父《そふ》はそのまま家の奥《おく》へ行くと、愛《あい》用《よう》の楽器《がっき》を持《も》ってくる。三味線《しゃみせん》に似《に》ているが、ほとんどが木でできたものので、別《べつ》のものだ。

ごったん、というほかの県《けん》の伝統楽器《でんとうがっき》だった。

ふたたび玄関《げんかん》へおりた祖父《そふ》が、戸を半分開《あ》け、ごったんをはげしく鳴らした。

曲《きょく》になっていない、大きなごったんの音が耳を

不思議《ふしぎ》を訪《たず》ねて

ショートカット

和歌山《わかやま》市内《しない》のある劇団《げきだん》が公演《こうえん》で洞《どう》くつの中の映像《えいぞう》を流《なが》すことになった。

近場の郊外《こうがい》を探《さが》すと、ぴったりの洞《どう》くつが見つかった。さっそくスタッフがビデオカメラを持《も》って洞《どう》くつに入る。

撮影《さつえい》後、映像《えいぞう》を確認《かくにん》すると、入るところと出るところだけで中がまったく映《うつ》っていない。

「最初《さいしょ》と最後《さいご》しかないんじゃ、とちゅうを飛《と》ばしたショートカットみたいな画《え》じゃないか」

しかし、何度《なんど》やっても洞《どう》くつの中だけがとれない。カメラも調《しら》べたが、こわれていないのだ。しかたなく、あきらめることにした。

ただ、この洞《どう》くつに不思《ふし》議《ぎ》ないわれがあると聞いたことがない。それならなぜ、映《うつ》らなかったのだろうか。

うつ。

（ごったんって、こんなに大きな音、出るのか!?）

はじめてのことに耳が痛《いた》くなり、思わず両手《りょうて》でふさいだ。

そのとき、ぐうぜん、外の様子《ようす》が見えてしまった。祖父《そふ》の肩《かた》ごし、暗《くら》い外に何かがうごめいていた。人のりんかくをした黒いものが、横《よこ》一列《れつ》にならんでいる。

そいつらは、夜の闇《やみ》より黒い。だからどんな顔をしているのかわからない。

背《せ》の高さがまちまちだ。大人と子どもがまじっているのかもしれない。

ごったんが鳴るたびに、黒いものはひとつ、またひとつとどこかへ去《さ》って行く。

時間にしてどれくらいだろう。いつしか、黒いものはいなくなり、外の風雨も弱まってきていた。

祖父《そふ》がふり返《かえ》って、残念《ざんねん》そうに言った。

「――ああ、見たんだな」

その右手は血《ち》まみれになっている。ごったんをかき鳴らしたとき、ほとんどの爪《つめ》がはがれたのだと、あとで聞いた。

嵐《あらし》の晩《ばん》にはあんなものが来る。家に入れたらよくないことが起《お》こるから、声や音で追《お》いはらう。特《とく》に楽器《がっき》の音だと、きき目があるのだ、と祖父《そふ》が言う。

「悪《わる》いものだってわかるけど、どうして見てはいけないの？」

質問《しつもん》に祖父《そふ》が答える。

「見たら、寿命《じゅみょう》が縮《ちぢ》むんよ」

おれはもうじゅうぶん年を取《と》ったから見てもいい。だから追《お》いはらう役《やく》をしたのだ、とさみしそうに笑《わら》っていたことをおぼえている。

その年の冬、祖父《そふ》は亡《な》くなった。

それから、「うごめく黒いもの」が来たことはない。見てしまった彼《かれ》も大人になったが、まだ生きている。

どれくらい寿命《じゅみょう》が縮《ちぢ》んだのか、まだわからない。

不思議《ふしぎ》な岩とたたり岩

近くの山に登《のぼ》ったとき、山の中で不思議《ふしぎ》な形をした岩に出会ったことがないだろうか。それらはイワクラという大昔《おおむかし》の人が大切にしていた岩かもしれない。

イワクラとは、神様《かみさま》のやどる岩のことであり、また季《き》節《せつ》の節目《ふしめ》や大切な食料《しょくりょう》のとれる時期《じき》を教えてくれる暦《こよみ》の岩であり、また道しるべの岩のことなのだ。

まず、暦《こよみ》のイワクラの話をしよう。山の中ですき間の空《あ》いた岩が見つかることがある。そのすき間に春分《しゅんぶん》や秋分《しゅうぶん》、冬至《とうじ》や夏至《げし》のときに太陽《たいよう》の光が差《さ》しこむのが見られる。このような岩は、季節《きせつ》の節目《ふしめ》を知らせてくれる暦《こよみ》なのだ（写真《しゃしん》1）。

写真《しゃしん》1：暦《こよみ》のイワクラ。季節《きせつ》の節目《ふしめ》、春分《しゅんぶん》・秋分《しゅうぶん》・夏至《げし》・冬至《とうじ》に、岩のすき間に太陽《たいよう》の光が差《さ》し込《こ》む。

また、山の中でときたまななめになった岩に出会うことがある。この岩の先に赤い星や明るい星が見えるとき、木の実《み》や魚、うさぎ、鹿《しか》などの食べものがたくさんとれるのである（写真《しゃしん》2）。

つぎに道しるべのイワクラについてだ。

山の頂上付近《ちょうじょうふきん》にある巨大《きょだい》な岩は、下の道を行く人たちからよく見える。遠くの村に行くとき、山の上の岩を目印《めじるし》にすることでまちがえずに行くことができたのである（写真《しゃしん》3）。

最後《さいご》に神様《かみさま》のやどるイワクラについて話そう。大昔《おおむかし》の人びとが安心《あんしん》でゆたかな生活を護《まも》ってくれるように朝《あさ》晩《ばん》おいのりした岩で、今でも神社《じんじゃ》のご神体《しんたい》として大切にまつられているのを見ることができる（写真《しゃしん》4）。

写真《しゃしん》2：暦《こよみ》のイワクラ。ななめの岩の先端《せんたん》に赤い星や明るい星が見えるとき、たくさん食べ物《もの》がとれる。

写真《しゃしん》3：道しるべのイワクラ。遠くから見ることのできる山の頂上《ちょうじょう》の岩は旅《たび》する人の目印《めじるし》である。岩の上の丸い穴《あな》で火を燃《も》やし、夜、村と村との通信《つうしん》の役割《やくわり》をしていたとも考えられている。

写真《しゃしん》4：神様《かみさま》がやどるイワクラ。しめ縄《なわ》がまかれて大切にまつられている。神社《じんじゃ》のご神体《しんたい》としてまつられている場合《ばあい》が多い。

しかし、それらの中にときたま「たたり岩」と伝《つた》えられる岩がある。そのいくつかを紹介《しょうかい》しよう。

　そのひとつが兵庫県西宮《ひょうごけんにしのみや》にある「夫婦岩《めおといわ》」である。以《い》前道路《ぜんどうろ》を広げるためにこの岩をこわそうとした、その前の日、工事主任《こうじしゅにん》の人が亡《な》くなったという。このようなことが何度《なんど》も起《お》こり、ついにこの岩はそのまま残《のこ》され、道《どう》路《ろ》はこの岩をさけて作られたということである。

　おなじ西宮《にしのみや》に甑岩《こしきいわ》という岩があるのだが、昔《むかし》この岩を城《しろ》の石垣《いしがき》にするため割《わ》って運《はこ》び出そうとしたことがあった。地元の人たちは、この岩には白い竜《りゅう》が住《す》んでおり、どうか割《わ》らないでほしいとお願《ねが》いしたが、役人《やくにん》は言うことを聞かなかった。役人《やくにん》が岩を割《わ》ろうとしたとき、割《わ》れ目から白い煙《けむり》がふき出し、おどろいた役人《やくにん》は転《ころ》げ落《お》ち死《し》んでしまったそうである（写真《しゃしん》５）。

写真《しゃしん》５：甑岩《こしきいわ》。白い煙《けむり》がふき出し、こわそうとした役《やく》人《にん》が転《ころ》げ落《お》ちて死《し》んでしまった。そのため、こわされずに今は神社《じんじゃ》のご神体《しんたい》として大切にまつられている。

　また、奈良《なら》のある山中の岩のところに、祭《まつ》りのあとでお酒《さけ》を飲《の》み、いい気分になった村の若者《わかもの》たちがやって来《き》た。そのうちのひとりが岩の上でおどりだした。ほかの若者《わかもの》たちは、神様《かみさま》のやどる岩の上でおどるとばちが当たると止めたのだが、若者《わかもの》はやめるどころか、なんと岩の上でおしっこまでしたのである。あくる日、その若者《わかもの》が仕事《しごと》に出てこないので、ほかの若者《わかもの》がむかえに家まで行くと、その若者《わかもの》はふとんの中で死《し》んでいたそうである。

　もうひとつ、ある住宅地《じゅうたくち》の話である。そこはイワクラがたくさんあるところで、住民《じゅうみん》はそれらをさけて家を建《た》てていた。ところがある家で、玄関《げんかん》の入り口がイワクラのためにせまく通りにくくて困《こま》っていた。そこで入り口を広げるために少しけずったところ、しばらくして、この家の主人《しゅじん》は交通事故《こうつうじこ》で片腕《かたうで》をなくしたそうである。

　このような「たたり岩」の伝説《でんせつ》は、人がけがをしたり死《し》んだりするという怖《こわ》い話が多いが、けっしてそれだけの話ではないのである。本当に伝《つた》えたいことは大昔《おおむかし》の人が大切に護《まも》ってきたイワクラを、粗末《そまつ》にしたり傷《きず》つけてはいけないという教えなのである。イワクラを大切にし、まわりを美《うつく》しく保《たも》つ努力《どりょく》をすればけっしてたたられることはなく、むしろ人びとの生活を豊《ゆた》かで平和《へいわ》に護《まも》ってくれるありがたい岩なのである。

31 鳥取《とっとり》

白うさぎと国づくりの神《かみ》

データ▼

面積《めんせき》：3,507km²
県庁所在地《けんちょうしょざいち》：鳥取市《とっとりし》
県《けん》の木：ダイセンキャラボク
県《けん》の花：二十世紀梨《せいきなし》の花
県《けん》の鳥：オシドリ

TOTTORI

▼**土地** 県全体《けんぜんたい》が日本海側《にほんかいがわ》気候《きこう》であり、雪が多く積《つ》もる地域《ちいき》。日本最大《にほんさいだい》の鳥取砂丘《とっとりさきゅう》がある。

▼**歴史**《れきし》 明治《めいじ》十四年に今の鳥取《とっとり》県《けん》になる。鳥取《とっとり》という名前は「鳥取部《ととりべ》」からとられた。鳥取《ととり》部《べ》は、大和朝廷《やまとちょうてい》に税《ぜい》として鳥を収《おさ》める者《もの》たちのことだ。

▼**伝承**《でんしょう》 鳥取県《とっとりけん》には白うさぎの神話《しんわ》が残《のこ》る。白うさぎがワニ(注《ちゅう》)にウソをついて海を渡《わた》ろうとするが、ばれて毛皮《けがわ》をはがされてしまう。さらに悪神《あくじん》にだまされ、体が真《ま》っ赤《か》になった。そこを通った大国主命《おおくにぬしのみこと》に助《たす》けられて、元の白うさぎにもどった。この山うさぎがまつられた神社《じんじゃ》が、「白兎神社《はくとじんじゃ》」である。

本当にあった怖《こわ》い話

サムラさん

体験者《たいけんしゃ》の彼女《かのじょ》が子どものころだ。

小学校で「サムラさん」というウワサが出た。

「サムラさんの話を聞くと、夜、家にやって来る」という話だ。

「琴浦町《ことうらちょう》から大山《だいせん》の方へ進《すす》んだある場所《ばしょ》に『サムラ村』があって、サムラさんはそのムラの人だ。短《みじか》い髪《かみ》の毛をした怖《こわ》い顔の女の人である。右手にノコギリ、左手にバケツを持《も》っている。サムラさんの話を聞いた子のところへ来《き》て、その体をバラバラにし、バケツに入れて村へ持《も》って帰る。サムラ村の人はバラバラの子どもを骨《ほね》だけにして、何かの儀式《ぎしき》に使《つか》う」

真実味《しんじつみ》のない話だが、ここに何かの暗号《あんごう》や呪《のろ》いのようなものがふくまれているというウワサもあった。

では、サムラさんはどういうふうにやってくるのだろう?

「話を聞いた日の深夜《しんや》、窓《まど》をノックする音が聞こえる。気づいたら、いつの間にか部屋《へや》の中にだれかが入ってきて、眠《ねむ》っている自分の顔をのぞきこんでいる。それは目のつり上がった髪《かみ》の短《みじか》い女の人で、手にノコギリとバケツを持《も》っているからすぐにサムラさんとわかる」

ただし、サムラさんが来《き》たという子はだれもいない。

たまにノックを聞いた子はいるけれど、家の中に入ってきたという話は聞かなかった。

ところがサムラさんの話を聞いた子の家に「知らない子ども」があらわれたという。

見たのは学校内でも何人かしかいなかったが、みんなは口をそろえてこう言った。

「知らない子で、生きていない子」

注《ちゅう》▶「ワニ」…サメやフカのこと。爬虫類《はちゅうるい》のワニではない。

不思議《ふしぎ》を訪《たず》ねて

うさぎ

白うさぎの神話《しんわ》は「因幡《いなば》の白うさぎ」という名前がついている。

因幡《いなば》は県《けん》の東部《とうぶ》だが、実《じつ》は似《に》た話が西部《せいぶ》の伯耆《ほうき》にもある。白うさぎがワニにウソをついて……というものだ。

伯耆《ほうき》の白兎神社《はくとじんじゃ》と言われる「中山神社《なかやまじんじゃ》」の神主《かんぬし》さん一家は、うさぎの肉を食べることを禁《きん》じていた。

東と西の白うさぎ。どうして似《に》た話が残《のこ》っているのだろうか？　今も謎《なぞ》である。

何の表情《ひょうじょう》もない顔で、部屋《へや》のすみにすわっていたり、天井《てんじょう》にへばりついている、らしい。

男の子のこともあれば、女の子のこともあるが、どちらも一年生くらいだという。

しかし頭が大きく、顔は六年生みたいだ。大きな頭をいつもユラユラゆらしている。知らない子のことをふくめて、みんな怖《こわ》がった。でも、それでもサムラさんのウワサを止《や》めなかった。

一度《いちど》もサムラさんも子どもも来《こ》なかったからだ。

だから、体験者《たいけんしゃ》も友だちの家でサムラさんと子どもの話をしていた。

雨の日で、外で遊《あそ》べなかったときだ。四人くらい友だちがいたと思う。

「話しちゃったから、今晩《こんばん》、サムラさんか子どものどっちか、みんなの家に来《き》ちゃうかも」

ひとりの子がおどしてくる。それはいやだ。そこでだれかが言った。

「たのんだら来《こ》ないかも」

それだ！　とその場にいた全員《ぜんいん》が手を合わせ、お願《ねが》いした。

「うちにはこないで！」

その瞬間《しゅんかん》だった。

――ワカッタ。

天井《てんじょう》あたりから声が聞こえた。大人の声だった。低《ひく》いけれど、女の人だったと思う。

その日から、「サムラさんの話と知らない子の話をしたらよくない。そして、話をしたら『来《こ》ないで』とお願《ねが》いもしちゃだめ」となった。

体験者《たいけんしゃ》の彼女《かのじょ》は十年以上《いじょう》それを守《まも》っていた。今回、わたしに話をしたが、今のところ二度《にど》とあの『ワカッタ』の声は聞いていないし、何も起《お》こっていない。

ようはサムラさんと知らない子の話をしたり聞いたりしないことが一番いいのである。

文章《ぶんしょう》で読んだら、どうなるかは知らないが。

32 島根《しまね》

万葉集《まんようしゅう》にもうたわれた

データ▼

面積《めんせき》：6,708km^2
県庁所在地《けんちょうしょざいち》：松江市《まつえし》
県《けん》の木：クロマツ
県《けん》の花：ボタン
県《けん》の鳥：ハクチョウ

SHIMANE

▼土地 島根《しまね》県《けん》は日本海側《にほんかいがわ》気候《きこう》だが、あまり雪は降《ふ》らない。曇《くも》りや雨の日が、晴れの日よりも多い土地だ。

▼歴史《れきし》 明治《めいじ》十四年に今の島根《しまね》県《けん》となった。松江《まつえ》市《し》殿町《とのまち》に松江《まつえ》城《じょう》がある。築城《ちくじょう》したのは堀尾《ほりお》吉晴《よしはる》で、現在《げんざい》国宝《こくほう》となっている。

▼伝承《でんしょう》 島根《しまね》県《けん》には奈良《なら》・飛鳥《あすか》の歌人「柿本人麻呂《かきのもとのひとまろ》」の伝承《でんしょう》と、この地で詠《よ》んだ歌が万葉集《まんようしゅう》に多く残《のこ》されている。「石見《いわみ》の海角の浦廻《うらみ》を　浦《うら》なしと……」と始《はじ》まる「石見《いわみ》相聞歌《そうもんか》」などだ。

本当にあった怖《こわ》い話

猫《ねこ》を呼《よ》びよせる三味線《しゃみせん》

これは、わたしの母から聞いた不思議《ふしぎ》な話である。

母は島根《しまね》県《けん》の山と海の近くで育《そだ》った。まだ子どもだった彼女《かのじょ》は、何か習《なら》いごとを始《はじ》めようと思ったという。

考えた末《すえ》に近所《きんじょ》に住《す》む、三味線《しゃみせん》の先生から三味《しゃみ》線《せん》を習《なら》うことに決《き》めた。

後日、先生が家へ三味線《しゃみせん》を先に持《も》って来《き》てくれると約束《やくそく》をした。

しかし——先生が三味線《しゃみせん》を持《も》って家にやって来《き》たその日からだ。不思議《ふしぎ》なことが起《お》こり始《はじ》めたのは。

はじめての稽古日《けいこび》、先生が始《はじ》めに手本として三《しゃ》味《み》線《せん》をひいて見せる。

そのとき、それまでおとなしくしていた母の飼《か》っていた猫《ねこ》が「にゃあああああ！」と、それは苦《くる》しそうに鳴きだしたのである。

猫《ねこ》は先生が曲《きょく》をひき終《お》わるまで鳴いていたそうだ。そのときの母は「はじめての三味線《しゃみせん》の音に猫《ねこ》が反応《はんのう》したにちがいない」と、思ったらしい。

ところが、猫《ねこ》は先生が家にやって来《き》ては三味線《しゃみせん》をひくたびに苦《くる》しそうに鳴いた。

しまいには、なぜか家のまわりにたくさんの猫《ねこ》が集《あつ》まるようになったのだ。母は気味《きみ》が悪《わる》いと思うようになり三味線《しゃみせん》を習《なら》うのをやめてしまった。

なぜそんな不思議《ふしぎ》なことが起《お》こったのか？　これには理由《りゆう》がある。

昔《むかし》の三味線《しゃみせん》の本体には、猫《ねこ》の皮《かわ》を張《は》っていたのだ。先生の三味線《しゃみせん》にも猫《ねこ》の皮《かわ》が使《つか》われていたとのことだった。もしかすると猫《ねこ》たちにはそれがわかったのかもしれない、と母は言っている。

が、それだけでは終《お》わらなかった。

「三味線《しゃみせん》を習《なら》うのをやめてからも、猫《ねこ》たちは家に

不思議《ふしぎ》を訪《たず》ねて

柱《はしら》の跡《あと》

「素戔嗚尊《すさのおのみこと》」や「大国主命《おおくにぬしのみこと》」の出雲神話《いずもしんわ》が数多く残《のこ》る島根県《しまねけん》。

この大国主命《おおくにぬしのみこと》をまつるのが出雲大社《いずもたいしゃ》だが、神話《しんわ》の中ではかなり巨大《きょだい》な建築物《けんちくぶつ》であったと残《のこ》されている。なんと約《やく》四十八メートルの高さがあったようなのだ。

のちの発掘調査《はっくつちょうさ》で「三本ひと組となった太い柱《はしら》の跡《あと》」が発見《はっけん》された。ただし、古代《こだい》ではなく中世《ちゅうせい》のものであるという。とはいえ、島根県《しまねけん》には歴史的《れきしてき》に重要《じゅうよう》なものが数多く眠《ねむ》ることは確《たし》かだ。

集《あつ》まるようになってね」

三味線《しゃみせん》をひかなくとも、猫《ねこ》たちが集合《しゅうごう》しては家のまわりでうるさく鳴く。

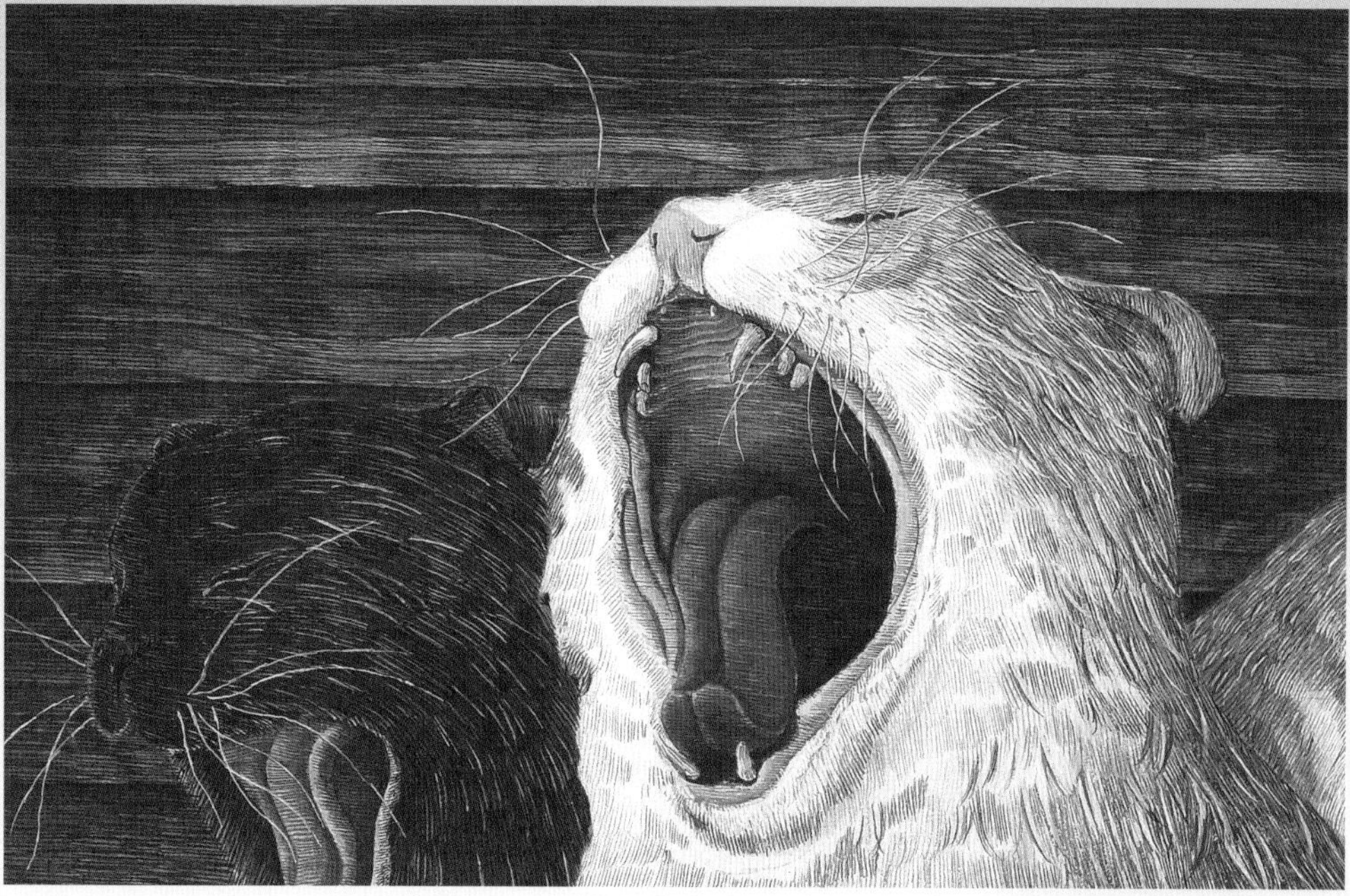

うんざりした母はすっかり猫《ねこ》のことがきらいになってしまった。

大人になってその話を聞かされてからというもの、とにかく気になってしまい、わたしは島根県《しまねけん》にある母の生家に行ってみたのである。

ギョッとしてしまった。

人の住《す》んでいない家のまわりには今も猫《ねこ》たちが住《す》んでいる。母の話は本当だったのだと思い、わたしはその場にいる猫《ねこ》たちにあいさつをして帰ってきた。

今の三味線《しゃみせん》には猫《ねこ》の皮《かわ》をほとんど使《つか》わなくなっている。

この不思議《ふしぎ》な話を聞き、その場所《ばしょ》を確《たし》かめてからというもの、わたしは動物《どうぶつ》は大事《だいじ》にしなければと、あらためて強く思ったのだった。

空き家となった筆者《ひっしゃ》の実家《じっか》。猫《ねこ》が一匹《いっぴき》写っているように、現在《げんざい》もここに猫《ねこ》が集《あつ》まるという。

三味線《しゃみせん》の不思議《ふしぎ》な話
～動物《どうぶつ》たちのメッセージ

わたしは三味線《しゃみせん》をひいている音楽家である。

それはもう、何十年といろいろな場所《ばしょ》でひいている。すると、ときには不思議《ふしぎ》なことが起《お》こったりもするものだ。

中国地方のとある海岸《かいがん》では、夜に人影《ひとかげ》が海に入っていくのを見たり、東北地方にあるだれもいない神社《じんじゃ》で三味線《しゃみせん》を鳴らすと、どこからか手をたたく音が聞こえたこともあった。

そして、とある野外ステージで三味線《しゃみせん》をひいたときの話だ。

三味線《しゃみせん》には動物《どうぶつ》が多く使《つか》われているのを知っているだろうか？

三味線《しゃみせん》は三本の糸があり、糸をまく部分《ぶぶん》には「象《ぞう》」のきばを、本体には「犬」や「猫《ねこ》」の皮《かわ》を、手に持《も》って糸を鳴らす道具《どうぐ》には「水牛」の角や「亀《かめ》」が使《つか》われる場合《ばあい》がある。

今は動物《どうぶつ》を大切にするため、なるべくそういったものを使《つか》わないようになってきた。ただ、やはり古い三味線《しゃみせん》にはさまざまな動物《どうぶつ》が使《つか》われたものがある。

昔《むかし》はわたしもそういった古い三味線《しゃみせん》を持《も》っていた。

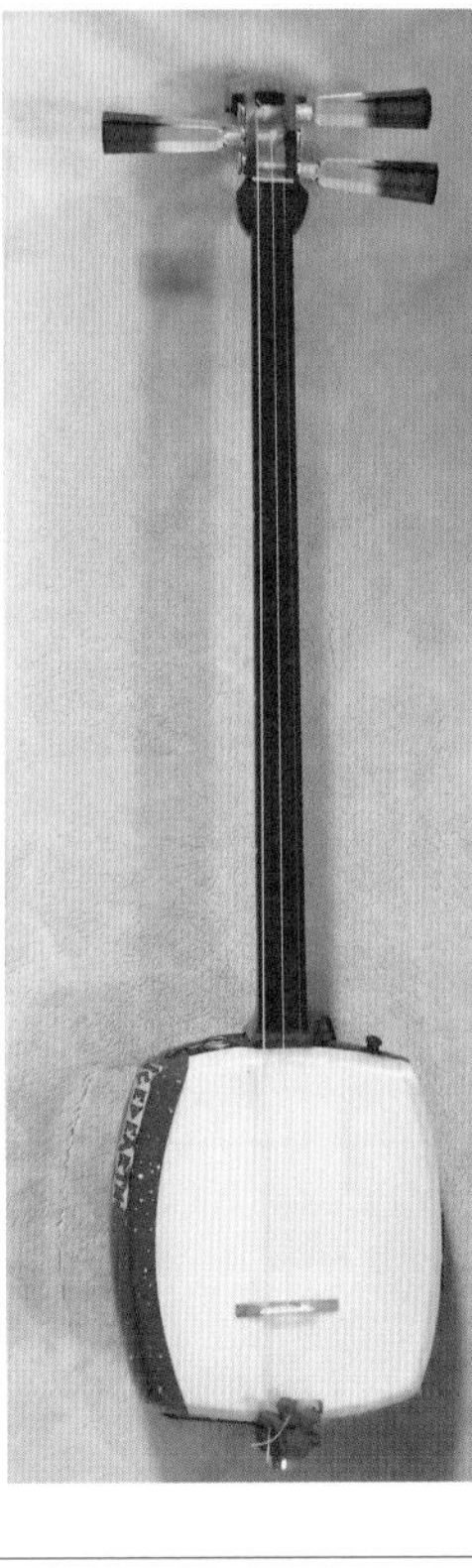

三味線《しゃみせん》は上部《じょうぶ》から「天神《てんじん》」「棹《さお》」「胴《どう》」の三つの部分《ぶぶん》にわかれる。おもに使《つか》われる木の種類《しゅるい》は紅木《こうき》か花梨《かりん》。紅木《こうき》の方が高価《こうか》である。三味線《しゃみせん》には硬《かた》い木が使《つか》われ、水に浮《う》かないくらいの密度《みつど》の木を使用《しよう》する。

その三味線《しゃみせん》を「とある場所《ばしょ》」でひいたときに、不思議《ふしぎ》なことが起《お》こったのである。

ある日、大きな公園の中にある野外ステージで三味線《しゃみせん》をひいてほしいとたのまれた。日曜日なので多くの人たちも来るので楽しみにしていた。

当日、本番がちかづき、係《かかり》の人が「そろそろ本番よろしくおねがいします！」と、告《つ》げにきた。

「わかりました」と返事《へんじ》をしてその古い三味線《しゃみせん》を持《も》ち上げると、なぜかとても重《おも》たく感《かん》じる。

不思議《ふしぎ》に思いつつも気のせいだろうと三味線《しゃみせん》の音を鳴らそうとしたそのとき！

「パンッ!!」

大きな音を立てて三味線《しゃみせん》の皮《かわ》がやぶれてしまった！

もっとびっくりしたのは、とても硬《かた》い象《ぞう》のきばで出来《でき》た糸をまく部分《ぶぶん》も半分に割《わ》れてしまっていたことだ。

天神《てんじん》には糸を巻《ま》いて音を調律《ちょうりつ》する「糸巻《いとま》き」が三つ取《と》りつけられている。そして津軽三味線《つがるじゃみせん》には糸を共振《きょうしん》させて倍音《ばいおん》を出す「東《あずま》さわり」というものがある。津軽三味線特有《つがるじゃみせんとくゆう》のビーン！という音はそこで出るようになっている。

今まで何十年と三《しゃ》味《み》線《せん》をひいてきて、こんなことが同時に起《お》こったことはなく、本当におどろいた。

幸《さい》い、わたしは代《か》わりの三《しゃ》味《み》線《せん》を持《も》ってきていたので、本番をなんとか終《お》えることができた。たくさんの人たちがよろこんでくれてうれしかったが、どうも急《きゅう》にこわれてしまった古い三《しゃ》味《み》線《せん》が気になる。

そこで公園を調《しら》べてみると鳥はだが立った。公園の近くには動物園《どうぶつえん》があり、三《しゃ》味《み》線《せん》をひいたステージの近くには動物《どうぶつ》の墓《はか》があったのだ。

そこにはわたしの古い三《しゃ》味《み》線《せん》にも使《つか》われていた象《ぞう》や亀《かめ》なども入っていた。

あのとき、古い三《しゃ》味《み》線《せん》が重《おも》くなったように感《かん》じ、さらにこわれてしまったのは、もしかすると墓《はか》の動物《どうぶつ》たちが悲《かな》しんでいたせいかもしれない。

わたしは動物《どうぶつ》たちの墓《はか》へ行き、心からあやまった。

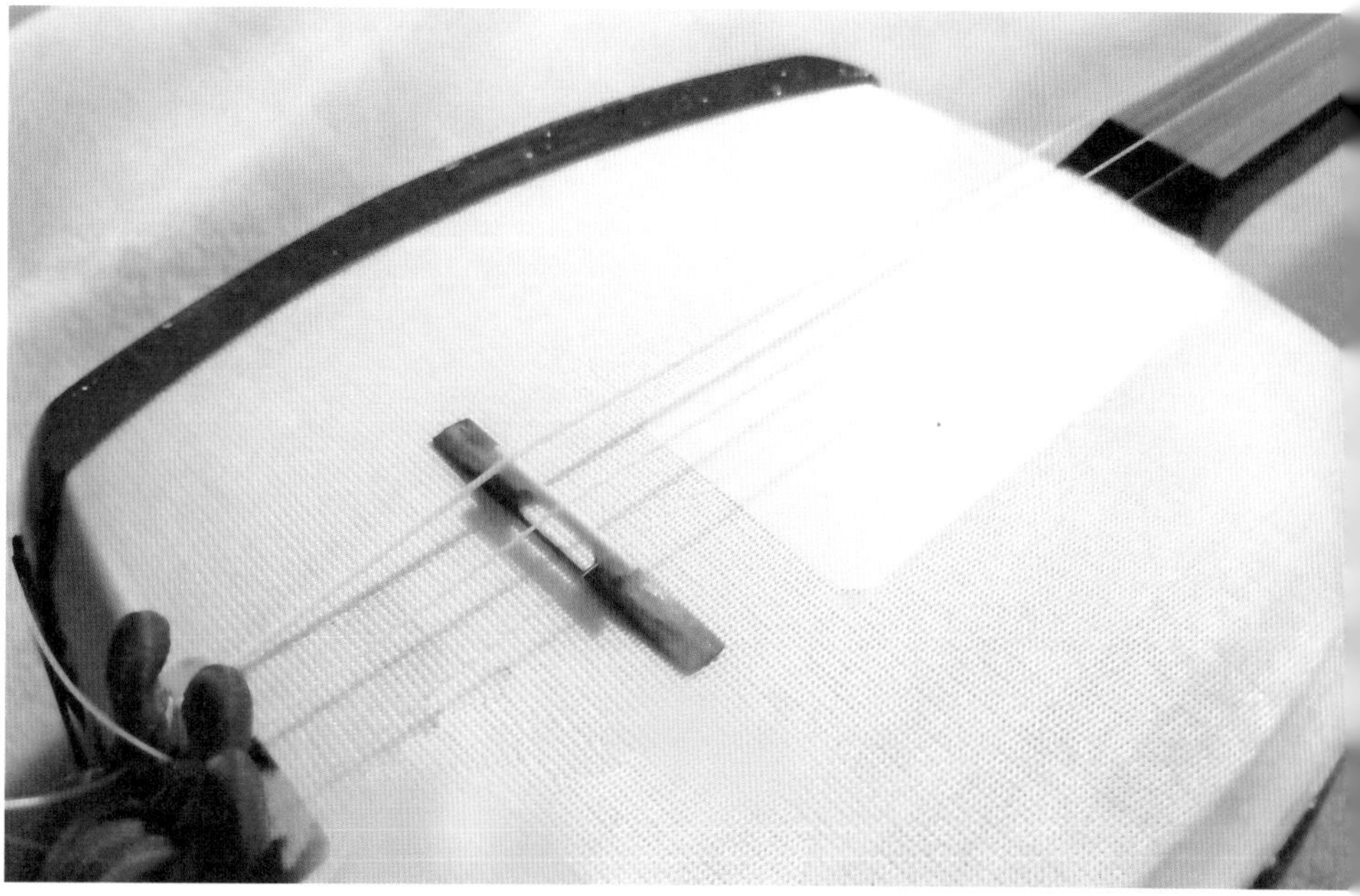

胴《どう》を見ると糸を乗《の》せる「駒《こま》」がある。これは竹や紅木《こうき》などでできている。いろんな形と種類《しゅるい》、高さがあってそれによって音が変《か》わる。糸を最後《さいご》に結《むす》んでおく部分《ぶぶん》は「音緒《ねお》」と言う。繊維《せんい》でできており、さまざまな色がある。胴《どう》の上部《じょうぶ》にあるのは「胴掛《どうか》け」。三味線《しゃみせん》をひくときに腕《うで》を置《お》きやすくするためのものだが、見栄《みば》えを良《よ》くするためにさまざまな模様《もよう》や色、種類《しゅるい》がたくさんある。

それから似《に》たようなことは起《お》こらなくなったが、やはり気になったので、動物《どうぶつ》を使《つか》わない三《しゃ》味《み》線《せん》をひくようになった。

わたしは今も公園にある墓《はか》をおとずれては、動物《どうぶつ》たちのために手を合わせる。

33 岡山《おかやま》

桃太郎《ももたろう》の伝説《でんせつ》が残《のこ》る

データ▼

面積《めんせき》：7,114km²
県庁所在地《けんちょうしょざいち》：岡山市《おかやまし》
県《けん》の木：アカマツ
県《けん》の花：モモの花
県《けん》の鳥：キジ

OKAYAMA

▼土地　岡山県《おかやまけん》には三本の大きな川が流《な》れる。また干拓《かんたく》により広い農地《のうち》があるため、農作物《のうさくぶつ》が多くとれる。とくに「白桃《はくとう》」「マスカット」「ピオーネ」などの生産量《せいさんりょう》は日本一だ。

▼歴史《れきし》　明治《めいじ》八～九年に岡山県《おかやまけん》となった。戦国時代《せんごくじだい》に宇喜多直《うきたなお》家《いえ》が岡山城《おかやまじょう》へ入り、城下町《じょうかまち》の建設《けんせつ》を始める。城下《じょうか》に商人《しょうにん》などを呼《よ》びよせ、発展《はってん》させた。

▼伝承《でんしょう》　岡山県《おかやまけん》には桃太郎《ももたろう》の伝《でん》承《しょう》が多い。しかし昔話《むかしばなし》の桃太《ももた》郎《ろう》とちがう部分《ぶぶん》も多い。たとえば、桃《もも》を護《まも》り神《かみ》とする皇子《おうじ》「イサセリヒコ」をみな桃太郎《ももたろう》と呼《よ》んでいた。対《たい》する鬼《おに》のかしらは「温羅《うら》」と名前がついている。

本当にあった怖《こわ》い話

小石

ある夏のことだった。

話を聞かせてくれた人の友人が、彼氏《かれし》と海水浴《かいすいよく》へ行ったという。

『おみやげ買ってきたから、会おうよ』

友人から彼女《かのじょ》のケータイへメールがとどいた。待《ま》ち合わせは岡山駅《おかやまえき》近くのファストフード店である。

夕方五時。約束《やくそく》の時間に足を運《はこ》んでみると、友人は先についていた。手わたされたおみやげは、おかしだった。

「最初《さいしょ》は宝伝《ほうでん》へ行く予定《よてい》だったけどね。人が多いのはいやだから」

とちゅうで変《か》えて、遊泳禁止《ゆうえいきんし》のところで泳《およ》いだらしい。

友人がそこから拾《ひろ》ってきたという小石を見せてくれた。

親指《おやゆび》の先くらいの大きさだ。緑《みどり》がかっており、ところどころに模様《もよう》のような線が入っている。表面《ひょうめん》はつるりとなめらかでとてもきれいだった。

「キレイでしょ？　それもおみやげのひとつ」

と言って、友人は小石をくれた。

大事《だいじ》に持《も》って帰って部屋《へや》にかざる。

その晩《ばん》から、部屋《へや》の中にくさった魚のような匂《にお》いが満《み》ちるようになった。それだけではなく、人のうめき声のようなものがときどき聞こえるようになった。

親に相談《そうだん》すると、

「心当たりはないのか？」

と聞かれる。

ないと答えたが、しつこくたずねられた。

ああ、そういえば小石をもらってきたと言えば、親は怖《こわ》い顔になった。

不思議《ふしぎ》を訪《たず》ねて

桃《もも》のスーパーパワー

桃《もも》太郎《たろう》と言えば「桃《もも》から生まれた」英雄《えいゆう》だ。桃《もも》にはすごい力があると神話《しんわ》の時《じ》代《だい》から言われていた。

たとえば、伊弉諾尊《イザナギノミコト》が黄泉国《よみのくに》からもどるとき、追《お》いかけてきた雷神《らいじん》たち千五百の軍勢《ぐんぜい》に対《たい》し、三つ桃《もも》を投《な》げると逃《に》げていった、という話はまさに「破《は》邪《じゃ》」の力をしめすものだ。

のちに伊弉諾尊《イザナギノミコト》は桃《もも》に名前をあたえ、あるお願《ねが》いをした。

「桃《もも》よ、お前には『意富加牟豆美命《オオカムズミノミコト》』の名をあたえる。わたしを助《たす》けてくれたように、人びとが苦《くる》しいときには助《たす》けてくれ」と。

神様《かみさま》のスーパーパワーにあやかって、桃《もも》を食べてみてもいいかもしれない。

「海や川から石を拾《ひろ》ってきてはいけない。おかしなモンがついているらしいから」

部屋《へや》にもどった彼女《かのじょ》がおそるおそる小石をつかむと、指先《ゆびさき》にざらっとした感触《かんしょく》がある。つるつるだったはずの小石の裏側《うらがわ》に凹凸《おうとつ》ができていた。

知らないうちにくだけたのだろうか。しかし置《お》いてあったところに石のカケラはひとつもない。

じっと見ていると、その凹凸《おうとつ》がなんとなく苦《くる》しげな人の顔のように見えてきた。

いったいいつからこうなっていたのだろう。とにかく気持《きも》ちが悪《わる》い。

（これは捨《す》てたほうが、絶対《ぜったい》にいい）

処分《しょぶん》するまえに友人に連絡《れんらく》した。石を手放《てばな》すと言うと、すごく怒《おこ》り出す。じゃあ返《かえ》すからと、あのファストフード店で待《ま》ち合わせした。

「この石は、あたしが大事《だいじ》にするから！　せっかく持《も》ってきてあげたのに！　あんたなんて友だちじゃない！」

友人は小石を持《も》ち去《さ》っていった。このことが原因《げんいん》になり、友人とは絶交《ぜっこう》してしまった。

それから一年くらいして、元友人のウワサをほかの人から聞いた。

「あの子、海にさそっても来《こ》なくなった。去年《きょねん》から海が怖《こわ》いんだって」

その後、元友人はお風呂《ふろ》でおぼれて、入院《にゅういん》したらしい。

あれから数年たつ。元友人が今どうしているかは、わからない。

34 広島《ひろしま》

人間対《たい》妖《よう》怪《かい》の戦《たたか》いがあった

データ▼

面積《めんせき》：8,479km²
県庁所在地《けんちょうしょざいち》：広島市《ひろしまし》
県《けん》の木：モミジ
県《けん》の花：モミジ
県《けん》の鳥：アビ

HIROSHIMA

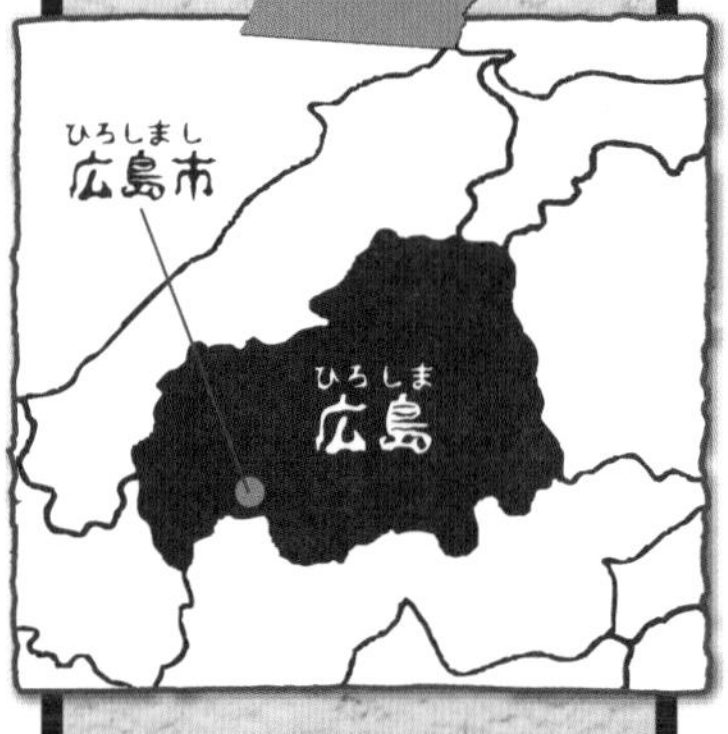

▼土地　広島市《ひろしまし》は中国《ちゅうごく》・四国《しこく》地方最大《さいだい》の都市であり、県全体《けんぜんたい》が海と山の自然《しぜん》に恵《めぐ》まれ、漁業《ぎょぎょう》、農業《のうぎょう》がさかんに行われている。これらのことから「日本国《にほんこく》の縮図《しゅくず》（注）」とも呼《よ》ばれている。

▼歴史　明治《めいじ》九年に現在《げんざい》の広島《ひろしま》県《けん》となった。厳島神社《いつくしまじんじゃ》があるが、後白河《ごしらかわ》上皇《じょうこう》、平清盛《たいらのきよもり》など有名《ゆうめい》な歴史上《れきしじょう》の人物《じんぶつ》と関《かか》わりが深《ふか》い。

▼伝承　三次市《みよしし》には若《わか》いころの稲生正令《いのうまさよし》が「魔王《まおう》・山本太郎左衛門《さんもとたろうざえもん》」がひきいる妖怪《ようかい》たちと戦《たたか》った江戸時代中期《えどじだいちゅうき》の記録《きろく》が残《のこ》る。これを「稲生物怪録《いのうもののけろく》」と呼《よ》ぶ。妖怪出現《ようかいしゅつげん》は三十日間続《つづ》いた、という。

本当にあった怖《こわ》い話

歩いて来た道

広島市《ひろしまし》は路面《ろめん》電車が通っている。市内の移動《いどう》にはとても便利《べんり》だ。だから市民《しみん》だけではなく観光客《かんこうきゃく》もよく使《つか》う。

路面《ろめん》電車と言えば、広島市《ひろしまし》に住《す》む男性《だんせい》がこんな話を教えてくれた。

真夏《まなつ》で蒸《む》し暑《あつ》い深夜《しんや》、彼《かれ》はグチをこぼしていた。

「あーあ、失敗《しっぱい》した！」

もうだれも歩いていないような時間だ。路面《ろめん》電車はもうない。しかたなく家まで遠い道を歩くしかなかった。

トボトボ足を動《うご》かす中、あるビルの前で立ち止まってしまう。彼《かれ》はじっとそのビルを見つめた。

どうしても見なくてはいけない、と思った。

しかし何かがあるわけでも、変化《へんか》するわけでもない。どうしてそんなことをしたのか。理由《りゆう》が思い浮《う》かばない。ただ、その店の方を見たくて見たくて仕方《しかた》がなかったのだ。

そのとき、歩いてきた方向《ほうこう》から何か聞こえたような気がした。

「ほう！」

という甲高《かんだか》い声だった。

つられてそっちを向《む》いた。思わず目を丸くした。すでに車も通らない道路《どうろ》の上、遠くに人の形をした黒い影《かげ》が四つある。

夜中の暗《くら》さよりももっと黒い。そこだけ真《ま》っ黒《くろ》な人の形に浮《う》き上がっているようだ。

そしてどれも手足が長く見える。そして大きい。

近くにある建物《たてもの》とくらべてみてもすぐにわかる。信号機《しんごうき》の高さと同じくらいの背《せ》たけだ。

それがゆったりとこちらに向《む》けてやって来る。

明らかに人間ではない。

注《ちゅう》▶「縮図《しゅくず》」…小さく縮《ちぢ》めて描《えが》かれた図のこと。ここでは日本《にほん》という国らしさがギュッと集《あつ》まった、という意味《いみ》。

不思議《ふしぎ》を訪《たず》ねて

稲生祭《いのうまつり》

稲生正令《いのうまさよし》（平太郎《へいたろう》）が仲《なか》間《ま》たちと比熊山《ひぐまやま》で肝試《きもだめ》しをすることになり、山頂《さんちょう》の千《せん》畳敷《じょうじき》で百物語《ひゃくものがたり》を行なったことが、妖怪《ようかい》との戦《たたか》いが始《はじ》まった原因《げんいん》だ。昔《むかし》から百物《ひゃくもの》語《がたり》をすると怪異《かいい》が起《お》こる、と言われているのだから、当然《とうぜん》かもしれない。

この「稲生物怪録《いのうもののけろく》」に出てくる、山本太郎左衛門《さんもとたろうざえもん》が持《も》っていた木づちが今も残《のこ》っている。広島市《ひろしまし》の國前《こくぜん》寺《じ》に納《おさ》められており、一月七日の「稲生祭《いのうまつり》」で見ることができるのだ。

一年に一度《ど》のチャンス。見に行ってみよう。

逃《に》げたいが、全身《ぜんしん》が石のように固《かた》まり、動《うご》けなかった。

黒い影《かげ》たちは左右にユラユラゆれながら、じわじわとこちらへ近づいてきている。そばに来《こ》られたら絶対《ぜったい》にまずい。それだけは理解《りかい》できる。しかし体が自由《じゆう》にならない。逃《に》げられない。

そのとき、後ろからふわりと線香《せんこう》の匂《にお》いがして、年老《としお》いた女性《じょせい》の声が聞こえた。

「じゃけぇ、そっちを見らんように、したのに」

首が動《うご》くようになった。

ふり返《かえ》るがだれもいない。と同時に、急《きゅう》に手足に自由《じゆう》がもどってきた。

影《かげ》とは逆《ぎゃく》の側《がわ》へ走る。どれくらい全力《ぜんりょく》で足を動《うご》かしただろう。

橋《はし》を渡《わた》り、最初《さいしょ》に見えたコンビニに飛《と》びこんだ。

外を見るが、もう影《かげ》たちはいない。

やっとひと息《いき》つくことができた。全身《ぜんしん》が汗《あせ》でぬれている。

（しかし、さっきの声はどうしてあんなことを言ったのだろう?）

影《かげ》を見る前、ひどくビルが見たかった。そうしなくてはいけないのだと思うほど、その気持《きも》ちが強かった。

もしそのあと、「ほう!」の声につられてあちらへ顔を向《む》けなければ、あんな影《かげ》たちを見ることはなかっただろう。

（ああ、だから「じゃけぇ、そっちを見らんように、したのに」か）

助《たす》けようとしてくれていた何かの声だったのだ。きっと。

ただし、聞きおぼえはないし、心当たりもない。

正体不明《ふめい》のふたつの声の正体になやみながら、ふと、ケータイを見た。

日付《ひづけ》は八月十七日に変《か》わっていた。

お盆《ぼん》が終《お》わって、二日《ふつか》めだった。

35 山口《やまぐち》

貴人《きじん》の物語《ものがたり》と偉人《いじん》と

データ▼

面積《めんせき》：6,112km²
県庁所在地《けんちょうしょざいち》：山口市《やまぐちし》
県《けん》の木：アカマツ
県《けん》の花：ナツミカンの花
県《けん》の鳥：ナベヅル

YAMAGUCHI

▼**土地** 瀬戸内海《せとないかい》と日本海《にほんかい》で県《けん》の三方を囲《かこ》まれている。海産物《かいさんぶつ》が多くとれるが、中でも「ふぐ」は日本一の取扱量《とりあつかいりょう》だ。

▼**歴史《れきし》** かつて長州藩《ちょうしゅうはん》と呼《よ》ばれており、明治《めいじ》四年に山口県《やまぐちけん》となった。木戸《きど》孝允、高杉晋作《たかすぎしんさく》、伊藤博文《いとうひろぶみ》、大村益次郎《おおむらますじろう》など、たくさんの人びとが維新《いしん》で活躍《かつやく》した。

▼**伝説** 下関市《しものせきし》にある阿弥陀《あみだ》寺《じ》（今は赤間神宮《あかまじんぐう》）は平家《へいけ》と深《ふか》い関《かか》わりがある。ここを舞台《ぶたい》にした「耳なし芳一《ほういち》」という話が伝《つた》わっている。この芳一《ほういち》の木像《もくぞう》が赤間神宮《あかまじんぐう》の「芳一堂《ほういちどう》」に残《のこ》されている。

本当にあった怖《こわ》い話

七つの家

山口県《やまぐちけん》には「七つの家」という心霊《しんれい》スポットがある。

十軒《けん》の家を建《た》てる予定《よてい》だったが、七軒《けん》建《た》てたときに建設《けんせつ》会社が倒産《とうさん》。その後、心霊《しんれい》スポットになった、という話なのだ。

だが、ある男子大学生が別《べつ》のウワサを耳にした。

「七つの家はウソ。でも、五つの家はある。それは建設《けんせつ》とちゅうに建築《けんちく》会社が倒産《とうさん》したのではなく、山口県内《やまぐちけんない》の山近くに二階《かいだ》建ての家《うち》が三軒《けん》、平屋《ひらや》が二軒《けん》ある場所《ばしょ》があって、そこに住《す》んだ人たちがつぎつぎに死《し》んで、生き残《のこ》った人も行方不明《ゆくえふめい》になった。それ以来《いらい》、心霊《しんれい》スポットになった」

「七つの家」から作られたような話だと彼《かれ》は思った。

教えてくれたのがバイト先で知り合った、あまり信用《しんよう》できない人間だったからだ。

「○○市あたりのどこそこだ」という情報《じょうほう》もあるが、それも信《しん》じられない。

でも、探《さが》しに行くのも面白《おもしろ》そうだ。こういうのはきらいじゃない。彼《かれ》は友人たちとで車二台にわかれて、そこへ向《む》かった。

だがそのとちゅう、車に乗《の》った四人の人間のケータイがいっせいに鳴った。

ビックリしていると切れる。

ケータイを取《と》り出したひとりが小さく声を上げた。

「オ、オレのケータイ、マナーモードなんだけど」

マナーモードなら音が鳴らない。バイブレーションでふるえるだけだ。車内のみんなも同じくマナーモードだったという。

調《しら》べると着信履歴《ちゃくしんりれき》がない。ただ着信音《ちゃくしんおん》が鳴っただけだ。

不思議《ふしぎ》を訪《たず》ねて

楊貴妃《ようきひ》の墓《はか》

長門《ながと》市《し》の二尊院《にそんいん》には「楊《よう》貴妃《きひ》の墓《はか》」があるという。

楊貴妃《ようきひ》とは、楊玉環《ようぎょくかん》が本名の中国・唐代《とうだい》の人物《じんぶつ》。楊《よう》貴妃《きひ》のあまりの美《うつく》しさを皇《こう》帝《てい》が愛《あい》しすぎたため、戦争《せんそう》が起《お》こってしまったほどである。そして世界《せかい》三大美女《びじょ》のひとりだ。

この楊貴妃《ようきひ》が戦争《せんそう》を逃《のが》れてやってきたのが、ここ長《なが》門市《とし》であったらしい。ただ楊貴妃《ようきひ》は武将《ぶしょう》たちからせめられ、中国で自殺《じさつ》したという伝承《でんしょう》もある。

中国で自殺説《じさつせつ》。日本《にほん》に流《なが》れ着《つ》いた説《せつ》。どちらが本当なのだろうか……？

車内がシンとしずまりかえる。

また着信《ちゃくしん》があった。今度《こんど》はひとつだけでちゃんとマナーモードである。それは前を走る友人の車からだった。

『今、いっせいに電話が鳴った。そっちはどうだ？』

前の車でも同じ現象《げんしょう》が起《お》きたようだ。

とちゅう、道路《どうろ》わきに車を止めた。前が先を進《すす》んでいた車で、その後ろが体験者《たいけんしゃ》の彼《かれ》を乗《の》せていた車だ。

ヘッドライトを消《け》すのが怖《こわ》いので、点《つ》けたまま全員《ぜんいん》が車を降《お》りる。

「おかしいよ。変《へん》だよ」

「コエーよ。行くの止《や》めるか？　止《や》めないか？　どうする？」

相談《そうだん》していると、後ろの車のヘッドライトがフツリと消《き》えた。

「だれが消《け》したんだよ？」

「いや全員《ぜんいん》ここにいるぞ」

みな、顔を見合わせた。

「これは探《さが》しに行くな、来るなってことだ」

五つの家は探《さが》さないことを決《き》め、その場でUターンした。

帰りは何も起《お》こらなかった。

その後、別《べつ》の友人三人が「五つの家」をふたたび探《さが》しに行った。が、やはりとちゅうでおかしなことがいくつかあって止《や》めたらしい。

そのとき参加《さんか》した友人が真《ま》っ青《さお》な顔で教えてくれた。

「決定的《けっていてき》だったのが、行くとちゅう、車の中で『探《さが》すな』という男の声を聞いたこと」

だからもうだれも五つの家は探《さが》していない。

36 徳島《とくしま》

宝《たから》と謎《なぞ》が眠《ねむ》る山

TOKUSHIMA

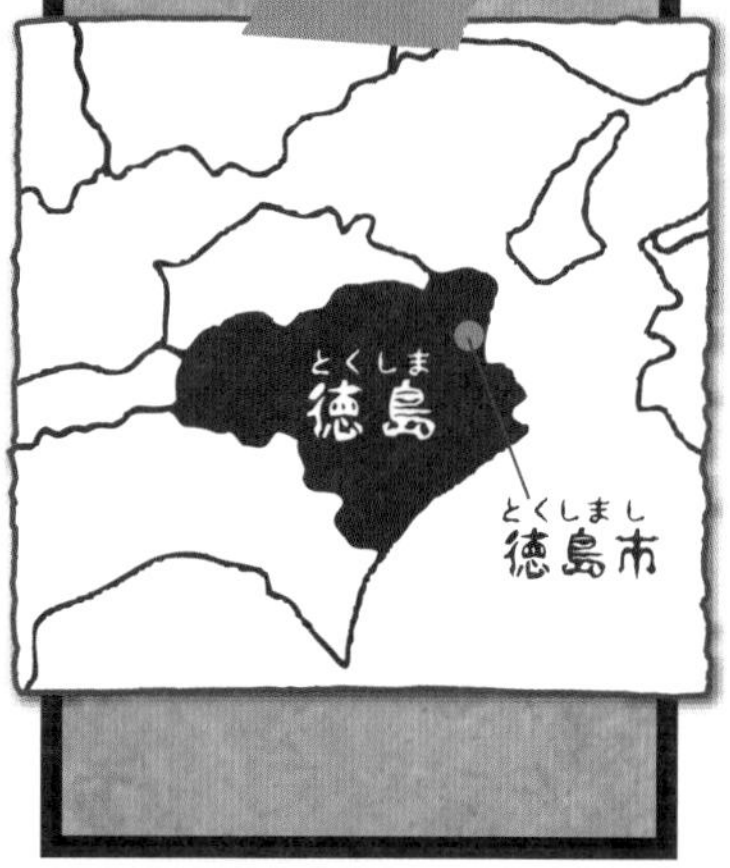

データ▼

面積《めんせき》：4,146km²
県庁所在地《けんちょうしょざいち》：徳島市《とくしまし》
県《けん》の木：ヤマモモ
県《けん》の花：スダチの花
県《けん》の鳥：シラサギ

▼土地　徳島平野《とくしまへいや》の南には四国《しこく》山地がそびえ立っている。鳴《なる》門海峡《かいきょう》の大渦《おおうず》「鳴門《なると》の渦潮《うずしお》」は世界《せかい》でも最大規模《さいだいきぼ》の渦《うず》である。四国のお寺をめぐる「四国《しこく》八十八ヶ所めぐり」始《はじ》まりの地だ。

▼歴史《れきし》　元暦《げんりゃく》二年（一一八五年）、源義経《みなもとのよしつね》が平氏《へいし》を攻《せ》めるため、阿波国《あわのくに》（注《ちゅう》1）へ渡《わた》ってきた。明治十三年に今の徳島県《とくしまけん》となった。

▼伝承《でんしょう》　海部郡《かいふぐん》海陽町《かいようちょう》浅川《あさかわ》にある「鯖大師《さばだいし》」。ここで祈願《きがん》し、三年間鯖を食べないようにすると願《ねが》いごとが叶《かな》うと言われている。

本当にあった怖《こわ》い話

夜の山門《さんもん》

徳島県《とくしまけん》は四国《しこく》八十八ヶ所《かしょ》めぐりの一番から二十三番のお寺がある。

そして、十一番の金剛山《こんごうざん》一乗院《いちじょういん》藤井寺《ふじいでら》から摩盧《まろ》山正寿院焼山寺《ざんしょうじゅいんしょうさんじ》に通じる道は「遍路《へんろ》ころがし」と呼《よ》ばれている。お遍路《へんろ》さん（注《ちゅう》2）が歩くと転《ころ》げ落《お》ちそうなせまい道だからである。

この遍路《へんろ》ころがしの道を、ある男性《だんせい》がバイクで走っていた。

とくに用事《ようじ》があったわけではない。少し乗《の》りたかっただけだ。

秋が深《ふか》まっているころで、あたりはすでに真《ま》っ暗《くら》になっている。

（こんな時間に遍路《へんろ》ころがしを走るんじゃなかった）

後悔《こうかい》しながら暗《くら》い山道を進《すす》んでいく中、彼《かれ》は心の中で首をかしげた。

（……あれ？　こんな風景《ふうけい》だったっけ？）

記憶《きおく》にある景色《けしき》とちがうように感《かん》じる。

見知らぬお寺の山門が、ヘッドライトに浮《う》かび上がった。

こんなところに、こんなものはないはずだ。

思わずバイクを止め、じっと山門を見つめる。

山号《さんごう》や寺号《じごう》、院号《いんごう》（注《ちゅう》3）がないかと思ったが、どこにもない。

門はすでに閉《と》じられており、奥《おく》は見えなかった。境内《けいだい》がどうなっているのかすらわからない。

急《きゅう》に寒気《さむけ》が背中《せなか》に走った。

（もう帰ろう）

バイクをスタートさせようとしたとき、ふいに子どものころを思い出す。

九年ほど前、小学校四年生くらいのとき。

夜のお寺。その門の前で、自分はだれかと話し

注《ちゅう》1▶「阿波国《あわのくに》」…徳島県周辺《とくしまけんしゅうへん》の昔《むかし》の呼《よ》び名。　注《ちゅう》2▶「お遍路《へんろ》さん」…四国《しこく》八十八ヶ所《かしょ》を祈願《きがん》のためにめぐって歩く人のこと。
注《ちゅう》3▶「山号《さんごう》、寺号《じごう》、院号《いんごう》」…お寺《てら》の呼《よ》びかた。

不思議《ふしぎ》を訪《たず》ねて

剣山《つるぎさん》

徳島県最高峰《とくしまけんさいこうほう》の山・剣山《つるぎさん》には、秘宝《ひほう》の話がある。この秘宝《ひほう》だが、山頂《さんちょう》近くにある宝蔵石神社《ほうぞうせきじんじゃ》のイワクラ（巨石《きょせき》）のところにかくされているらしい。「安徳天皇《あんとくてんのう》の宝剣《ほうけん》」あるいは「ソロモン秘宝伝説《ひほうでんせつ》・契約《けいやく》の箱《はこ》」ではないかと言われている。宝剣《ほうけん》、契約《けいやく》の箱《はこ》とは、いったい何であろうか。宝剣《ほうけん》は「天叢雲剣《あまのむらくものつるぎ》（草薙剣《くさなぎのつるぎ》）」。契約《けいやく》の箱《はこ》は「十戒《じっかい》」を記した石板《せきばん》とヘブライの秘宝《ひほう》を納《おさ》めたもので、聖櫃《アーク》と呼《よ》ばれるものである。どちらの秘宝《ひほう》も、今なお見つかっていない。

たことがある。

相手《あいて》は色白のおじさんだ。まゆ毛はあまりなく、怖《こわ》い顔だった。頭はたてに長く、のばした白髪《しらが》を左右にたらしている。服《ふく》は色がうすくなった赤い着物《きもの》に足下《あしもと》はゲタをはいていた。

お坊《ぼう》さんではないことは知っている。だが、だれなのか、どうして夜のお寺で会話したのかまではおぼえていない。かっこうが変《か》わっている人だから、そこだけはよく記憶《きおく》していた。

ほかにだれかいただろうか？　いたようにも思うし、いなかったようにも思う。

「また来《こ》い。むかえに来《こ》い。約束《やくそく》だ」

おじさんと指切《ゆびき》りげんまんをした。

（あれは、この門の前に似《に》ている……。まさか。いや、そんなはずはない）

何かが動《うご》いた気がして、門の方へ顔をむけた。とびらにすきまが空《あ》いている。

色のうすくなった赤い着物《きもの》のそでと、白く細い手がひらひらとさし出された。

息《いき》をのむ。

手が、すうっ、とこちらにのびてくるのを見た。

彼《かれ》は逃《に》げた。めちゃくちゃなスピードを出した。夜の山道だったけれど、そんなことを気にしてはいられなかった。

どれくらい走っただろう。やっと知っている道に出る。

後ろをふり返《かえ》ると、そこはいつもの景色《けしき》だった。

それから翌年《よくとし》の春、彼《かれ》は明るい時間に遍路《へんろ》ころがしをふたたびバイクで走った。

最初《さいしょ》から最後《さいご》まで知っている道で、あのおかしな場所《ばしょ》はどこにもなかった。

（でも、またあそこへ行きそうな気がする）

だから彼《かれ》は今、できるだけ夜に山道を走らないようにしている。

北斗七星《ほくとしちせい》をまつる縄文人《じょうもんじん》、地上にうつされた星

四国は弘法大師《こうぼうだいし》が生まれ、修行《しゅぎょう》したところである。その四国の徳島県《とくしまけん》にある取星寺《しゅしょうじ》は、弘法大師《こうぼうだいし》が空にある妖《よう》星《せい》を地上に落《お》とし、星のかけらで作った仏像《ぶつぞう》をおさめた寺である。その寺につぎのような伝説《でんせつ》がある。

「弘法大師《こうぼうだいし》が生き物《もの》や農作物《のうさくぶつ》にいたずらをする悪《わる》い星が天にいるのを見つけられた。大師《たいし》はこの悪《わる》い星をにらみ落《お》としたが、星は西へ西へとにげ出してしまった。大師《たいし》も負《ま》けずに追《お》いかけ取星寺《しゅしょうじ》あたりで追《お》いつき、やっとのことでこの悪《わる》い星をやっつけることができた」

伝説《でんせつ》の中のにらみ落《お》とした星とはなんのことだろうか？

筆者《ひっしゃ》は、星を地上にうつす縄文人《じょうもんじん》のことを研究《けんきゅう》しているので、にらみ落《お》とすとは星を地上にうつすということだと思いついたのだ。そして、にらみ落《お》とされた星とはイワクラのことにちがいない。縄文《じょうもん》時代《じだい》の星を地上にうつす話がすがたを変《か》えて、弘法大師《こうぼうだいし》の伝説《でんせつ》になったのだろう。とすれば、取星寺《しゅしょうじ》の東の方向《ほうこう》にあるイワクラをつないでいけば、にらみ落《お》とした星の正体がわかるのではないか？

そこで、まず取星寺《しゅしょうじ》に行き、イワクラをさがしたが見つからなかった。がっかりして山を下りようとしたとき、何かが横道《よこみち》に入るのがちらっと見えた。それは、筆《ひっ》者《しゃ》においでと言っているように感《かん》じたので、その細い山道を登《のぼ》っていった。おどろいたことに目の前に巨大《きょだい》なイワクラがあらわれたのだ。

さらに、山道を行くと、つぎのイワクラを見つけることができたのである。

その東は田園地帯《ちたい》となり、イワクラは見当たらなかった。しかし、縄文《じょうもん》時代《じだい》のイワクラの多くは、そのあとの時代《じだい》にこわされ、そのあとを神社《じんじゃ》としてまつっていることが多いのである。

そこで、筆者《ひっしゃ》は、村の神社《じんじゃ》を調《しら》べ、それらを地図にしてみた。はたして、北斗《ほくと》七星《しちせい》のすがたがあらわれたのである（図1）。

そう、弘法大師《こうぼうだいし》がにらみ落《お》とした星とは、北斗七星《ほくとしちせい》のことだったのだ！

それだけではない。この北斗七星《ほくとしちせい》の北に小山がふたつあり、それを北極星《ほっきょくせい》としたとき四千八百年前の星空と

図1：徳島《とくしま》にあらわれた北斗七星《ほくとしちせい》。取星寺《しゅしょうじ》のイワクラから東の方向《ほうこう》にあるイワクラや神社《じんじゃ》を結《むす》んでできた北斗七星《ほくとしちせい》である。

そっくりなのにおどろいた。

ところで、弘法大師《こうぼうだいし》と北斗七星《ほくとしちせい》の話は、徳島《とくしま》だけではない。大阪府《おおさかふ》にも同じような話が残《のこ》っているのである。

大阪《おおさか》の交野市《かたのし》に獅子窟寺《ししくつじ》というお寺があるのだが、ここに弘法大師《こうぼうだいし》が修行《しゅぎょう》されているとき七つの星がふってきたという伝説《でんせつ》が残《のこ》っている。

七つの星？　筆者《ひっしゃ》は北斗七星《ほくとしちせい》のことだとひらめいたのである。寺の近くの山に観音岩《かんのんいわ》（写真《しゃしん》）という巨大《きょだい》な岩があり、これが北斗七星《ほくとしちせい》のひとつにちがいないと考え、まわりの岩や神社《じんじゃ》を調《しら》べた結果《けっか》、北斗七星《ほくとしちせい》のすがたがあらわれたのである（図２）。

写真《しゃしん》：観音岩《かんのんいわ》。遠くからも良《よ》く見える巨岩《きょがん》である。

縄文人《じょうもんじん》は、なぜ北斗七星《ほくとしちせい》や北極星《ほっきょくせい》を地上にうつしたのだろうか？

縄文人《じょうもんじん》にとって最《もっと》も恐《おそ》ろしいことは、地震《じしん》や洪水《こうずい》といった自然《しぜん》の災害《さいがい》であった。そこで北斗七星《ほくとしちせい》や北極星《ほっきょくせい》を地上にうつし、それを神様《かみさま》がやどる岩、イワクラとしてまつることで災害《さいがい》をふせごうとした、とは考えられないだろうか？

ふたつの場所《ばしょ》は、大きな川のそばにあり、洪水《こうずい》の危険《きけん》のある場所《ばしょ》である。そこに住《す》む人びとは洪水《こうずい》から身《み》を守《まも》りたいために、地上の北極星《ほっきょくせい》や北斗七星《ほくとしちせい》であるイワクラを大切に神様《かみさま》としてまつってきたのだ。

そういえば北斗七星《ほくとしちせい》はひしゃくの形をしている。人びとはこの天の大きなひしゃくで洪水《こうずい》の水をくみ出してほしいと願《ねが》ったのかもしれない。いや、これはすこし考えすぎかな。

図２：交野市《かたのし》にあらわれた北斗七星《ほくとしちせい》。交野市《かたのし》の東にある交野山《こうのさん》の山中にあらわれた北斗七星《ほくとしちせい》であり、そのすべての星の位置《いち》にイワクラがまつられている。

37 香川《かがわ》

空海《くうかい》の生まれ故郷《こきょう》

データ▼

面積《めんせき》：1,877km^2
県庁所在地《けんちょうしょざいち》：高松市《たかまつし》
県《けん》の木：オリーブ
県《けん》の花：オリーブ
県《けん》の鳥：ホトトギス

KAGAWA

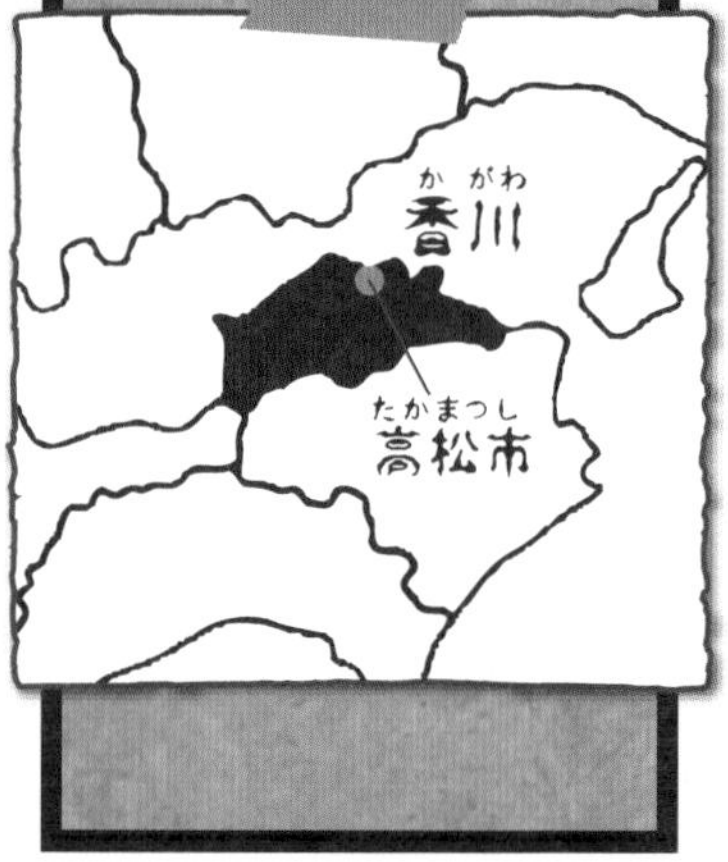

▼土地 香川県《かがわけん》は四十七都道府《とどうふ》県《けん》で一番せまい面積《めんせき》を持《も》つ。昔《むかし》から雨が少なく、夏になると水《みず》不足《ぶそく》になりやすい地域《ちいき》だ。

▼歴史 明治《めいじ》二十一年に今の香《か》川県《がわけん》が生まれた。香川県《かがわけん》は「かが川（平《たい》らな草地）」や「枯《か》れ川」から名づけられたという。

▼伝承 香川県《かがわけん》は真言宗《しんごんしゅう》の開《かい》祖《そ》・空海《くうかい》の生まれ故郷《こきょう》だ。大師《だいし》は幼《おさな》いころ「真魚《まお》」といい、このときすでにさまざまな学問《がくもん》を修《おさ》めていた。僧《そう》となってからも全国《ぜんこく》にさまざまな伝説《でんせつ》、伝承《でんしょう》を残《のこ》した。

本当にあった怖《こわ》い話

お遍路《へんろ》さん

ある男性《だんせい》が夜中、国道十一号線《ごうせん》を愛媛側《えひめがわ》へ車で走っていた。

助手席《じょしゅせき》に座《すわ》る友だちの女性《じょせい》が前の方を向《む》いて、こんなことを言う。

「こんな時間にもお遍路《へんろ》さんがいるんだ」

見れば、左手側《がわ》の歩道に三人の白い後ろすがたがライトに浮《う》かび上がっている。

全員《ぜんいん》が笠《かさ》をかぶっていた。

お遍路《へんろ》さんは、御神仏《ごしんぶつ》に願《ねが》いごとをしながら四国八十八ケ所《かしょ》の霊場《れいじょう》をめぐる人のことだ。

「車やバイクを使《つか》わず、歩く人もいるのかもね」

すごいねと答えて、そのまま追《お》い越《こ》した。

しかし少し進《すす》むとまた三人のお遍路《へんろ》さんが歩いている。

さっき見た人たちのすがたそっくりに思えた。

まさかちがう人たちだと笑《わら》っていたが、真夜中《まよなか》のお遍路《へんろ》、かつ、三人組というのはぐうぜんでもなかなかないのではないか？ と少し気持《きも》ち悪《わる》くなった。

あまり見ないように追《お》い越《こ》してから数分後、また白い三人組を見つけた。

三度《さんど》めだ。今回は少し速度《そくど》をゆるめてじっくり観察《かんさつ》した。

白装束《しろしょうぞく》だと思っていたのはなぜか白いスーツで、手には白い紙袋《かみぶくろ》を持《も》っている。そこに笠《かさ》をかぶっているのだから、チグハグな服装《ふくそう》だ。

友だちに、

「ちゃんと顔を見て」

とたのむ。

「笠《かさ》の下はふつうの人の顔だよ。全員《ぜんいん》おじさんだった」

車のスピードを上げた。しかし、また三人組の

不思議《ふしぎ》を訪《たず》ねて

うどんはだれが？

空海《くうかい》には不思議《ふしぎ》な話が多いが、実《じつ》は「伝《つた》えたもの、関係《かんけい》しているもの」も多い。

ひらがな、いろは歌、エツという魚、手こね寿司《すし》、九条《くじょう》ねぎ……、そして「讃《さぬ》岐《き》うどん」も大師《たいし》が伝《つた》えたとか。当時の中国で密教《みっきょう》を学んだとき、四国にうどんの技法《ぎほう》を持って帰ってきたようだ。

ただし、うどんの伝承《でんしょう》にはいろいろな説《せつ》がある。空《くう》海《かい》の手によってか、それともほかの者《もの》によってか、今も議論《ぎろん》がかわされ続《つづ》けている。

白いスーツがいる。

さっきとまったく同じだ。友だちがおびえて言う。

「さっきと同じ人たちだ！」

「スーツでお遍路《へんろ》しているのも意味《いみ》があるのかもしれないし、もしかしたらたくさんの人がしめし合わせて、同じかっこうで歩いているのかも」

怖《こわ》い気持《きも》ちを吹《ふ》き飛《と》ばそうとそんな風に言ってはみたものの、友だちは納得《なっとく》しない。

「あれは、絶対《ぜったい》に同じ人たちだよ！」

その通りだ。自分がチラッと見ただけでも同じ顔だったことはわかっている。あらためて怖《こわ》くなった。だから、ほかの道へ入って、ファミレスへ逃《に》げた。

友だちとあの三人のことを話すうち、気づいたことがある。

「あの人たち、お遍路《へんろ》だとしたら、逆《ぎゃく》うちだね」

お遍路《へんろ》は、ふつう右回り——一番札所《ふだしょ》からだ。しかし三人は左回り方向《ほうこう》である愛媛《えひめ》方向《ほうこう》へ歩いていた。願《ねが》いが叶《かな》いやすい回り方だから、選《えら》ぶ人も多い。だからおかしなことではない。

ただし、同じ三人組が何度《なんど》もくりかえしあらわれることをのぞいては。

「ここを出て、またあの三人を見たらどうしよう？」

もう会いたくない。

朝、明るくなるまでファミレスで過《す》ごすことにした。

38

女神《めがみ》の名を持《も》つ愛媛《えひめ》

データ▼

面積《めんせき》：5,676km^2
県庁所在地《けんちょうしょざいち》：松山市《まつやまし》
県《けん》の木：マツ
県《けん》の花：ミカンの花
県《けん》の鳥：コマドリ

EHIME

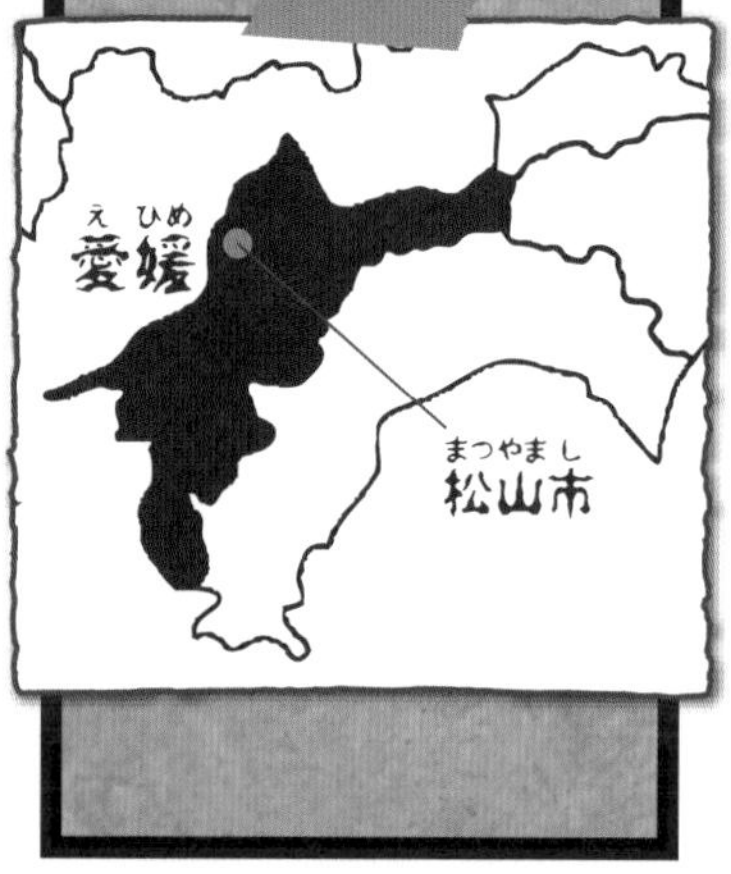

▼土地　愛媛県《えひめけん》は瀬戸内海側《せとないかいがわ》と宇和海側《うわかいがわ》で気候《きこう》がちがう。瀬戸内海側《せとないかいがわ》だと暖《あたた》かく雨が少ない。宇和海側《うわかいがわ》だと暖《あたた》かく雨が多い。

▼歴史　明治《めいじ》二十一年、今の愛媛県《えひめけん》になる。愛媛《えひめ》という名前だが、伊弉諾尊《イザナギノミコト》・伊弉冉尊《イザナミノミコト》、二柱《ふたはしら》の神《かみ》が日本《にほん》の国を作る神話《しんわ》に「伊予国は愛比売といい」と出てくる。愛比売はえひめと読み、ここから取《と》られた。

▼伝承　宇和島《うわじま》地方に残《のこ》る「牛鬼伝説《うしおにでんせつ》」。牛鬼《うしおに》は牛のような体に長い首。鬼《おに》のような顔がついており、しっぽは剣《けん》になっている。人を襲《おそ》う牛鬼《うしおに》を山伏《やまぶし》が倒《たお》したが、バラバラにした体から血《ち》が七日七晩流《ばんなが》れ続《つづ》けたという。

本当にあった怖《こわ》い話

おかしな蛇《へび》

「ミカン畑《ばたけ》の斜面《しゃめん》で、ツチノコらしきものを見た」

ある男性《だんせい》の祖父母《そふぼ》が笑《わら》いながらこんな話を始《はじ》めた。

ツチノコ。

胴体《どうたい》だけが太く、三角形の頭と短《みじか》いシッポがついた、おかしな形の蛇《へび》だ。

ふつうの蛇《へび》が左右にくねりながら動《うご》くのに、ツチノコはしゃく取《と》り虫のように体をタテにちぢめる。ときにはドーナツのようになって坂《さか》を転《ころ》がることもあるらしい。

日本《にほん》では未確認生物《みかくにんせいぶつ》とよばれるもののひとつで、まだきちんと発見《はっけん》されたことがない生き物《もの》である。

祖父母《そふぼ》はツチノコについての細かい知識《ちしき》はなく、テレビか何かで見たくらいの情報《じょうほう》しか持《も》っていない。

「見たとき、へんな蛇《へび》だなと感《かん》じた。テレビでやっていたツチノコっぽいと思ったが、多分、獲物《えもの》を飲《の》みこんだ蛇《へび》だと思う。ネズミとか少し大きなものを飲《の》んだんだろう」

ただし、タテにちぢむようなおかしな動《うご》きをしていたようだ。

やはりツチノコとしか思えない。

「それ、ツチノコだよ！　つかまえたら賞金《しょうきん》が出るのに！」

体験者《たいけんしゃ》はさわいだが、祖父母《そふぼ》は笑《わら》っている。

「いやいや。そんなことはないだろう。ただの蛇《へび》だよ」

「あんまり見たことのない模様《もよう》だったけれど、たまにはそんなおかしな蛇《へび》もいる」

彼《かれ》らは本当にツチノコと思っていない。

自分の目で確《たし》かめようとどこで見たか質問《しつもん》する

不思議《ふしぎ》を訪《たず》ねて

お菊井戸《きくいど》

「皿屋敷《さらやしき》」という怪談《かいだん》がある。命《いのち》を絶《た》たれたお菊《きく》さんという女性《じょせい》が井戸《いど》に投《な》げこまれたのち、幽霊《ゆうれい》になって……という話だ。

松山城《まつやまじょう》にも「お菊《きく》の井《い》戸《ど》」という井戸《いど》があった。

こちらは恋人《こいびと》が死《し》に、自分は井《い》戸《ど》に身《み》を投《な》げて……ということで、皿屋敷《さらやしき》の話とはちがう。

「松山城《まつやまじょう》のお菊《きく》の井戸《いど》」は第二次世界大戦《だいにじせかいたいせん》後まであったが、今はなくなっている。

いつかまた発見《はっけん》されるときが来るのだろうか？

が、とりあってもらえなかった。

ガッカリしているのを見てかわいそうだと思ったのか、祖父《そふ》が山の方を指《ゆび》さしながら、こんなことを教えてくれた。

「そんな蛇《へび》よりも、めずらしいすごい蛇《へび》がいる」

祖父《そふ》が若《わか》いころ、山仕事《やましごと》のとちゅうで丸太のような蛇《へび》を見た。

頭と尻尾《しっぽ》はしげみの中でわからないが、見えている胴体部分《どうたいぶぶん》だけで大の大人ひとりぶんの身長《しんちょう》ほどの長さはあったはずだ、という。

胴体《どうたい》の模様《もよう》は茶色の上に黒いマダラで、白色もところどころに入っていた。

殺《ころ》してつかまえようとしたら、山仕事《やましごと》の先輩《せんぱい》にやめろと言われたようだ。

「ヒフからも毒《どく》が出ていると聞いたことがあるし、殺《ころ》したら、たたるぞ」

そこまで言われたらあきらめるしかなかった。仕事《しごと》を終《お》えたあと、気になってその場所《ばしょ》までもどってみたがすでにいなくなっている。

蛇《へび》がいた場所《ばしょ》は何かが通ったような跡《あと》だけが残《のこ》っていた。

とても太い跡《あと》だった。

「あれ以来《いらい》、大蛇《だいじゃ》は見ていないが、きっといるぞ」

見つけても毒《どく》とたたりがあるから、どうにもならないがと祖父《そふ》は笑《わら》う。

四国には大蛇《だいじゃ》の伝説《でんせつ》があるが、それとの関係《かんけい》はあるのだろうか——？

39 高知《こうち》

幕末《ばくまつ》の快男児《かいだんじ》が生まれた地

データ▼

面積《めんせき》：7,103km²
県庁所在地《けんちょうしょざいち》：高知市《こうちし》
県《けん》の木：ヤナセスギ
県《けん》の花：ヤマモモ
県《けん》の鳥：ヤイロチョウ

KOUCHI

▼**土地**　太平洋側《たいへいようがわ》にあり、台風がよく通る。海が近いが実《じつ》は山が多い「山国」だ。

▼**歴史《れきし》**　明治《めいじ》十三年、今の高知《こうち》県《けん》になった。幕末《ばくまつ》に活躍《かつやく》した「坂本龍馬《さかもとりょうま》」「武市半平太《たけちはんぺいた》」らが出ている。

▼**伝承《でんしょう》**　香美市香北町《かみしかほくちょう》に「轟《とどろき》の滝《たき》」がある。昔《むかし》、ここで玉織姫《たまおりひめ》という姫《ひめ》がいなくなった。滝《たき》つぼにすむ蛇《へび》のしわざだと、父親が助《たす》けに向《む》かう。だが、滝《たき》の中では姫《ひめ》と若《わか》い侍《さむらい》がなかよく暮《く》らしていた。ふたりにもてなされた父親は三日後に地上へもどったが、いつの間にか三年がすぎていたという。姫《ひめ》といた侍《さむらい》はやはり大蛇《だいじゃ》であった。

本当にあった怖《こわ》い話

山の奥《おく》で

高知県《こうちけん》には山歩きするのに良《よ》い山がいろいろある。

しかし、体験者《たいけんしゃ》の父親が若《わか》いころに仕事《しごと》で入った山は、そういったものではない。人が通れる道はあまりなく、どこもあぶない場《ば》所《しょ》ばかりだった。

その日も父親はヤブをはらいながら進《すす》んだ。後ろから来る後輩《こうはい》がふいに口を開《ひら》く。

「だれか泣《な》いてますよね？」

耳をすませば、たしかに女の泣《な》き声のようなものが細く聞こえた。

だが山の中だ。鳥や動物《どうぶつ》の声か、何か音がひびいているのだろう。

「気にするな。どうせそう聞こえるだけだ」

後輩《こうはい》に言い捨《す》てて前に進《すす》む。しかしどんどん泣《な》き声は大きくなる。

（これは本当にだれかが泣《な》いているのか……？）

父親の不安《ふあん》に気づいたのか、近くにいた先輩《せんぱい》がふいにもらした。

「山の中って、変《へん》なことがあるもんだ。おれもこういうのははじめてだけど。まあ、こんなあやしいもんより、生きているもんのほうが強い」

気にせず仕事《しごと》をするぞということで、作業《さぎょう》を進《すす》めた。

いつの間にか声は消《き》え、何もおかしなことはなくなっていた。

昼休み、弁当《べんとう》を食べて少し休憩《きゅうけい》していると、知らぬ間に先輩《せんぱい》のすがたが見えなくなっている。探《さが》すと、しげみの中で背《せ》を丸めていた。

声をかけようと近づいたときだった。先輩《せんぱい》のいるところから女の泣《な》き声が聞こえた。父親は先輩《せんぱい》の背中《せなか》をたたいてふり向《む》かせる。

息《いき》が止まりそうになった。

白目をむいた先輩《せんぱい》の口だけが動《うご》いていた。

そこから高い女の泣《な》き声が聞こえていた。

物《もの》まねなどの悪《わる》ふざけではないことはすぐにわかる。

何度《なんど》も肩《かた》をゆらしたりしてやっと泣《な》き声は止《や》み、正気にもどったが、その日の先輩《せんぱい》はそれから仕事《しごと》にならなかった。

ある一点を見つめて、ボーッとしていただけだった。

山を下りてからも、その先輩《せんぱい》の家でもおかしなことがあったと聞いた。洋服《ようふく》を着《き》た見知らぬ女が庭《にわ》で泣《な》いているのを、その家の妻《つま》が見たらしい。

庭《にわ》におりると、女はまるでサルのような身《み》のこなしでサクをとびこえ、すがたを消《け》したという。

先輩《せんぱい》の家に出た女は、それからすがたを見せていない。

だから正体はわからない。山の泣《な》き声と関係《かんけい》しているのだろうか。

それとも……。

不思議《ふしぎ》を訪《たず》ねて

足摺《あしずり》の七不思議《ななふしぎ》

足摺岬《あしずりみさき》には七不思議《ななふしぎ》がある。「ゆるぎ石、亀石《かめいし》、汐《しお》の満干手水鉢《まんかんちょうずばち》、竜駒《りゅうこま》と根《ね》笹《ざさ》、大師《だいし》一夜建立《こんりゅう》ならずの華表《とりい》、亀呼場《かめよびば》、大師《だいし》の爪書《つめか》き石、地獄《じごく》の穴《あな》」の八つ…七不思議《ななふしぎ》よりひとつ多い。

八つのうち、「竜駒《りゅうこま》と根《ね》笹《ざさ》、亀呼場《かめよびば》」のふたつをのぞいて、すべて「石・岩」にまつわる不思議《ふしぎ》だ。今もすべて残《のこ》っているので実際《じっさい》に確《たし》かめることができる。

地獄《じごく》の穴《あな》の名前が気になる。穴《あな》は金剛福寺《こんごうふくじ》近く、あるいはそばにある灯台《とうだい》下の洞《どう》くつに通じているとか。

しかしなぜ地獄《じごく》の穴《あな》なのか。「先祖《せんぞ》が地獄《じごく》へ落《お》ちていた場合《ばあい》、それを救《すく》うためにお金を落《お》とす穴《あな》」だから。もちろん、地獄《じごく》に落《お》ちていないご先祖様《せんぞさま》の供養《くよう》にもなるという。地獄《じごく》の穴《あな》へお金を落《お》としに行ってみては？

学校生活で役《やく》立《だ》つ！おまじない

おまじないをきみはいくつ知っているだろう？　ひとつ？　ふたつ？　三つ？　それとももっとたくさん？

ここでは「だれにでもできて、効果《こうか》はバツグン」なおまじないを紹介《しょうかい》しよう。

○くよくよした気持《きも》ちをスッキリさせるおまじない

失敗《しっぱい》をしたり、何かを後悔《こうかい》したり、そんなもやもやした気持《きも》ちのときに。

1　メモ紙に青いペンで、もやもやしたこと、いやなことをできるだけ書き出す。一枚《いちまい》の中にたくさん書いても、何《なん》枚《まい》かになっても良《よ》い。後ろ向《む》きな気持《きも》ちを書ききることが大事《だいじ》。

2　そのメモ紙を、力をこめて丸め、固《かた》いボールにする。このボールを、壁《かべ》に思い切り、力をこめて投《な》げつける！　その瞬間《しゅんかん》、不思議《ふしぎ》と心が軽《かる》くなるだろう。

3　最後《さいご》はすべてのボールを集《あつ》めてごみ箱《ばこ》へ捨《す》てることで、もやもやもいっしょになくなる。

○月のおまじない

月光を浴《あ》びて願《ねが》いごとを叶《かな》えるおまじない。

1　月光を浴《あ》びることができる窓辺《まどべ》に立つ。

2　下腹《したはら》に手を置《お》いて、吐《は》く呼吸《こきゅう》を意識《いしき》しながら三回呼吸《こきゅう》をする。肺《はい》の中の空気を出し切るつもりで、しっかり吐《は》く。

3　つぎに八つ数えながら、そのあいだ中、鼻《はな》から息《いき》を吸《す》いこむ。そこまできたら少し息《いき》を止めて、また八つ数えて鼻《はな》から吐《は》き出す。

4　数えている間は、下腹《したはら》に月光のエネルギーが満《み》ちていくようなイメージを持《も》つ。

5　月光のエネルギーが下腹《したはら》に満《み》ちたように感《かん》じたら、願《ねが》いごとをイメージする。

上弦《じょうげん》の月（注1）や下弦《かげん》の月（注2）など、月の満《み》ち欠《か》けによって、向《む》いているテーマがある。

- **満月《まんげつ》＝願《ねが》いごとが叶《かな》う。**
- **上弦《じょうげん》の月＝迷《まよ》いを断《た》ち切る。**
- **下弦《かげん》の月＝浄化《じょうか》をする。**
- **新月＝何か新しいことを始《はじ》めるなら、新月にスタートすると良《よ》い。**

注《ちゅう》1▶「上弦《じょうげん》の月」…昼ごろに東の空にのぼる半月。真夜中《まよなか》に西の空にしずむ。注2▶「下弦《かげん》の月」…真夜中《まよなか》に東の空にのぼる半月。昼ごろに西の空にしずむ。

○緊張《きんちょう》しなくなるおまじない

大勢《おおぜい》の前で話すときやスポーツの試合《しあい》などで、緊張《きんちょう》するとふだんの力が出せないこともある。そんなとき使《つか》うおまじない。

1 人前で話す前に両手《りょうて》のひらの真《ま》ん中《なか》に、赤いペンで星形を小さく描《えが》き、にぎりこぶしを作って力を入れる。

2 ポイントはにぎりこぶしの形。親指《おやゆび》以外《いがい》の四指《しし》をにぎりこむ。さらに外側《そとがわ》から、その四指《しし》を親指《おやゆび》で押《お》さえこむ。空手《からて》の正拳《せいけん》の形。赤ペンで書いた星印《ほしじるし》を、にぎりしめる感覚《かんかく》。

3 全力《ぜんりょく》の七十パーセントくらいの力をこめて五秒《びょう》キープし、そのあと十秒《びょう》ほど時間をかけて、星印《ほしじるし》の中心から血《ち》が全《ぜん》身《しん》にめぐっていくイメージをしながら、ゆっくり力を抜《ぬ》く。

4 全身《ぜんしん》がリラックスして、とても心が静《しず》かになっているはずだ。これで緊張《きんちょう》しない。

○笑顔《えがお》になるおまじない

仲《なか》よくなりたいのに、どうしても話しかけられない。そんなときに心がけてほしいおまじない。

これらのおまじないは、きみたちにきっと役立《やくだ》つはず。思い出したら使《つか》ってみよう。

1 まずは毎日鏡《かがみ》を見たときに、にっこりと自分に笑《わら》いかけてみる。

2 鏡《かがみ》の中の笑顔《えがお》になった頬骨《ほおぼね》の中心に、口紅《くちべに》やリップでちょんと印《しるし》をつける。

3 そのあとで、友だちにかけたい言葉《ことば》を鏡《かがみ》の中の自分に話しかけてみる。

4 いいタイミングのときに、最高《さいこう》の笑顔《えがお》で仲《なか》よくなれるはず！

40 福岡《ふくおか》

出土《しゅつど》した金印《きんいん》と皇后《こうごう》の伝承《でんしょう》

データ▼

面積《めんせき》：4,986km²
県庁所在地《けんちょうしょざいち》：福岡市《ふくおかし》
県《けん》の木：ツツジ
県《けん》の花：ウメ
県《けん》の鳥：ウグイス

FUKUOKA

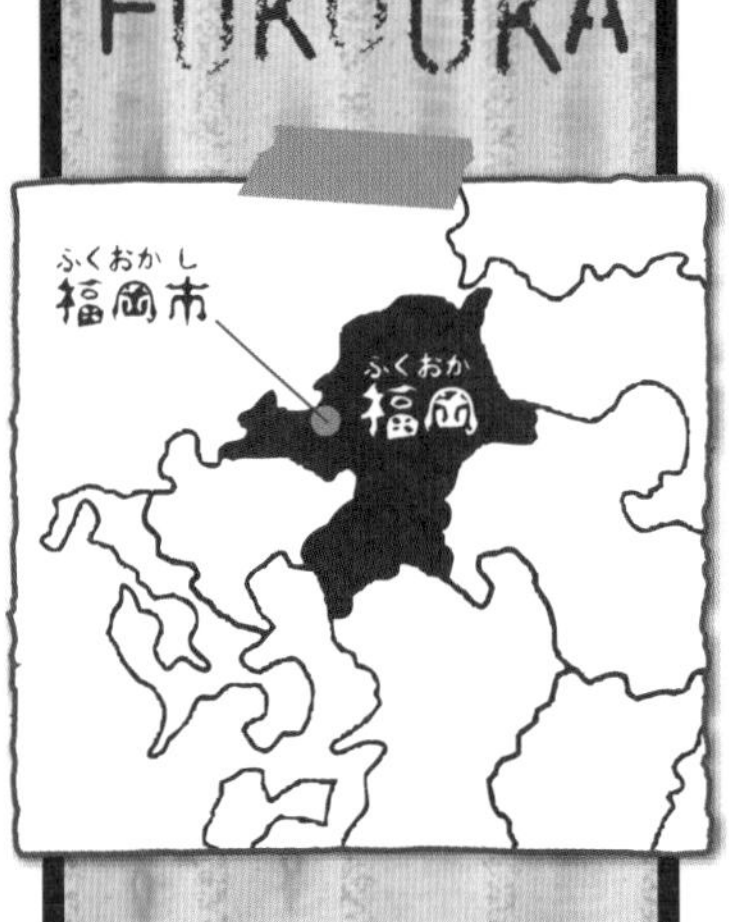

▼土地 九州《きゅうしゅう》地方の県《けん》で一番人口が多い。基本的《きほんてき》に太平洋《たいへいよう》気《き》候《こう》であり、夏は雨が多く降《ふ》り、湿度《しつど》が高い。冬は雨が少なく、乾燥《かんそう》する。

▼歴史《れきし》 明治《めいじ》九年に今の福岡県《ふくおかけん》となった。福岡市東区志賀島《ふくおかしひがしくしかのしま》から古代《こだい》の「金印《きんいん》」が出土《しゅつど》している。それは中国の王朝から贈《おく》られた「漢委奴国王印《かんのわのなのこくおういん》」と呼《よ》ばれた純金製《じゅんきんせい》の王印《おういん》（注《ちゅう》1）である。

▼伝承《でんしょう》 玄界灘沿岸《げんかいなだえんがん》には、「神《じん》功皇后《ぐうこうごう》」の伝承《でんしょう》が数多く残《のこ》る。第《だい》十四代天皇《だいてんのう》・仲哀天皇《ちゅうあいてんのう》の后《きさき》で、第《だい》十五代天皇《だいてんのう》・応神天皇《おうじんてんのう》の母親だ。神功皇后《じんぐうこうごう》は応神天皇《おうじんてんのう》とともに、全国《ぜんこく》の八幡社《はちまんしゃ》でまつられている。

本当にあった怖《こわ》い話

舞台監督《ぶたいかんとく》の話

福岡県《ふくおかけん》は住《す》みやすい県《けん》の一位《い》によくあげられる。都会《とかい》でありながら自然《しぜん》も豊《ゆたか》か。そして何よりも食べ物《もの》がおいしい。

話を聞かせてくれた人は、演劇《えんげき》もさかんな福岡《ふくおか》県《けん》に仕事《しごと》を求《もと》めて、二十年前に引っこしてきた。今ではベテランの舞台監督《ぶたいかんとく》になっている。

舞台監督《ぶたいかんとく》は音響《おんきょう》、照明《しょうめい》、装置《そうち》などのスタッフを管理《かんり》する責任者《せきにんしゃ》のことである。公演《こうえん》がトラブルもなく無事《ぶじ》に終《お》わるかどうかは舞台監督《ぶたいかんとく》にかかっているといってもいいほどだ。

ある芝居《しばい》の装置《そうち》で稲荷神社《いなりじんじゃ》を作ることになった。ふつうの神社《じんじゃ》では狛犬《こまいぬ》が出むかえてくれるが、稲荷神社《いなりじんじゃ》はキツネである。このキツネは神様《かみさま》のお使《つか》いとされている。

舞台装置《ぶたいそうち》の責任者《せきにんしゃ》はまだ若《わか》く、責任者《せきにんしゃ》をまかされたのははじめてだった。そのため、とてもはりきっている。特《とく》に舞台中央《ぶたいちゅうおう》に置《お》かれる神社《じんじゃ》に対《たい》するこだわりがすごい。

福岡県内《ふくおかけんない》の天開稲荷《てんかいいなり》、浮羽稲荷《うきはいなり》など、有名《ゆうめい》な神《じん》社《じゃ》はもちろん、小さな神社《じんじゃ》もさがしては写真《しゃしん》をとって研究《けんきゅう》したという。とりつかれたかのように神社《じんじゃ》を作る責任者《せきにんしゃ》を見て、舞台監督《ぶたいかんとく》である彼《かれ》は不安《ふあん》になった。

「本物《ほんもの》らしく見えればいいんだ。本物《ほんもの》そっくりに作る必要《ひつよう》はない」

何度《なんど》もアドバイスをしたが言うことを聞かない。そしてできあがった神社《じんじゃ》は本物《ほんもの》そっくりで、おそなえ物《もの》などもきちんと置《お》いてある。彼《かれ》はますます不安《ふあん》になった。

悪《わる》いことに、その予感《よかん》は的中《てきちゅう》する。

初日《しょにち》が終《お》わったあと、役者《やくしゃ》のひとりが本番中にどこからか走り回る足音が聞こえたと言ってきた

注《ちゅう》1▶「王印《おういん》」…王様《おうさま》などが使《つか》う印《しるし》のこと。

のだ。観客《かんきゃく》のアンケートにも「本番中なのに足音がうるさい」と書かれたものがいくつもある。

本物《ほんもの》そっくりの神社《じんじゃ》に何かが――すがたの見えない何ものかが集《あつ》まって来《き》たのかもしれない。そう考えた彼《かれ》はおそなえ物《もの》の酒《さけ》を手に取《と》り、

「おとなしくしていたら返《かえ》しますね」

と神社《じんじゃ》に向《む》かって言った。

それから本番中に足音が聞こえることはなくなった。
そして公演《こうえん》が終《お》わったあと彼《かれ》は、しまっていた酒《さけ》を神社《じんじゃ》のあちこちにかけると、
「ありがとうございました」
と何かに向《む》かってお礼《れい》を言った。

不思議《ふしぎ》を訪《たず》ねて

神《かみ》の島《しま》

宗像《むなかた》市玄界灘《げんかいなだ》に浮《う》かぶ「沖《おき》ノ島《しま》」は、貴重《きちょう》な発見《はっけん》があった島《しま》だ。

古代《こだい》の祭祀《さいし》（注《ちゅう》2）に使《つか》った品《しな》じなが残《のこ》されていたからである。

数多くの巨石《きょせき》もあり、祭祀《さいし》の場所《ばしょ》だったのではないかと言われている。

ただし、この沖《おき》ノ島《しま》では「生き物《もの》を殺《ころ》してはいけない」「一草一木一石も持《も》って帰ってはいけない」「見聞きしたことは、だれにも言ってはいけない」などのおきてがある。

島《しま》へ上陸《じょうりく》することも、ほとんどゆるされなくなった。神《かみ》の島《しま》・沖《おき》ノ島《しま》だからこそだろう。


注《ちゅう》2▶「祭祀《さいし》」…神様《かみさま》をまつること、祭《まつ》りのこと。

41 佐賀《さが》

巨大《きょだい》な古代《こだい》のクニを発見《はっけん》

データ▼

面積《めんせき》：2,440km²
県庁所在地《けんちょうしょざいち》：佐賀市《さがし》
県《けん》の木：クスノキ
県《けん》の花：クスの花
県《けん》の鳥：カササギ（カチガラス）

SAGA

▼土地 玄界灘《げんかいなだ》と有明海《ありあけかい》というふたつの海にはさまれており、それぞれ海岸線《かいがんせん》のすがたがちがう。玄界灘《げんかいなだ》はリアス式海岸《しきかいがん》と砂浜《すなはま》。有明海《ありあけかい》は干潟《ひかた》と干拓地《かんたくち》である。

▼歴史《れきし》 明治《めいじ》十六年に今の佐賀《さが》県《けん》となった。神埼郡吉野ケ里町《かんざきぐんよしのがりちょう》と神埼市《かんざきし》をまたぐように「吉野ケ里遺跡《よしのがりいせき》」がある。弥生時代《やよいじだい》の巨大《きょだい》な環濠集落《かんごうしゅうらく》（注《ちゅう》）だ。

▼伝承《でんしょう》 杵島郡白石町《きしまぐんしろいしちょう》にある「秀林寺《しゅうりんじ》」には猫塚《ねこづか》が残《のこ》っている。化け猫物語《ねこものがたり》に関係《かんけい》する塚《つか》だ。秀林寺《しゅうりんじ》の猫塚《ねこづか》にはくわしい話が書かれたかんばんがある。歴史上《れきしじょう》の真実《しんじつ》とはちがうらしいが、はたして……。

本当にあった怖《こわ》い話

化《ば》け猫《ねこ》

佐賀県《さがけん》には、化《ば》け猫騒動《ねこそうどう》の話が伝《つた》わっている。佐賀藩《さがはん》の二代藩主《だいはんしゅ》・鍋島光茂《なべしまみつしげ》の時代《じだい》の物語《ものがたり》だ。光茂《みつしげ》が化《ば》け猫《ねこ》に苦《くる》しめられたという怪談《かいだん》である。

佐賀《さが》に住《す》む、ある女性《じょせい》が言う。

「うちでは猫《ねこ》を飼《か》わないことになっていました」

猫《ねこ》を飼《か》うとその猫《ねこ》に苦《くる》しめられる、たたられるといって、親戚《しんせき》一同、怖《おそ》れているからだ。

理由《りゆう》を祖父《そふ》に聞いたことがある。

「うちは鍋島《なべしま》の血筋《ちすじ》だから、猫《ねこ》はダメだ。光茂《みつしげ》公の時代《じだい》からそう決《き》まっている」

それはウソだった。彼女《かのじょ》の家は鍋島《なべしま》の血《ち》などついでいない。祖父《そふ》と一部《いちぶ》の親戚《しんせき》だけが信《しん》じているだけだった。

もちろん鍋島《なべしま》の化《ば》け猫騒動《ねこそうどう》はのちの時代《じだい》の創作《そうさく》も入っているのだから、怖《おそ》れることがおかしい。だから彼女《かのじょ》は家族《かぞく》にはないしょで仔猫《こねこ》をもらってこようと決《き》めた。

小学六年生のころだったと思う。友だちの家から仔猫《こねこ》をもらってきた。だれにも見られないようにそっと家に入る。

とたんに家の奥《おく》から叫《さけ》び声が聞こえた。

これまでではじめて聞く、恐《おそ》ろしい声だった。あわてて家にかけ上がれば、和室《わしつ》で大騒《さわ》ぎになっている。

まるで土のような顔色をした祖父《そふ》が畳《たたみ》の上で胸《むね》をたたいていた。

注《ちゅう》▶「環濠集落《かんごうしゅうらく》」…まわりにほりがある村のこと。

不思議《ふしぎ》を訪《たず》ねて

吉野ケ里《よしのがり》

吉野ケ里遺跡《よしのがりいせき》の発見《はっけん》で、考古学の世界《せかい》は大さわぎになった。

　ここが「邪馬台国《やまたいこく》」ではないか、と研究者《けんきゅうしゃ》が考えたからだ。邪馬台国《やまたいこく》は日本《にほん》のどこにあったかわからないクニで、考古学者《こうこがくしゃ》たちがずっと探《さが》していた。

　そんなとき、吉野ケ里遺跡《よしのがりいせき》が見つかった。遺跡《いせき》のすがたは、「魏書《ぎしょ》　第三十巻《だいかん》　烏丸鮮卑東夷伝倭人条《うがんせんびとういでんわじんじょう》」にあった邪馬台国《やまたいこく》のさまざまな特徴《とくちょう》とそっくりだったのだ。

　しかし今では「吉野ケ里《よしのがり》遺跡《いせき》は邪馬台国《やまたいこく》ではないのではないか？」ということになった。

　確実《かくじつ》な証拠《しょうこ》が見つからなかったからだ。

　が、吉野ケ里遺跡《よしのがりいせき》は重要《じゅうよう》な遺跡《いせき》であることにちがいはない。


父親が救急車《きゅうきゅうしゃ》を呼《よ》び、祖父《そふ》は一命《いちめい》を取《と》りとめた。

　このさわぎのせいで、もらってきたはずの仔猫《こねこ》は行方《ゆくえ》知れずになってしまった。

　胸《むね》にだいていたはずなのに、気がつくとどこにもいなくなっていたのだ。

　いくら探《さが》しても見つからず、仔猫《こねこ》をくれた友だちにあやまった。

　それから少したったあと、倒《たお》れたときのことを祖父《そふ》が教えてくれた。

「突然《とつぜん》叫《さけ》びたくなって、大声を出したら心臓《しんぞう》が痛《いた》くなって、倒《たお》れた」

　その日に彼女《かのじょ》がひそかに仔猫《こねこ》を連《つ》れていたことを知った祖父《そふ》は、かなり怒《おこ》った。

「ほらみろ、やはり猫《ねこ》はダメだ。たたる」

　猫《ねこ》を家の中に入れたから、自分が死《し》にそうになった、苦《くる》しめられたのだ、と。

　タイミングとしては確《たし》かにその通りだが、あまり信《しん》じる気にはならなかった。

　しかし、それからまた三か月後、祖父《そふ》が倒《たお》れた。今度《こんど》は小学三年生の弟が、拾《ひろ》ってきた仔猫《こねこ》を連《つ》れてきたのだ。

　もちろんその猫《ねこ》のすがたを祖父《そふ》は見ていない。

　それから二回、同じことがあった。

　不思議《ふしぎ》と野良猫《のらねこ》が入りこんだくらいでは何もない。

　ただし、猫《ねこ》を飼《か》おうと連《つ》れてきただけで、祖父《そふ》が倒《たお》れる。

　だから今も、体験者《たいけんしゃ》の家は猫《ねこ》を飼《か》わない。飼《か》えない。飼《か》おうとすらできない。

　飼《か》わなければ、だれも不幸《ふこう》にはならない。

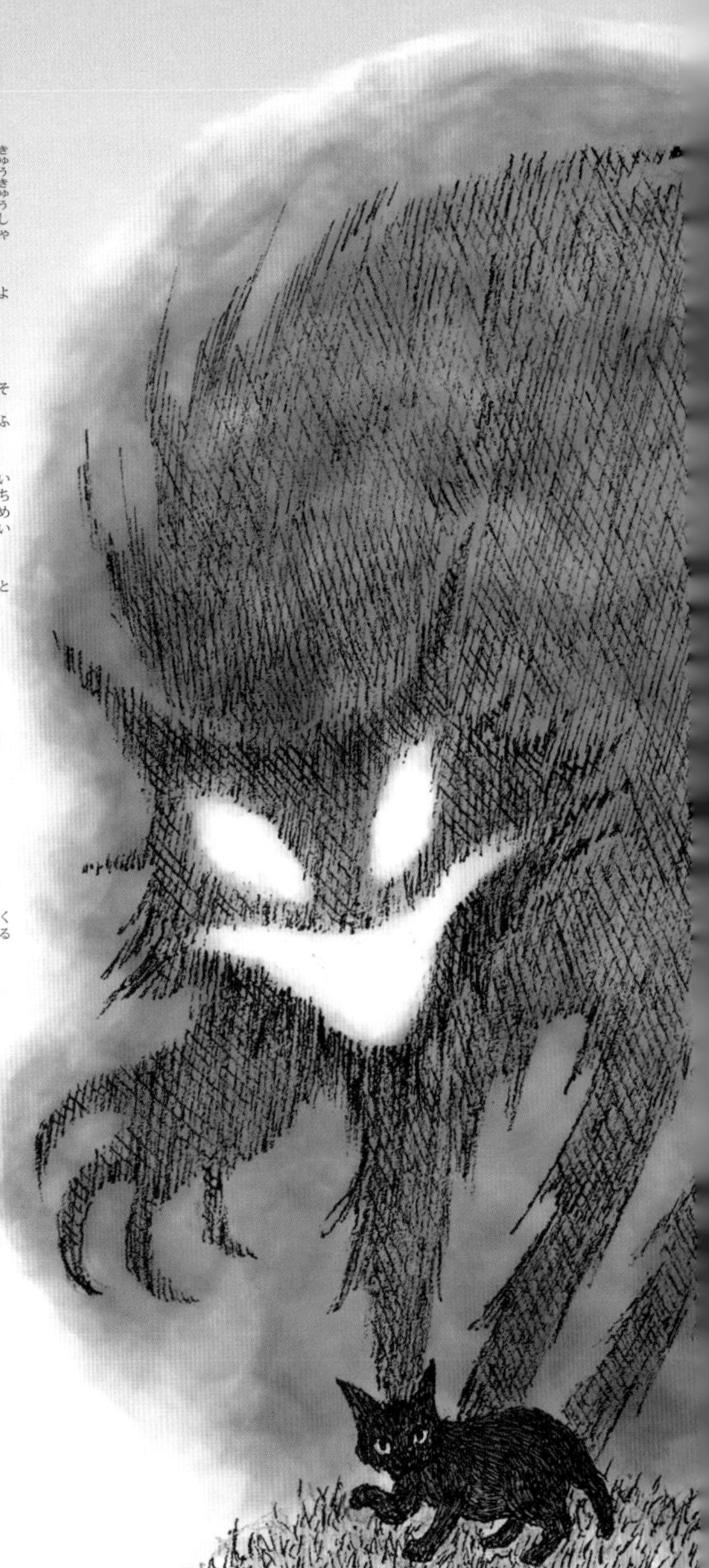

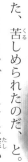

42 長崎《ながさき》

千近い島《しま》じまに歴史《れきし》を刻《きざ》む

データ▼

面積《めんせき》：4,130km²
県庁所在地《けんちょうしょざいち》：長崎市《ながさきし》
県《けん》の木：ヒノキ、ツバキ
県《けん》の花：ウンゼンツツジ
県《けん》の鳥：オシドリ

NAGASAKI

▼土地　長崎県《ながさきけん》には大小の島《しま》じまが九百七十二もある。そのため、海岸線《かいがんせん》の長さは日本全国《にほんぜんこく》二位《い》に。

▼歴《れき》史　明治《めいじ》十六年、今の長崎《ながさき》県にある。この長崎県《ながさきけん》で「島原《しまばら》の乱《らん》」が起《お》こった。江戸時代初《えどじだいしょ》期《き》・寛永《かんえい》十四年（一六三七年）から十五年にわたった日本《にほん》の歴《れき》史上最大規模《だいきぼ》の一揆《いっき》(注《ちゅう》)だった。

▼伝《でん》説　五島列島《ごとうれっとう》の中に「姫《ひめ》島《しま》」という名前の島《しま》がある。昔《むかし》この島へ、ツワブキを取《と》りに来《き》た人びとがいたが、嵐《あらし》が起《お》こり、島には「ヒメ」と呼《よ》ばれる女性《じょせい》が取《と》り残《のこ》され、命《いのち》を落《お》としてしまった。それから、この島《しま》を姫《ひめ》島と呼《よ》ぶようになった。

本当にあった怖《こわ》い話

雨の日に

長崎県《ながさきけん》は雨と坂《さか》が多い。

その女性《じょせい》が住《す》んでいた家は坂《さか》の上にあった。

そして、雨が降《ふ》ると、ときどき不思議《ふしぎ》なことが起《お》こっていた。

それは、仏間《ぶつま》のあたりから女性《じょせい》の美《うつく》しい声が――歌が聞こえることだ。

古い子守歌《こもりうた》のようだが、彼女《かのじょ》にも両親《りょうしん》にも歌詞《かし》の文句《もんく》は聞き取《と》れない。日本的《にほんてき》な美《うつく》しいメロディーで、心にしみるようだった。

雨が降《ふ》れば必《かなら》ず聞こえるわけではない。ごくまれに、一年に数回あるかないか、だろう。しかしいつ歌が聞こえるのか、祖母《そぼ》にはわかっているようだった。

雨が降《ふ》り出して、そっと祖母《そぼ》が何かを考えるような顔をして、ぽつりとつぶやく。

「あと少ししたら、お歌が聞こえるよ」

その言葉《ことば》の通り、仏間《ぶつま》からあの歌が流《なが》れてくる。

どうしてわかるのとたずねても、祖母《そぼ》はあまり教えてくれなかった。代《か》わりに

「あのお歌は好《す》き？」

注《ちゅう》▶「一揆《いっき》」…農民《のうみん》などが起《お》こした反乱《はんらん》のこと。

でんでらりゅう

長崎県《ながさきけん》の手遊《てあそ》び歌に「でんでらりゅう」がある。

でんでらりゅうば
でてくるばってん
でんでられんけん
でーてこんけん……。

意味《いみ》がわかるようでわからないこの歌。謎《なぞ》がたくさんあるらしい。龍《りゅう》に関係《かんけい》しているという話もあれば、お化《ば》けが出てこないようにというおまじないの意味《いみ》があるという話もある。

真《しん》の意味《いみ》は何だろうか？

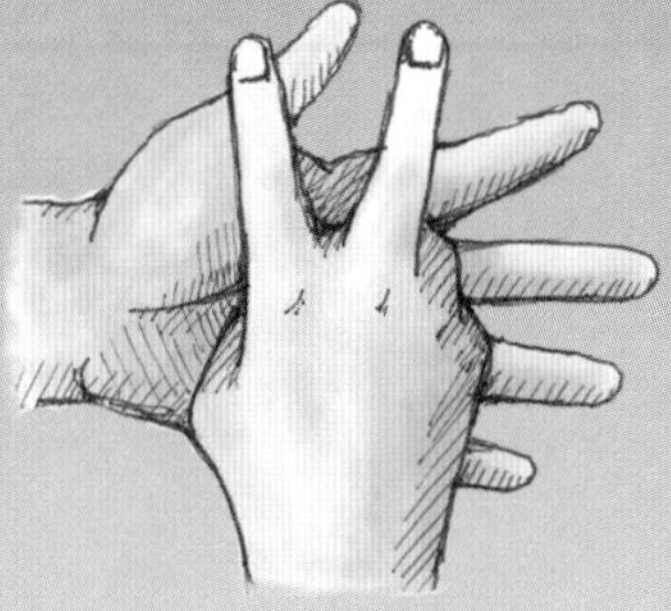

と聞いてくる。

好《す》きだと答えたら、今度《こんど》は怖《こわ》くないか聞く。

「怖《こわ》くないよ」

彼女《かのじょ》の返《かえ》しに、祖母《そぼ》はいつもほほ笑《え》んだ。

本当に何も怖《こわ》くなかった。

あの心を打《う》つ歌からは、いっさい怖《おそ》ろしさを感《かん》じさせるものは何もなかったのだから。逆《ぎゃく》に安心《あんしん》して、優《やさ》しい気持《きも》ちになったものだ。

ただ、ひとつだけ不思議《ふしぎ》に思ったのは、歌が聞こえ始《はじ》めてから彼女《かのじょ》が仏間《ぶつま》へ行くと、ピタリと止《や》むことである。

自分が来《き》たのがわかるかのようだった。

歌っている「何か」にお礼《れい》を言いたかったのにとガッカリしていると、祖母《そぼ》は言う。

「きっとこの家を、護《まも》っている人の歌声よ。だからすがたが見えなくても、お礼《れい》を言うのはよいことなのよ」

この歌はいつから聞こえ始《はじ》めたのか、祖父《そふ》から聞いたことがある。彼《かれ》が祖母《そぼ》を妻《つま》にむかえてからだったらしい。

家の人間はこの歌を怖《おそ》れなかったし、外で話すことはなかった。あまり人に言うべきではないと祖母《そぼ》が言っていたからだ。

「こういうことはね、人に言わずにそっと胸《むね》にしまっておくものよ」

と。

それから十数年がすぎて祖母《そぼ》が亡《な》くなると、歌は聞こえなくなった。

そして今、体験者《たいけんしゃ》の彼女《かのじょ》は長崎県《ながさきけん》の別《べつ》のところに住《す》んでいる。祖母《そぼ》がいなくなってから、家族《かぞく》が家を手ばなしたのだ。

彼女《かのじょ》たちが出て行ってから、家は取《と》りこわされ、今はほかの建物《たてもの》が建《た》っている。

本当にあの歌は家を護《まも》っていたのだろうか。

雨が降《ふ》ると、坂《さか》の上の家と祖母《そぼ》のこと、そしてあの歌声を彼女《かのじょ》は今も思い出す。

43 熊本《くまもと》

雄大《ゆうだい》な神《かみ》の火山《かざん》

KUMAMOTO

データ▼

面積《めんせき》：7,409km²
県庁所在地《けんちょうしょざいち》：熊本市《くまもとし》
県《けん》の木：クスノキ
県《けん》の花：リンドウ
県《けん》の鳥：ヒバリ

▼土地 夏と冬で気温差《きおんさ》の激《はげ》しい熊本県《くまもとけん》は、九州《きゅうしゅう》山地の山やまや阿蘇山《あそさん》がそびえたつ土地だ。

▼歴史《れきし》 明治《めいじ》九年に今の熊本県《くまもとけん》となった。山鹿市《やまがし》に「チブサン古墳《こふん》」がある。これは古墳時代《こふんじだい》後期《こうき》（約《やく》千五百年前）のものだ。古墳内部《こふんないぶ》の石壁《いしかべ》に、赤、白、黒で三角形や丸などの図形や儀式《ぎしき》をしているような人のすがたが描《えが》かれている。

▼伝承《でんしょう》 かつて、阿蘇山《あそさん》の周《しゅう》辺《へん》は水で満《み》たされていた。火山や龍《りゅう》の神《かみ》・健磐龍命《タケイワタツノミコト》が田を作るためにそこから水をぬいたことに関係《かんけい》する地名が今も残《のこ》っている。南阿蘇村《みなみあそむら》の「数鹿流ケ滝《すがるがたき》」や「立野《たての》」などだ。

本当にあった怖《こわ》い話

おいでおいで

ある男性《だんせい》が、つぶれた工場を仕事《しごと》でおとずれた。熊本県《くまもとけん》で新幹線《しんかんせん》が止まる駅《えき》から少しだけ近い場《ば》所《しょ》だ。

使《つか》える機械《きかい》などを調《しら》べながら、外へ出た。ぐるりと敷地内《しきちない》を歩いていて、おかしなものを見つける。

「出入り口のない小屋《こや》」があったのだ。

小屋《こや》は工場のかべにピッタリくっつくように建《た》っている。

調《しら》べてみるが窓《まど》もないし、ドアもない。いったい何のための小屋《こや》かわからない。無理矢理《むりやり》入ってこわすわけにはいかないので、そのままにしておいた。

しかし、ひとつ気になることがあった。

小屋《こや》のかべに男女三人分の名前が書かれていたのだ。男性《だんせい》ひとり、あとは女性《じょせい》ふたりだった。

気になったので、その名前をメモしておいた。

仕事《しごと》を終《お》えたその夜、彼《かれ》は夢《ゆめ》を見た。

谷の上にいる。そこには長い橋《はし》がかかっていた。その橋《はし》の向《む》こうから「おいでおいで」をしている三つの人影《ひとかげ》がある。

ひとつは背《せ》が高く、ふたつは低《ひく》い。

顔が見えないが、男性《だんせい》ひとり、女性《じょせい》ふたりか。三人は片手《かたて》を上げて、ずっとおいでおいでをくり返《かえ》す。

そのまま近づいて来《き》たが顔がわからない。知り合いではなさそうだ。すぐそばまで来《き》ても顔面《がんめん》がぼやけて見えなかった。

そこで目が覚《さ》めた。夢《ゆめ》かと窓《まど》を見ると、カーテンの向《む》こうに三つの影《かげ》があった。大きな影《かげ》がひとつ。あとふたつは小さい、人の形をした影《かげ》。

おどろき、カーテンを開《あ》けたがだれもいなかっ

不思議《ふしぎ》を訪《たず》ねて

河童《かっぱ》渡来《とらい》の碑《ひ》

八代《やつしろ》市《し》本町には「河童《かっぱ》渡《と》来《らい》の碑《ひ》」がある。市街《しがい》を流《なが》れる球磨川《くまがわ》のそばにある石《せき》碑《ひ》がそれだ。

大きな岩がふたつ組み合わさっているが、これらを「ガワッパ石」と呼《よ》ぶ。「この岩がすりきれるまで、河童《かっぱ》たちは悪《わる》いことをしない」約束《やくそく》だという。

この河童《かっぱ》たちは「古代《こだい》、中国の揚子江《ようすこう》（黄河《こうが》という説《せつ》もある）（注《ちゅう》）から海を泳《およ》いでやって来《き》た」と言われている。球磨川《くまがわ》あたりに住《す》み始《はじ》めてから、一族《いちぞく》がどんどん増《ふ》えた。その数、九千《くせん》。頭領《とうりょう》の名前は、九千坊《くせんぼう》。西国一《さいごくいち》の河童《かっぱ》だ。

た。そもそも窓《まど》の外は人が立てない。そしてここは十五階《かい》だ。

あの小屋《こや》にあった三人の名前を思い出す。

もしかしたらあの影《かげ》はその名前の持《も》ち主《ぬし》だったのか、と何となく思った。

彼《かれ》はこの話を「三人の名前入り」でいろいろな人に語った。自分が体験《たいけん》したことだったから、どうしてもたくさんの人に話してみたかったのだ。

そうすると、聞いた人の家《うち》に「三つの人影《ひとかげ》」が出た。彼《かれ》が見たものとそっくりだった。

メールなどで送《おく》っても同じで、やはりこの話を知ると出るようだ。

どうやって伝《つた》えたら出ないのか。

考えた彼《かれ》は、名前を書かずにメールをした。その相手《あいて》に影《かげ》は出なかった。

三人の名前はどこにでもあるようなふつうの名前だった。だが、ここには書かない。

わたしは名前を知っても影《かげ》は見なかった。代《か》わりに「正体不明《ふめい》の声」と「窓《まど》にぶつかる音」は聞いた。

ただそれだけだ。

注《ちゅう》▶「揚子江《ようすこう》」「黄河《こうが》」…中華人民共和国《ちゅうかじんみんきょうわこく》の川。

44 大分《おおいた》

岩で作られた仏《ほとけ》が待《ま》つ

データ▼

面積《めんせき》：6,340km²
県庁所在地《けんちょうしょざいち》：大分市《おおいたし》
県《けん》の木：ブンゴウメ
県《けん》の花：ブンゴウメ
県《けん》の鳥：メジロ

OITA

▼土地 大分県《おおいたけん》は山が多い。北《ほく》部《ぶ》には九重連山《ここのえれんざん》。南部《なんぶ》には祖母《そぼ》山《さん》・傾山《かたむきやま》がある。この九重連《くじゅうれん》山《ざん》・中岳《なかだけ》は九州《きゅうしゅう》本土（島《しま》などをのぞく）の最高峰《さいこうほう》だ。

▼歴史《れきし》 明治《めいじ》九年に今の大分県《おおいたけん》となった。大友義鎮《おおともよししげ》（大友《おおとも》宗《そう》麟《りん》）という武将《ぶしょう》がいたが、書や画、茶道《さどう》、能《のう》などに通じる文化《ぶんか》人《じん》であった。義鎮《よししげ》は書や画、茶《ちゃ》碗《わん》などを集《あつ》めることが好《す》きなコレクターだった。

▼伝承《でんしょう》 豊後高田市《ぶんごたかだし》夷《えびす》に、ふたつの岩がある。これを「兄弟割《わり》石《いし》」という。この兄弟割石《わりいし》がある場《ば》所《しょ》は「中山仙境《なかやませんきょう》（夷谷《えびすだに》）」だ。ここはもともと「大魔所《だいましょ》(注《ちゅう》)」と呼《よ》ばれていた。

本当にあった怖《こわ》い話

岩の上に

大分県《おおいたけん》を通る国道十号線《ごうせん》。

そこを進《すす》むと山の斜面《しゃめん》に大きな岩がいくつもならんでいる場所《ばしょ》があることに気づくだろう。

岩の近くには背《せ》の高い木ぎも生えており、緑《みどり》にしげっている。

体験者《たいけんしゃ》の女性《じょせい》が小学五年生だったころだ。

レジャー帰りの夕暮《ゆうぐ》れどきに、家族《かぞく》でここを通った。

「あれはなんだろう？」

運転《うんてん》していた父親が口を開《ひら》いた。外に目を向《む》ければ、夕日のオレンジ色にそまった遠い岩の上に何かが見える。

人だった。

その人はまわりの中で一番大きな岩の上に、片《かた》ヒザを立てて座《すわ》っていた。

距離《きょり》があるからよくわからないが、短《みじか》く黒い髪《かみ》をした男の人で、入院患者《にゅういんかんじゃ》の着《き》るようなベージュ色の服《ふく》を身《み》に着《つ》けているように、彼女《かのじょ》には見えた。

どうやってあんなところまでいったのだろう。下から登《のぼ》っていったのだろうか。母親も姉も「あの人、あぶないのに」とハラハラしたような声を上げる。

通りすぎようとしたとき、その男の人は岩の上にすっくと立った。身長《しんちょう》が高く、ガッチリしている。

「あ！」

彼女《かのじょ》と姉、母親が同時に声を上げた。

男の人はポンポンと岩の上をはねるように渡《わた》っていく。服《ふく》のすそがヒラリヒラリと広がって、まるでスカートのようだった。

父親が車のスピードをゆるめた。

男の人は両《りょう》うでを左右に広げるようにして、身《み》軽《がる》にジャンプしている。ルート的《てき》に山の上を目指《めざ》

注《ちゅう》▶「大魔所《だいましょ》」…悪魔《あくま》や魔物《まもの》のひそむ場所《ばしょ》をさす。

不思議《ふしぎ》を訪《たず》ねて

うつろ船

佐伯市蒲江《さいきしかまえ》には「うつろ船」の話が残《のこ》っている。

蒲江《かまえ》の海に、三人の女性《じょせい》が入った長い箱形《はこがた》の船が流《なが》れ着《つ》いたのを漁師《りょうし》たちが見つけた。ひとりは高貴《こうき》な姫《ひめ》であり、

「ほかの国から逃《に》げてきた」

と話す。

漁師《りょうし》たちは姫《ひめ》らを手ちがいで殺《ころ》してしまった。これはまずいと姫《ひめ》たちのなきがらと船を焼《や》き、砂浜《すなはま》へうめたという。

数年後、あの漁師《りょうし》たちの目が赤くただれ、見えなくなった。この目の病《やまい》は村中に広がっていく。

「これはあの姫《ひめ》たち三人のたたりだろう」

姫《ひめ》たちと船を焼《や》いたあたりに松《まつ》を植《う》え、みなでおがんだ。この松《まつ》が「蒲江《かまえ》の姫《ひめ》松《まっ》さま」である。

しているようだった。大きくはなれた岩と岩を、ものともせずに飛《と》びうつりながら進《すす》んでいく。

最後《さいご》は木の間に消《き》えていった。

「見たか？」

父親が聞く。家族全員《かぞくぜんいん》、見た、と答えた。

男の人の動《うご》きはまるで上から何かでひっぱられているような。いや、空を飛《と》ぶようだった。どう考えても人間の動《うご》きではない。

「なんだ、あれ……」

大人である父親にも、母親にもあの男の人が何《なに》者《もの》なのか、わからないようだった。

あとから父親はくやしがった。

「あれは山の不思議《ふしぎ》なものだったのだ。写真《しゃしん》か動《どう》画《が》をとればよかった」

日本《にほん》でも使《つか》える!? 海外のおまじない

ここでは、海外のおまじないを紹介《しょうかい》しよう。海外のおまじないでも、日本《にほん》に住《す》むきみたちに使《つか》えるものが多い。もちろんドリームキャッチャーやミサンガ、蹄鉄《ていてつ》がもし手に入ったら、だけれど。まずはコインとカギのおまじないを試《ため》してみては？　世界中《せかいじゅう》のおまじないで、きみたちも幸運《こううん》をゲットしよう！

自分の生まれ年のコインを持《も》っていると幸《しあわ》せになれる【ドイツ】

生まれ年のコインは紙につつんでほかのコインと区別《くべつ》できるようにして、お財布《さいふ》に入れておくとよい。

犬のふんをふんだら幸運《こううん》の前ぶれ【フランス】

フランスのおまじないなのに、日本語《にほんご》でもダジャレになっているのがすごい。左足でふんでしまったときは幸運《こううん》が、右足でふんでしまったときには愛《あい》がもたらされるという。

ベッドの上にかけると、悪夢《あくむ》から守《まも》ってくれるドリームキャッチャー【アメリカ】

ネイティブアメリカンのオジブワ族《ぞく》に伝《つた》わる装飾品《そうしょくひん》。円形の枠《わく》に、蜘蛛《くも》の巣状《すじょう》の糸をはりめぐらせてあるデザインで、羽かざりがつく。悪夢《あくむ》は、この蜘蛛《くも》の巣状《すじょう》の糸にからめとられ、よい夢《ゆめ》だけが羽かざりを通じて伝《つた》わってくるのだという。

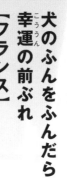

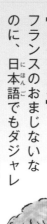

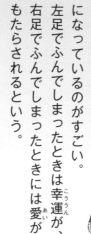

カギをお守《まも》りにすると、けがが早く治《なお》る【スペイン】

スペインでは、カギにはけがを治《なお》したり病気《びょうき》を予防《よぼう》する魔力《まりょく》があると言われている。カギの形をしたアクセサリを身《み》につけて、けがをしてしまったときにはそっとさわってみると良《よ》いだろう。

ミサンガが切れると願《ねが》いが叶《かな》う【ブラジル】

ミサンガとは、色とりどりの刺繍糸《ししゅういと》を何本もあわせて編《あ》み、模様《もよう》をつけたもの。手首や足首に巻《ま》いて、自然《しぜん》に切れたら願《ねが》いが叶《かな》うという。

馬のひづめが幸運《こううん》を受《う》け止める【イタリア】

ヨーロッパでは、U字型《がた》のものが金運《きんうん》を受《う》け止めると古くから信《しん》じられてきた。そのため、馬蹄《ばてい》（注《ちゅう》）を家にかざる習慣《しゅうかん》ができた。

イタリアでは、村人が権力者《けんりょくしゃ》の馬蹄《ばてい》を直すことでお金がかせげるため、金運《きんうん》・仕事運《しごとうん》をもたらすアイテムとされた。また、蹄鉄《ていてつ》を打《う》ちつけるときのクギの数は、外側《そとがわ》に三つと内側《うちがわ》に四つで合わせて七つ。つまり「ラッキーセブン」という理由《りゆう》で、幸運《こううん》をもたらすという説《せつ》もある。

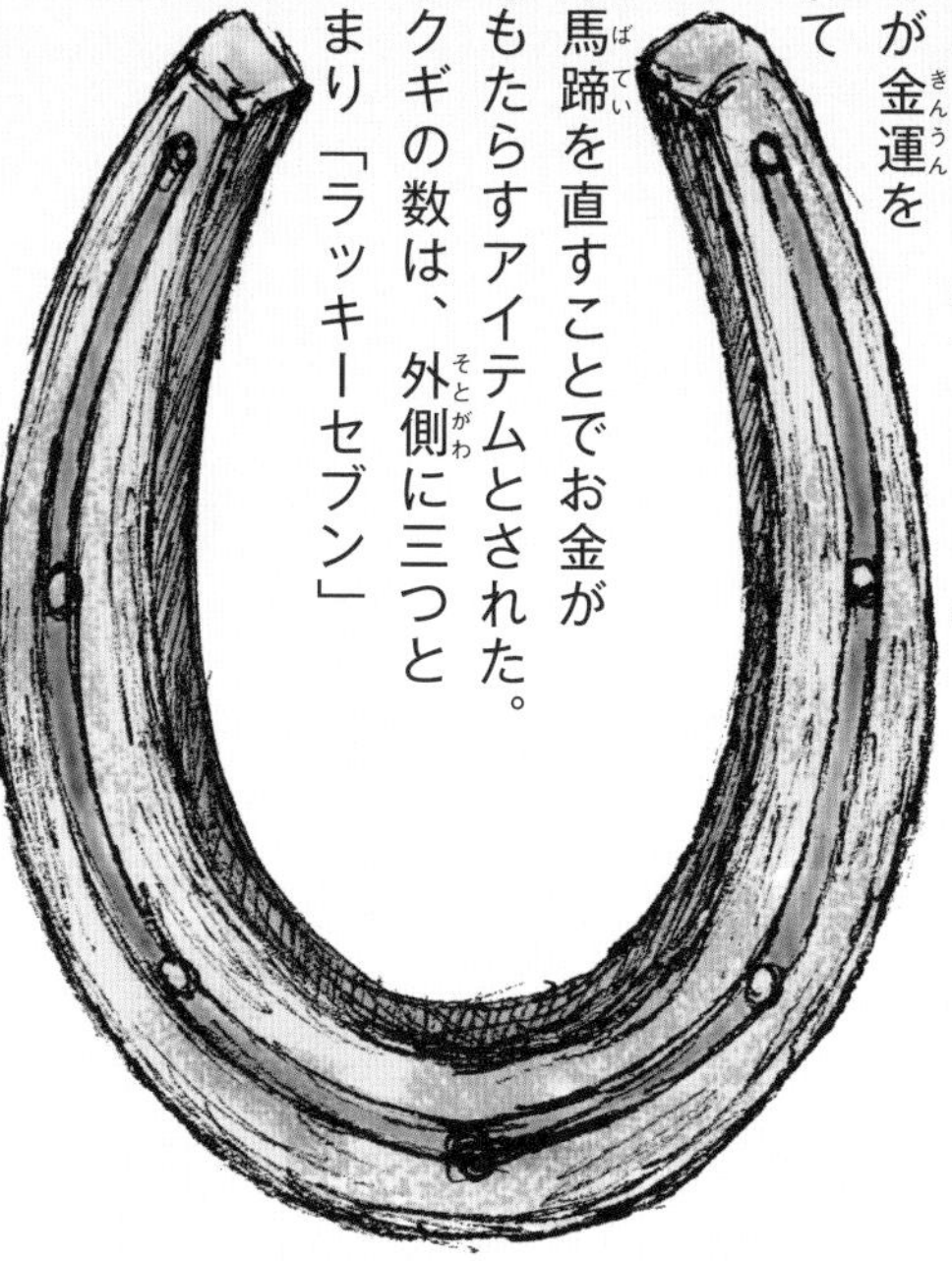

ウサギの足を持《も》っていると失敗《しっぱい》しない【ヨーロッパ】

昔《むかし》は本物《ほんもの》のウサギの足だったが、今はニセモノを使《つか》っている。たとえば、ここぞという試験《しけん》のときなど、ウサギの足を持《も》っていると失敗《しっぱい》しないのだという。

注《ちゅう》▶「馬蹄《ばてい》」…蹄鉄《ていてつ》。馬のひづめを保護《ほご》する、金属製《きんぞくせい》のU字型保護具《がたほごぐ》のこと。

45 宮崎《みやざき》

日向《ひゅうが》神話《しんわ》と日本神話《しんわ》の郷《さと》

データ▼

面積《めんせき》：7,735km²
県庁所在地《けんちょうしょざいち》：宮崎市《みやざきし》
県《けん》の木：フェニックス、ヤマザクラ、オビスギ
県《けん》の花：ハマユウ
県《けん》の鳥：コシジロヤマドリ

MIYAZAKI

▼土地 日照時間《にっしょうじかん》（太陽《たいよう》が照《て》っている時間）が長く、雨量《うりょう》も多い。雪が降《ふ》るのはめずらしい地《ち》域《いき》だが、県内《けんない》には日本最南端《にほんさいなんたん》のスキー場がある。

▼歴史《れきし》 明治《めいじ》十六年に今の宮崎《みやざき》県《けん》になった。宮崎県《みやざきけん》は初代天皇《しょだいてんのう》「神武天皇《じんむてんのう》」が幼《おさな》いころから東《とう》遷《せん》するまで住《す》んでいた土地である。

▼伝承《でんしょう》 高天原《たかまがはら》から天下《あまくだ》ってきた「瓊瓊杵尊《ニニギノミコト》」が、「大山津見神《オオヤマツミノカミ》」の娘《むすめ》・木花之佐久夜毘売《コノハナノサクヤビメ》と石長比売《イワナガヒメ》のふたりを妻《つま》にもらうこととなったが、永遠《えいえん》の命《いのち》をつかさどる方の姫《ひめ》を返《かえ》した。大山津見神《オオヤマツミノカミ》はなげいた。このあとから神《かみ》がみには寿命《じゅみょう》ができてしまった。

本当にあった怖《こわ》い話

これかけのビル

宮崎県《みやざきけん》のある市には、住宅街《じゅうたくがい》から少し離《はな》れた場所《ばしょ》に小さなこわれかけたビルがある。

そこは幽霊《ゆうれい》が出ると有名《ゆうめい》だった。

体験者《たいけんしゃ》の男性《だんせい》は、そこがもともとホテルだったと聞いた。

かなり昔《むかし》、宮崎県《みやざきけん》が「新婚旅行《しんこんりょこう》の人たちでにぎわっていた」ころに建《た》てられたようだ。

そんな彼《かれ》が高校生だったころだ。

ある冬の日、日が暮《く》れたころに友人数人とそこへ忍《しの》びこんだ。

幽霊《ゆうれい》が出ないかと待《ま》ってみたが何も起《お》こらない。

すっかり暗《くら》くなり、懐中電灯《かいちゅうでんとう》を点《つ》けてまわりを照《て》らしてみたが何もなかった。

「なんにもないじゃないか」

「やっぱり、ウソだったんだな」

面白《おもしろ》くないと彼《かれ》と友人全員《ぜんいん》はビルの中であばれる。わずかに残《のこ》ったたなやいす、窓《まど》ガラス、カーテンをこわして回った。

「ああ、疲《つか》れた」

満足《まんぞく》した彼《かれ》らは、そのまま家に帰った。

だが、それから数日たった夜中、それぞれの家におかしなものが出た。だれの家でもまったく同じものである。

「暗《くら》い部屋《へや》の天井《てんじょう》に浮《う》く、だれのものかわからない頭と手」だ。

頭は髪《かみ》が少し長い、セミロングか。顔の前に灰《はい》色《いろ》のもやもやした雲のようなものがあって、男女どちらかすらわからない。

しかもその顔がこちらを見ている。じっとにらみつけられているような感《かん》じだ。

体がふるえて、どこも動《うご》かせない。

ふいに声が聞こえた。

不思議《ふしぎ》を訪《たず》ねて

神話《しんわ》の史跡《しせき》・遺跡《いせき》

宮崎県《みやざきけん》はとにかく日本神《にほんしん》話《わ》に関係《かんけい》する場所《ばしょ》が多い。三貴子《サンキシ》の「天照大神《アマテラスオオミカミ》・月《ツク》読尊《ヨミノミコト》・素戔鳴尊《スサノオノミコト》」が生まれた池、「瓊瓊杵尊《ニニギノミコト》」「彦火火《ヒコホホ》出見尊《デミノミコト》」ゆかりの地。ほかにもたくさんある。

とくに高千穂町《たかちほちょう》は「神話《しんわ》の里」とよばれ、少し歩くだけで神《かみ》がみに出会える町だ。もちろん遺跡《いせき》も多い。

日本神話《にほんしんわ》と歴史《れきし》。ふたつを見くらべながら歩いてみよう。きっとそこに新しい発見《はっけん》があるはずだ。

「チネヨ」

舌足《したた》らずの、女の声だった。そして、顔と手は消《き》えた。

チネヨ……死《し》ねよ、だろうか。

それから頭も手も出なくなったが、一週間のうちに、彼《かれ》と友人たちはつぎつぎに腕《うで》をけがした。ひどいヤケドを負《お》う者《もの》。ガラスで手のひらを切る者《もの》。ヒジに野球《やきゅう》のボールが当たり、はれ上がった者《もの》。

話してくれた彼《かれ》は、サッカーの練習《れんしゅう》中に何もないところで転《ころ》び、手をついて手首をネンザした。

一番ひどかったのは、倒《たお》れてきた木材《もくざい》にはさまれ、手首とヒジを骨折《こっせつ》した者《もの》だ。あぶなく頭をつぶされて死《し》んでしまうところだった。

その友だちは、ビルの中で一番いろいろな物《もの》をこわしていた人であった。

「これはビルであばれた、たたりだ！」

体験者《たいけんしゃ》の彼《かれ》も、友人も、だれひとり例《れい》のビルには近づかなくなった。

その後、ビルは取《と》りこわされた。

しかしその近くにはまだ幽霊《ゆうれい》が出るというウワサがある。

それも、空中に浮《う》いた女の首、というウワサが。

46 鹿児島《かごしま》

桜島《さくらじま》の噴火《ふんか》が名物《めいぶつ》

データ▼

面積《めんせき》：9,187km^2
県庁所在地《けんちょうしょざいち》：鹿児島市《かごしまし》
県《けん》の木：カイコウズ、クスノキ
県《けん》の花：ミヤマキリシマ
県《けん》の鳥：ルリカケス

KAGOSHIMA

▼土地　シラス台地で水はけがよく、もろい地質《ちしつ》だ。桜島《さくらじま》はよく噴火《ふんか》をし、降灰《こうはい》も多い。

▼歴史《れきし》　明治《めいじ》二十九年、今の鹿児島県《かごしまけん》になった。鹿児島県《かごしまけん》は明治維新《めいじいしん》に関係《かんけい》する人びとがたくさん出ている。

▼伝承《でんしょう》　トカラ列島《れっとう》の悪石島《あくせきじま》には「ボゼ」という神《かみ》がいる。巨大《きょだい》な面《めん》にはギョロリとした目がふたつ。手足にはシュロの皮《かわ》、ビロウの葉《は》のこしミノを巻《ま》き、手にはボゼマラという長い棒《ぼう》を持《も》って人を追《お》いかける祭《まつ》りをする。追《お》いつかれた人は赤土をぬられるが、悪霊《あくりょう》ばらいになるという。

本当にあった怖《こわ》い話

カーブの家

鹿児島県《かごしまけん》の街《まち》と街《まち》をつなぐ道のとちゅうに一軒《けん》の家があった。

カーブのとちゅうにあるその家は、今はすでに空き家になっている。住《す》んでいた人はもういない。道路《どうろ》をはさんで一段《いちだん》高いところに、話を聞かせてくれた男性《だんせい》の家はあった。

リビングから見下ろすと、その空き家の中が見える。カーテンも家具《かぐ》も何もないので、丸見えだ。ガランとした部屋《へや》の中はさみしさを感じさせる。

ただ、それだけではすまなかった。

厚《あつ》い雲がかかった日や日暮《ひぐ》れ、朝方などの「少しだけ明るいとき」、家の中におかしなものがあらわれる。

宙《ちゅう》に浮《う》いた、悲《かな》しい顔をしたおじさん、だ。

最初《さいしょ》はこちらに背中《せなか》を向《む》けている。地味《じみ》なチェックのシャツとスラックスをはいていて、ガックリうなだれたすがたである。

足先は伸《の》びていて、畳《たたみ》にまったくついていない。そのすがたを見ていると、いつも下を向《む》いたままグルリとこちらへ回転《かいてん》する。

最初《さいしょ》はだれかが勝手《かって》に入ったのかと思ったが、すぐにちがうとわかった。

空中に浮《う》いていることもだが、その顔を見たからだ。

以前《いぜん》そこの家に住《す》んでいた人だった。が、すでに亡《な》くなっている。

（ああ、ウワサは本当だったんだ）

おじさんが亡《な》くなると化《ば》けて出るようになった。それがいやで、遺《のこ》された家族《かぞく》は家を出て行った。そんな話を聞いていたのだ。

男性《だんせい》も、少ししてから引っこしをした。

怖《こわ》かったし、おじさんを見るといつも落《お》ちこむ

不思議《ふしぎ》を訪《たず》ねて

不老不死《ふろうふし》の霊薬《れいやく》

いちき串木野市冠嶽《くしきのしかんむりだけ》には「徐福伝説《じょふくでんせつ》」が残《のこ》っている。

徐福《じょふく》という方士《ほうし》が中国戦《せん》国時代《ごくじだい》の王「秦の始皇帝《しんのしこうてい》」に「東方の三神山《しんざん》には、不《ふ》老不死《ろうふし》の霊薬《れいやく》がある」と進《しん》言《げん》。「ならばその薬《くすり》を探《さが》せ」と命《めい》じられて旅《たび》に出た。東方とは日本《にほん》のことらしい。徐福《じょふく》は照島海岸《てるしまかいがん》に上陸《じょうりく》し、そこから冠嶽《かんむりだけ》に移動《いどう》したという。

串木野市《くしきのし》と合併《がっぺい》した市来《いちき》町《ちょう》であるが、地名が徐福《じょふく》のもうひとつの名前「徐市《じょふつ》」から来《き》ている。

徐《じょ》「市《ふつ》」が「来《き》」たから市来《いちき》、ということだ。

はたして、徐福《じょふく》は不老不《ふろうふ》死《し》の霊薬《れいやく》を日本《にほん》で見つけられたのだろうか？

ような気分になるからだ。

それだけではない。

グルリと回ったおじさんと目が合うと、体温《たいおん》がうばわれたようになって全身《ぜんしん》ガタガタふるえてしまうのもすごくいやだった。

この話を友人にしたところ、逆《ぎゃく》に聞かれたことがある。

「そのおじさん、うつむいているのでしょう？　そしてあなたの家は一段《いちだん》高いところにある。見下ろす形だ。それなのに、どうしておじさんと目が合うの？」

そこではじめて気がついた。

どうして、顔も上げていないのに、自分と目が合うのだ？

引っこしてよかった、と改《あらた》めて思った。

「宙《ちゅう》に浮《う》くおじさんの家」は今も変《か》わらずそこにある。

ただし、今は窓《まど》という窓《まど》が、内側《うちがわ》からふさがれている。

まるで中に浮《う》かぶものをかくすように。

47

沖縄《おきなわ》

琉球国《りゅうきゅうこく》の神話《しんわ》が残《のこ》る

データ▼

面積《めんせき》：2,281km^2

県庁所在地《けんちょうしょざいち》：那覇市《なはし》

県《けん》の木：リュウキュウマツ

県《けん》の花：デイゴ

県《けん》の鳥：ノグチゲラ

OKINAWA

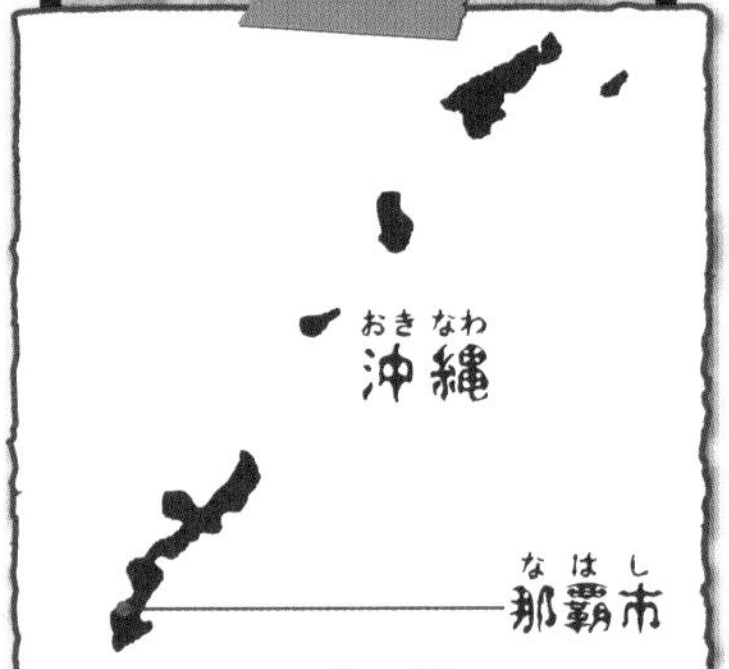

▼土地　ほぼ全域《ぜんいき》が亜熱帯気候《あねったいきこう》で一年中暖《あたた》かく、氷点下《ひょうてんか》にも下がらない。

▼歴史《れきし》　昭和《しょうわ》四十七年、日本《にほん》に復帰《ふっき》し、今の沖縄県《おきなわけん》となった。那覇市山下町《なはしやましたちょう》から「山下洞人《やましたどうじん》」と呼《よ》ばれる日本最古《にほんさいこ》の人類《じんるい》の骨《ほね》が出土《しゅつど》している。それは三万二千年前、旧石器時代《きゅうせっきじだい》の化石《かせき》とされている。

▼伝承《でんしょう》　沖縄《おきなわ》の正史《せいし》「中山世鑑《ちゅうざんせいかん》」には、国づくりの神話《しんわ》が残《のこ》されている。天の最高神《さいこうかみ》・阿摩美久（アマミク・アマミキヨ）がニライカナイ（神《かみ》の世界《せかい》）から来《き》て、琉球《りゅうきゅう》の島《しま》じまをつくった。この神話《しんわ》の舞台《ぶたい》は、今で言う久高島《くだかじま》である。

本当にあった怖《こわ》い話

葉《は》っぱのお守《まも》り

「夏だ！」「海だ！」「沖縄《おきなわ》に行こう！」

というわけで、わたしと友人の女性《じょせい》は沖縄《おきなわ》へ観光《かんこう》に行くことに。

「神《かみ》の島《しま》と言われる久高島《くだかじま》へ行けば、きっと運気《うんき》が良《よ》くなるはず！」

そんな友人の強い希望《きぼう》があって、久高島《くだかじま》へ行くことに決定《けってい》。

島《しま》へ行くフェリー乗《の》り場までタクシーに乗《の》ると、運転手《うんてんしゅ》さんが、ちょっときびしい口調《くちょう》で、浮《う》かれた観光客《かんこうきゃく》のわたしたちに、

「久高島《くだかじま》では小石ひとつ持《も》ち帰ってはいけないからね」

と教えてくれた。

「えー、持《も》って帰るとどうなっちゃうんですか？」

「一番よく聞く話は、体調不良《たいちょうふりょう》だねぇ。頭が痛《いた》くなったり、熱《ねつ》が出たり。でも、中には、行方不明《ゆくえふめい》になってしまったという人もいるらしいよ」

あとから聞いたが、沖縄《おきなわ》の人が言うには、

「島《しま》のものが持《も》ち出されると、自然《しぜん》のバランスがくずれてしまい、それが持《も》って帰った人に影響《えいきょう》する」

らしい。

返《かえ》しに来る人もいれば、宅配便《たくはいびん》で送《おく》り返《かえ》す人もいる。ただし、宅配便《たくはいびん》だと良《よ》くないのか、さらに体調《たいちょう》が悪化《あっか》してしまい、改《あらた》めて島《しま》にもどってこないといけないこともあった。

ひとつ聞いた話は、

「勝手《かって》に島《しま》から石を東京まで持《も》ち帰った人が数日間行方《ゆくえ》知れずになり、もどってきたらまるで別人《べつじん》のような性格《せいかく》になっていた」

というものがある。

石を返《かえ》そうにもなくなっていて、どうしようも

不思議《ふしぎ》を訪《たず》ねて

ニライカナイ

太陽《たいよう》の昇《のぼ》る方向《ほうこう》、はるか東の水平線《すいへいせん》の向《む》こうにある神《かみ》の世界《せかい》。それがニライカナイだという。地の底《そこ》とも、海の底《そこ》とも言われている。

生きている者《もの》の魂《たましい》はニライカナイよりやって来《き》て、死《し》ぬとまたニライカナイに帰る。また、毎年、ニライカナイより神《かみ》がみが人間の世界《せかい》へやって来《き》てさまざまな豊穣繁栄《ほうじょうはんえい》をさずけるのだ。

ニライカナイはほかにも「ニルヤカナヤ」「ニルヤ」「ニライ」とも呼《よ》ばれる。そして「リュウグウ」とも。ニライカナイとは、やはり海の底《そこ》にあるのだろうか。

ない。

そこで代理《だいり》の人が島《しま》で神様《かみさま》に、「石を見つけさせて下さい。そうしたらまた本人と返《かえ》しに来《き》ます」と願《ねが》った。

東京へもどるとすぐに石が見つかった。島《しま》で石を返《かえ》し謝罪《しゃざい》をすると、その人は元にもどったという——。

絶対《ぜったい》に島《しま》のものは持《も》ち帰らないようにしよう。ふたりで沖縄《おきなわ》の青い海に誓《ちか》った。

「だけど」と、タクシーの運転手《うんてんしゅ》さんはつけくわえる。

「島《しま》の人が『どうぞ』と言ってくれたものは持《も》ち帰ってもいいからね」

青い海と青い空。島《しま》のビーチは天国かと思うほど美《うつく》しかった。

地元のおじい(注《ちゅう》)が浜辺《はまべ》で三線《さんしん》をひいている。これぞ、沖縄《おきなわ》という音階《おんかい》で。

そのおじいの三線《さんしん》の音色にあわせて、見よう見まねで踊《おど》ってみた。沖縄《おきなわ》だから、海と空があまりにも美《うつく》しいから、なんだか調子《ちょうし》に乗《の》ってしまったのだ。

すると、さっきまで三線《さんしん》をひいていたおじいが、何かをふたつ、「どうぞ」と差《さ》し出した。

来るとき、タクシーの運転手《うんてんしゅ》さんが言っていた。「どうぞ」と言われたものは持《も》ち帰っていいのだ。

「ありがとうございます」

おそるおそる手に取《と》ると、それは葉《は》っぱを三角形に折《お》ったものだった。

「お守《まも》りにするといいさー」

「はい!」

いただいたお守《まも》りを持《も》って帰った。

今もわたしたちは元気だ。おじいのお守《まも》りの効《こう》果《か》だと思う。きっと、島《しま》の人からきちんともらった物《もの》だからだろう。

しかし、勝手《かって》に持《も》ち出した物《もの》だったら?

……だから絶対《ぜったい》に、勝手《かって》に、島《しま》の物《もの》を持《も》ち帰ってはいけない。

注《ちゅう》▶「おじい」…沖縄《おきなわ》のおじいさんの呼《よ》びかた。

お寺と神社《じんじゃ》でちがう おまいりの作法《さほう》

「おまいり」とは、神社仏閣《じんじゃぶっかく》に行くことを言うのだが、実《じっ》はお寺と神社《じんじゃ》へ「おまいり」に行くのでは、字がちがう。

お寺やお墓《はか》へ行くのが「お参《まい》り」

神社《じんじゃ》へ行くのが「お詣《まい》り」

このふたつは、いったいどうちがうのだろう。

お寺ではろうそくやお線香《せんこう》をあげ、神社《じんじゃ》では柏手《かしわで》を打《う》つのが大きなちがいといえる。また、お寺では数珠《じゅず》を使《つか》っておがむが、神社《じんじゃ》で数珠《じゅず》は使《つか》わない。


神社《じんじゃ》は神道《しんとう》を信仰《しんこう》していて、お寺は仏教《ぶっきょう》を信仰《しんこう》している。

神社《じんじゃ》でのお詣《まい》りは、あれこれお願《ねが》いごとをするのではなく、今、自分がここにこうしていられることを感謝《かんしゃ》するような気持《きも》ちであいさつをするとよい。神社《じんじゃ》はもともと、個《こ》人《じん》のお願《ねが》いごとをするというよりは、五穀豊穣《ごこくほうじょう》、国家安泰《こっかあんたい》などを願《ねが》うところなのだ。だからといって、神社《じんじゃ》の神様《かみさま》が個人《こじん》に力ぞえをしないのかというと、そういうわけではない。神様《かみさま》は国の民《たみ》すべてを平等《びょうどう》に見ているのだ。

一方、仏様《ほとけさま》は衆生《しゅじょう》にやさしく、ひとりひとりを助《たす》けてくれようとする。だからお寺では個人的《こじんてき》なお願《ねが》いをしてもよい。現世利益《げんせりやく》という目に見える形も出る。が、もちろんほかのみんなや世界《せかい》のことをお願《ねが》いするのが一番よい。

お寺へ「お参《まい》り」するときの作法《さほう》

◆入口《いりぐち》の山門《さんもん》をくぐるときに、軽《かる》く頭を下げる
◆手水舎《ちょうずや》で手と口を清《きよ》める
◆鐘《かね》をついて良《よ》いお寺なら、つく参拝後《さんぱいご》だと「もどり鐘《かね》」といってきらわれることがある。
◆香閣《こうかく》で心を清《きよ》める
「香閣《こうかく》」は、大きなお寺にある、お線香《せんこう》のけむりを浴《あ》びられる場《ば》所《しょ》のこと。このとき、体の悪《わる》いところや痛《いた》いところにけむりを当てると良《よ》いとされる。
◆ろうそくとお線香《せんこう》をそなえる
◆本堂《ほんどう》への参拝《さんぱい》
・本堂《ほんどう》の前で一礼《いちれい》する
・おさい銭《せん》を入れる
・鰐口《わにぐち》を鳴らす
・合掌《がっしょう》（数珠《じゅず》を持《も》っていたら、このとき手にかける）
・祈願《きがん》（寺院《じいん》によっては、真言《しんごん》やお題目《だいもく》をとなえる）。
・合掌《がっしょう》しつつ一礼《いちれい》。
◆帰るとき、山門《さんもん》で軽《かる》く頭を下げる

神社《じんじゃ》へ「お詣《まい》り」するときの作法《さほう》

◆参道《さんどう》の真《ま》ん中《なか》を歩かない
◆鳥居《とりい》をくぐるときは、帽子《ぼうし》をとって一礼《いちれい》する
◆手水舎《ちょうずや》で手と口を清《きよ》める
◆軽《かる》く頭を下げ、おさい銭《せん》を音を立てて入れ、鈴《すず》を鳴らす
◆二礼《れい》二拍手一礼《はくしゅいちれい》をする
◆帰るときも、鳥居《とりい》をくぐるときは帽子《ぼうし》を取《と》って一礼《いちれい》する

神社《じんじゃ》でもお寺でも、敷《し》いてある砂利《じゃり》を投《な》げたり、走り回ったり、大きな音で鳴るおもちゃなどで遊《あそ》ばない。

場所《ばしょ》によっては、ペットを連《つ》れて入れない神社仏閣《じんじゃぶっかく》もあるので、その場のルールにしたがう。

よそさまの家におじゃまするのと同じように考え、だれかの家でやってはいけないことは、神社《じんじゃ》でもお寺でもやってはいけない。

神社《じんじゃ》やお寺は聖域《せいいき》なので、その場所《ばしょ》に敬意《けいい》を表《あらわ》し、なるべく清潔《せいけつ》な身《み》なりで参拝《さんぱい》すること。

また、さずかったお守《まも》りは、一年ごとに新しいものに変《か》えると良《よ》いとされている。

怖《こわ》い・不思議《ふしぎ》な話を集《あつ》めよう！

筆者《ひっしゃ》たち「THAK《サーク》（チーム・本当にあった怖《こわ》い話）」にはいろいろな人たちが参加《さんか》している。そしてみんな基本的《きほんてき》に「怖《こわ》くて不思議《ふしぎ》な話」が大好《だいす》きだ。だからいつもいろいろなところで、怖《こわ》い・不思議《ふしぎ》な話を聞いて集《あつ》めている。

「では、どうやったらそんな話を聞いて集《あつ》められるの？」

こんな質問《しつもん》も多い。今回、特別《とくべつ》にその方法《ほうほう》を公開《こうかい》しよう！

ただし、これは筆者《ひっしゃ》のやりかたである。

1 まずは近くにいる人に聞く

たとえば、きみたちがよく会う大人だ。

お父さん、お母さん、お祖父《じい》ちゃん、お祖母《ばあ》ちゃん、近所《きんじょ》のお兄《にい》さん、お姉《ねえ》さん、先生など。それか近所《きんじょ》の神社《じんじゃ》のご神《しん》職《しょく》やお寺のお坊《ぼう》さんたちにも聞いてみよう。そこの神社《じんじゃ》やお寺の話といっしょに、何か教えてくれるかもしれない。

そして、海外から来《き》た友だちやそのお父さん、お母さんに質問《しつもん》してみてもいい。日本《にほん》以外《いがい》の怖《こわ》くて不思議《ふしぎ》な話が出てくるだろう。

もしよかったら、この本のことを相手《あいて》に話して読んでもらうといい。「ああ、こういう話なら知っているよ」と思い出してくれるきっかけになるかも。

2 家の近くにある博物館《はくぶつかん》や資料館《しりょうかん》、図書館《としょかん》で調《しら》べてみる

そんなところに怖《こわ》い話や不思議《ふしぎ》な話があるのか？　と思ったきみ。実《じつ》はたくさんある。博物館《はくぶつかん》、資料館《しりょうかん》の展示物《てんじぶつ》や説明《せつめい》を見ていくとおどろくような内容《ないよう》が見つかるだろう。くわしい話はそれぞれの職員《しょくいん》さんに聞いてみるといい。

図書館《としょかん》の場合《ばあい》は少し工夫《くふう》が必要《ひつよう》だ。怖《こわ》い話や不思議《ふしぎ》な話の本があるコーナーではなく、「郷土資料《きょうどしりょう》（きみが住《す》んでいるところについて書かれた資料《しりょう》）」コーナーへ行くのが面白《おもしろ》い。もしわからなければ、図書館《としょかん》の司書《ししょ》のかたに「地元の不思議《ふしぎ》な話や怖《こわ》い話を調《しら》べているので、そういうことが書いてある本を教えて下さい」とたのんでみよう。

3 遊《あそ》びや旅行《りょこう》へ行った先を注意深《ちゅういぶか》く見てみよう

たとえば、友だちの家に遊《あそ》びに行くとき、近くに石碑《せきひ》や大きな木などはないだろうか？　そこの近くには由来《ゆらい》を書いたものがあったり、何かヒントになるものがきっとある。

そして家族《かぞく》などで旅行《りょこう》に出かけたときも、行く先ざきに怖《こわ》い・不思議《ふしぎ》な話と関係《かんけい》ありそうなものがきっとあるはずだ。こういうことはいつも頭のどこかに「怖《こわ》い・不思議《ふしぎ》な何かがないか？」ということを忘《わす》れずにおくと発見《はっけん》しやすい。

4 お手紙を書いて、聞いてみよう

自分の家から少しはなれたところだとなかなか調《しら》べられな

い。そういうときはお手紙や電話で聞いてみよう。遠くに住《す》んでいるお祖父《じい》ちゃんやお祖母《ばあ》ちゃんや親戚《しんせき》。転校《てんこう》していった友だちもおすすめだ。

ただし、絶対《ぜったい》に返事《へんじ》を書いてとお願《ねが》いしないこと。こちらの勝手《かって》で聞いていることなのだから、わがままを言ってはいけない。

――このように、いつも「聞こう、発見《はっけん》しよう」という気《き》持《も》ちでいることが大事《だいじ》だ。

そして、聞かせてもらっている、と意識《いしき》することもポイントになる。

1から4まですべてに言えることだが、「お話を聞くとき、質問《しつもん》するときは礼儀《れいぎ》正しく、真剣《しんけん》にやる」ことが必要《ひつよう》だ。もちろんいそがしい人に無理《むり》を言ってもいけない。人にめいわくをかける行動《こうどう》はＴＨＡＫ《サーク》では禁止《きんし》されている。

そして絶対《ぜったい》にひとりであぶない場所《ばしょ》に行かないこと。もしきみが危険《きけん》な目にあったり、けがをしたり――最悪《さいあく》、死《し》んでしまったら話を集《あつ》めるどころのさわぎではない。

不思議《ふしぎ》や怖《こわ》い話を集《あつ》めるときは、まず自分の安全《あんぜん》から。これもＴＨＡＫ《サーク》のルールだ。

つねに「大人に相談《そうだん》しながらやる」「あぶないものには絶《ぜっ》対《たい》近づかない」「自分がなんでもひとりでできると思わない」ことを心にちかっておこう。

怖《こわ》い・不思議《ふしぎ》な話を集《あつ》めるときの持《も》ち物《もの》

夏冬どちらでも頭にかぶるものが必要《ひつよう》。暑《あつ》さや寒《さむ》さをやわらげてくれる。

集《あつ》めた話を送《おく》ろう！……その1

集《あつ》めた話の整理《せいり》のしかた

怖《こわ》い・不思議《ふしぎ》な話を集《あつ》めたら、どうしたらよいか？

ひとつはまわりのみんなに話すのはどうだろうか？　いろいろな人に話すことで、集《あつ》めた話はもっと整理整頓《せいりせいとん》されていく。

しかし、やはり「うまく話せない」人もいるかもしれない。

そんなときはまず、聞いた内容《ないよう》をまとめてみるのがよい。

とはいえ「どうやってまとめたらいいの？」という疑問《ぎもん》も出てくると思う。そのやりかたをここで大公開《だいこうかい》しよう。

1　5W1Hを知る！

5W1Hとは、人に伝《つた》えるための基本《きほん》だ。

Who（だれが）、When（いつ）、Where（どこで）、What（なにを）、Why（どうした）、を意味《いみ》する英単語《えいたんご》の頭文字《かしらもじ》W五つに、How（どのように）のHひとつを足したものである。

わかりやすいようにならべかえてみよう。

「いつ、どこで、だれが、なにを、どのように、どうした」

これに当てはめながら書いていけば、聞いた話をスッキリまとめられるうえ、人が読んでもスンナリわかる、という技《ぎ》術《じゅつ》なのだ。もちろん人に話を聞くときにも使《つか》える。聞いているときや聞き終《お》えたとき、「いつ、どこで、だれが、なにを、どのように、どうした」の中で足りない部分《ぶぶん》があれば、そこを質問《しつもん》すればいい。

たとえば、体験者《たいけんしゃ》が学校の裏庭《うらにわ》でそうじ中に小さなおじさんを見た、という話を聞いたとしよう。それをもっとくわしく聞いてメモを書くのだ。

たとえば「二〇一九年の十一月十一日、午後三時に（いつ）、学校の裏庭《うらにわ》で（どこで）、体験者《たいけんしゃ》の○○さんが（だれが）、小さなおじさんを（なにを）、そうじをしているとき偶然《ぐうぜん》に（どのように）、見た（どうした）」になる。こういったメモを「調査《ちょうさ》・取材《しゅざい》メモ」という。

2　さらにもっとくわしく書く！

「いつ、どこで、だれが、なにを、どのように、どうした」以外《いがい》の足りない部分《ぶぶん》も聞いて、メモする。

体験《たいけん》した日の天気、暑《あつ》かったか、寒《さむ》かったか、ほかに変《か》わったことがなかったか。怪奇現象《かいきげんしょう》を体験《たいけん》して、どう思ったか……などなど、体験者《たいけんしゃ》がおぼえていることを記録《きろく》しておいた方がよいことがたくさんある。もちろんほかに気になることがあるのなら、別《べつ》にメモをしておこう。

3　すべてを記録《きろく》したら、ナンバリングして自分のことを書く！

話の内容《ないよう》などを全部《ぜんぶ》書き終《お》えたら、その話を聞いたときのことも残《のこ》しておこう。

まず自分が集《あつ》めた何番目の話か数字を入れる。

十個目《こ》なら「0010」だ。百一個目《こ》なら「0101」になる。

それも「いつ、どこで、だれが、どんな天気のときに」聞いたのか、も記録《きろく》しよう。

だれが、は話を聞いたきみ、「取材者《しゅざいしゃ》」の名前だ。

4 話と関係《かんけい》ある資料《しりょう》をつける！

「○○川の河童《かっぱ》さん」「□□山の天狗《てんぐ》さん」「△△トンネルの幽《ゆう》霊《れい》」などについて、図書館《としょかん》や資料《しりょう》館《かん》、博物館《はくぶつかん》で調《しら》べることもあるはずだ。

写真《しゃしん》や地図、いただいた資料《しりょう》（パンフレットやコピー）をひとまとめにして「調査《ちょうさ》・取材《しゅざい》メモ」につける。話をうかがった人や資料《しりょう》を下さった人の連絡先《れんらくさき》などもここへ。あとからお礼《れい》などのお手紙を送《おく》るときに必要《ひつよう》なのだ。

集《あつ》めた話の整理《せいり》のしかた、「調《ちょう》査《さ》・取材《しゅざい》メモ」の作りかたがわかっただろうか？

あと「自分が住《す》んでいるところの伝承《でんしょう》」もこのような感《かん》じに書いてもよい。

左に「調査《ちょうさ》・取材《しゅざい》メモ」をのせておいた。コピーして使《つか》おう。

書き終《お》えたら、ファイルにとじるなどして、バラバラにならないようにするのが大事《だいじ》だ。

チーム・本当《ほんとう》にあった怖《こわ》い話（THAK《サーク》）特製《とくせい》　調査《ちょうさ》・取材《しゅざい》メモ

いつ	年　月　日　時　分　天気（　　　）
どこで	
だれが	
なにを	
どのように	
どうした	
ほかに聞いたことなど	
聞いたとき	年　月　日　時　分　天気（　　　）
取材者《しゅざいしゃ》/No.	/No.

※本に直接《ちょくせつ》書き入れず、コピーして使《つか》おう。

●集《あつ》めた話を送《おく》ろう！……その2

話の使《つか》いかた・送《おく》りかた

「集《あつ》めた話を送《おく》ろう！　その1」で調査《ちょうさ》・取材《しゅざい》メモができたと思う。つぎはそのメモをどうやって使《つか》うか、である。

1 人に話すときに使《つか》う

そう言っても、メモを見ながら話すわけではない。話す前に自分で書いたメモを読み返《かえ》しておく。聞いた話がわかりやすくなって書かれているから、おぼえやすい。

つぎに、話しかただ。

話すときは「いつ、どこで、だれが、なにを、どのように、どうした」の順番《じゅんばん》でなくてもいい。「だれが、いつ、どこで」体《たい》験《けん》した話なのか、から始《はじ》めてもいいのだ。

そう。「○○さんが、一年前の冬に、山登《やまのぼ》りをしたときのことなんだけど」、でもいい。

肝心《かんじん》なのは「大事《だいじ》な部分《ぶぶん》を最初《さいしょ》に言ってしまわないこと」だ。「山小屋《やまごや》に女の人の幽霊《ゆうれい》が出たんだ！」ではそこで話が終《お》わってしまう。どこからどう話すか、どうやって伝《つた》えるかを考えておくことが大事《だいじ》なのだ。

2 文章《ぶんしょう》にするときに使《つか》う

メモにしているのだから、すでに文章《ぶんしょう》になっている。

しかし、人に読んでもらうには少し問題《もんだい》があるのだ。

まず、体験者《たいけんしゃ》が「自分の名前や住《す》んでいるところを書かないで」と言っているのに、メモを読まれるとそれが全部《ぜんぶ》バレてしまう。そこをかくさないといけないので、新しく書き直さないといけない。

また、夏休みの自由研究《じゆうけんきゅう》や発表《はっぴょう》に使《つか》うときも同じだ。

たとえば「自分たちの住《す》んでいるところの伝承《でんしょう》と地図」というように、文章《ぶんしょう》と地図やイラストでまとめても面白《おもしろ》い。

3 THAK《サーク》へ送《おく》るときに使《つか》う

日本全国《にほんぜんこく》のみんなにちょっとだけお願《ねが》いがある。

ＴＨＡＫ《サーク》にはたくさんの仲間《なかま》がいて、全国《ぜんこく》を旅《たび》して調査《ちょうさ》している。しかし地元の人たちしか知らないことなどを聞けなかったことも多い。だから、きみたちが調査《ちょうさ》・取材《しゅざい》したメモをチームへ送《おく》ってもらえないだろうか？　とどいたメモは、ＴＨＡＫ《サーク》がきちんと全部《ぜんぶ》読む。そしてしっかりまとめておき、次回《じかい》、わたしたちが書く、かもしれない。もちろん送《おく》る、送《おく》らないはきみたちの自由《じゆう》だ。もし「送《おく》ってもいいよ」と思った人がいるなら、ぜひお願《ねが》いしたい。

そのときはメモと資料《しりょう》をコピーして、きみの連絡先《れんらくさき》（住所《じゅうしょ》　氏名《しめい》　年齢《ねんれい》　電話番号《でんわばんごう》）を書いたものを封筒《ふうとう》にまとめて入れて送《おく》ってほしい。

宛先《あてさき》は左記の通り。

〒101-0065　東京都《とうきょうと》千代田区《ちよだく》西神田《にしかんだ》3丁目《ちょうめ》2-1
(株《かぶ》)あかね書房《しょぼう》
「47都道府県《とどうふけん》　本当にあった怖《こわ》い話　THAK《サーク》」宛《あて》

封筒《ふうとう》の裏面《うらめん》にはきみの住所《じゅうしょ》と名前も入れておこう。みんなの調査《ちょうさ》・取材《しゅざい》メモ、楽しみに待《ま》っている。送《おく》ってくれたきみは、THAK《サーク》の仲間《なかま》だ！

黒碕薫（くろさき かおる）

小説家《しょうせつか》。世界中《せかいじゅう》を旅《たび》しながら小説《しょうせつ》を書いています。今回は日本《にほん》のどこかを旅したときに出会ったお話を書きました。車の運転《うんてん》ができると、いろんな場所《ばしょ》に行けて、とても楽しいです。この本を読んでいるみなさんも、大人になったら、運転免許《うんてんめんきょ》を取《と》ることをおすすめします。そして、旅《たび》をするときは必《かなら》ず水分とおやつを持《も》っていくこと。熱中症《ねっちゅうしょう》になったり、おなかが減《へ》って動《うご》けなくなるのを防《ふせ》いでくれます。お化《ば》けもだけれど、体の調子《ちょうし》が悪《わる》くなることも、怖《こわ》いものなのです。

坂本《さかもと》マニ真二郎（さかもと まに しんじろう）

津軽三味線奏者《つがるじゃみせんそうしゃ》、音楽家（アイドルや声優《せいゆう》さんの曲《きょく》を書いている人です）。音楽の仕事《しごと》をしているとたくさんの人との出会いや出来《でき》事《ごと》があります。ほかにも怖《こわ》いお話やびっくりなお話もあります。またみんなにお話しできたらしますね！ 読んでくれてどうもありがとう！

谷口祐一（たにぐち ゆういち）

中国武術家《ちゅうごくぶじゅつか》 柔極館谷口柔道場館長代理《じゅうきょくかんたにぐちじゅうどうじょうかんちょうだいり》、馬《ば》 賢達通備武《けんたつつうびぶ》芸武学第六代関門弟子《げいぶがくだいろくだいかんもんでし》。昔《むかし》むかしからつづく中国拳法《けんぽう》「通備武術《つうびぶじゅつ》」最後《さいご》の弟子《でし》。中国《ちゅうごく》に長期留学《ちょうきりゅうがく》し、修行《しゅぎょう》の間に見聞きした「不思議《ふしぎ》な話」「怖《こわ》い話」は星の数!?今回お話しした「不思議《ふしぎ》な話」は、読んだみんなでそのあとどうなったのだろう？ あのときあーしていれば？ こーしていれば？ と想像《そうぞう》してみてください。またつぎのお話で会えるのを楽しみにしています♪

久田樹生（ひさだ たつき）

物書《ものか》き（文章《ぶんしょう》を書くことが仕事《しごと》の人）＋不思議冒険家《ふしぎぼうけんか》。これを読んでいるみなさん、『47都道府県《とどうふけん》本当にあった怖《こわ》い話』はいかがでしたか？ きみたちの住《す》んでいるところにもたくさんの不思議《ふしぎ》や怖《こわ》い話が眠《ねむ》っているはずです。この本を読んだら、ぜひ探《さが》しに出かけてみては？ そして見つけたらわたしたちに教えてください。待《ま》っています。

文月奈緒子（ふみづき なおこ）

劇作家《げきさっか》。演劇《えんげき》の脚本《きゃくほん》を書いています。小説《しょうせつ》は完成《かんせい》すれば終《お》わりですが、脚本《きゃくほん》は完成《かんせい》してからがスタート。たくさんの人が集《あつ》まって脚本《きゃくほん》を演劇《えんげき》という形にします。たくさんの人が集《あつ》まる場所《ばしょ》には幽霊《ゆうれい》も集《あつ》まる……という話を聞いたことはありませんか？ 演劇《えんげき》の稽古場《けいこば》や劇場《げきじょう》もそのひとつ。だから演劇《えんげき》の仕事《しごと》をしていると不思議《ふしぎ》な話を聞くことがよくあります。今回はそんな話を中心に書いてみました。

柳原輝明（やなぎはら てるあき）

星とイワクラ研究家《けんきゅうか》（日本《にほん》天文考古学会 常務理事《じょうむりじ》・イワクラ〈磐座《いわくら》〉学会 副《ふく》会長）。縄文《じょうもん》時代《じだい》の遺跡《いせき》であるイワクラを太陽《たいよう》と星の規則的《きそくてき》な動《うご》きから、造《つく》られた時代《じだい》がいつなのかを研究《けんきゅう》しています。今回の話で、縄文人《じょうもんじん》の天文知識《ちしき》と科学技術《ぎじゅつ》のすごさを知ってくれましたか。毛皮《けがわ》を着《き》て槍《やり》を持《も》ち動物《どうぶつ》を追《お》いかけているといった、みなさんの縄文人《じょうもんじん》のイメージが変《か》わってくれるとうれしいです。

山下友美（やました ともみ）

少女漫画家《まんがか》。薬剤師《やくざいし》の経験《けいけん》もあることから薬《くすり》や毒《どく》、その歴史《れきし》や伝説《でんせつ》に関《かか》わる作品《さくひん》を書いたりしています。代表作《だいひょうさく》は「薬師《やくし》アルジャン」「妖怪《ようかい》と薬《くすり》売り」など。不思議《ふしぎ》な薬《くすり》や伝説《でんせつ》は各《かく》地《ち》にまだまだたくさんあります。またどこかでお会いできますように！

47都道府県 本当にあった怖い話
2020年1月31日 初版発行

文 久田樹生／THAK
発行者 岡本光晴
発行所 株式会社あかね書房
〒101-0065 東京都千代田区西神田3-2-1
電話03-3263-0641（営業） 03-3263-0644（編集）

印刷所 図書印刷株式会社
製本所 株式会社難波製本

イラスト 阿部 結、死後くん、ハダ タカヒト、山下友美
ブックデザイン 郷坪浩子
編集協力 有限会社シーモア
 ISBN978-4-251-04700-7 C8095

https://www.akaneshobo.co.jp

NDC916
文 久田樹生／THAK《サーク》
47都道府県本当にあった怖い話
143p 27cm×19cm

怖《こわ》いことが起《お》こったら……

この本に書かれているようなことはなかなか体験《たいけん》できないかもしれない。しかし、怖《こわ》い話を読んだあとはどうだろうか？　いやな夢《ゆめ》を見ることはないだろうか？　夜眠《ねむ》っていると体が動《うご》かなくなったり、おかしな物音《ものおと》がしたりなど、そういった出来事《できごと》はないだろうか？

実《じつ》は、筆者《ひっしゃ》が書いた本を読んだ人から、こんなことを言われたことがある。

「読んでいるとちゅうで、後ろの方から何かに見られているような気分になった」とか「あなたの書いたものを読んだら、家でおかしなことがあった」とか「あなたの取材《しゅざい》に付《つ》き合うと、怖《こわ》いことが起《お》こるからいやだ」とか、とか……。

いつも日本全国《にほんぜんこく》へ旅《たび》をして、本当にあった怖《こわ》い話や不思議《ふしぎ》な出来事《できごと》を書いているからかもしれない。

そう、この本の話も「本当にあったこと」を聞いて書かれたものだ。読んだあと、おかしなことがあっても不思議《ふしぎ》ではない。

では、怖《こわ》いことが起《お》こったらどうしたらよいのだろう？　おはらい？　呪文《じゅもん》をとなえる？　それとも逃《に》げ出す？　そのような行動《こうどう》を取《と》る前に、やれることがあるのでお教えしよう。

【1】それは本当におかしなことか？

変《へん》な音がした。外から窓《まど》をたたかれた……など、いろいろあると思う。

しかしその原因《げんいん》はものすごくかんたんなことかもしれない。

家の中にある何かが風で動《うご》いていたり、外で吹《ふ》く風が窓《まど》に木の枝《えだ》を当てていたり。

結局《けっきょく》何もうたがわずに「怖《こわ》い」と思うことが、一番良《よ》くない。落《お》ち着《つ》いて考えよう。

【2】やっぱりおかしなことだと思う

そんなとき、まずやってほしいのが「部屋《へや》の片付《かたづ》け」だ。

部屋《へや》がきれいになったあと、今度《こんど》は窓《まど》を開《あ》けて空気の入れかえをしよう。

それで何も起《お》こらなくなるかもしれない。

いやな何かというのは、きれいな場所《ばしょ》が苦手《にがて》なのだ。